香港文庫
學術研究專題

中國的宗族與演劇

華南宗族社會中祭祀組織、儀禮及其演劇的相關構造

（日）田仲一成 —— 著

錢杭、任余白 —— 譯

三聯書店（香港）有限公司

總序

香港，作為中國南部海濱一個重要的海港城市，有著特殊的社會經歷和文化特質。它既是中華文化值得驕傲的部分，又是具有強烈個性的部分。尤其在近現代時期，由於處於中西文化交匯的前沿地帶，因而還擁有融匯中西的大時代特徵。回顧和整理香港歷史文化積累的成果，遠遠超出整理一般地域文化歷史的意義。從宏觀的角度看，它在特定的時空範疇展現了中華文化承傳、包容的強大生命力，從而也反映了世界近代文化發展的複雜性和多面性。

梁啟超在《中國歷史研究法》中對有系統地收集史料和研究成果的重要性，曾作這樣的論述：

大抵史料之為物，往往有單舉一事，覺其無足輕重；及彙集同類之若干事比而觀之，則一時代之狀況可以跳活表現。比如治庭院者，孤植草花一本，無足觀也；若集千萬本，蔚已成畦，則絢爛炫目矣。[1]

近三十年來香港歷史文化研究，已有長足的進步，而對香港社會歷史文化的認識，到了一個全面、深入認識、整理和繼續探索的階段，因而《香港文庫》可視為時代呼喚的產物。

（一）

曾經在一段時間內，有些人把香港的歷史發展過程概括為從"小漁村到大都會"，即把香港的歷史過程，僅僅定格在近現代史的範疇。不知為什麼這句話慢慢成了不少人的慣用語，以致影響到人們對香港歷史整體的認識，故確有必要作一些澄清。

1　梁啟超：《中國歷史研究法》〔香港：三聯書店（香港）有限公司，2000〕，69頁。

　　從目前考古掌握的資料來看，香港地區的有人類活動歷史起碼可以上溯到新石器中期和晚期，是屬於環珠江口的大灣文化系統的一部分。由此我們可以清楚地看到，香港的地理位置從遠古時期開始，就決定了它與中國大陸不可分割的歷史關係。它一方面與鄰近的珠江三角洲人群的文化互動交流，同時與長江流域一帶的良渚文化有著淵源的關係。到了青銅器時代，中原地區的商殷文化，透過粵東地區的浮濱文化的傳遞，已經來到香港。[2]

　　還有一點不可忽視的是，香港位於中國東南沿海，處於東亞古代海上走廊的中段，所以它有著深遠的古代人口流動和文化交流的歷史痕跡。古代的這種歷史留痕，正好解釋它為什麼在近現代能迅速崛起所具備的自然因素。天然的優良港口在人類歷史的 “大航海時代” 被發掘和利用，是順理成章的事，而它的地理位置和深厚的歷史文化根源，正是香港必然回歸祖國的天命。

　　香港實際在秦代已正式納入中國版圖。而在秦漢之際所建立的南越國，為後來被稱為 “嶺南” 的地區奠定了重要的政治、經濟和文化基礎。[3] 香港當時不是區域政治文化中心，還沒有展示它的魅力，但是身處中國南方的發展時期，大區域的環境無疑為它鋪墊了一種潛在的發展力量。我們應該看到，當漢代，廣東的重要對外港口從徐聞、合浦轉到廣州港以後，從廣州出海西行到南印度 “黃支” 的海路，途經現在香港地區的海域。香港九龍漢墓的發現可以充分證實，香港地區當時已經成為南方人口流動、散播的區域之一了。[4] 所以研究中國古代海上絲綢之路，不應該完全忘卻對香港古代史的研究。

2　參看香港古物古蹟辦事處：〈香港近年的考古發現與研究〉，載《考古》第 6 期（2007），3-7 頁。

3　參看張榮方、黃淼章：《南越國史》（廣州：廣東人民出版社，1995）。

4　參看區家發：〈香港考古成果及其啟示〉，載王賡武主編：《香港史新編》（增訂版）〔香港：三聯書店（香港）有限公司，2017〕，3-42 頁。

到了唐宋時期，廣東地區的嶺南文化格局已經形成。中國人口和政治重心的南移、珠江三角洲地區進入"土地生長期"等因素都為香港人口流動的加速帶來新動力。所以從宋、元、明開始，內地遷移來香港地區生活的人口漸次增加，現在部分香港原住民就是這段歷史時期遷來的。[5] 香港作為一個地區，應該包括港島、九龍半島和新界三個部分，所以到十九世紀四十年代，香港絕對不能說"只是一條漁村"。

　　我們在回顧香港歷史的時候，常常責難晚清政府無能，把香港割讓給英國，但是即使是那樣，清朝在《南京條約》簽訂以後，還是在九龍尖沙咀建立了兩座砲台，後來又以九龍寨城為中心，加強捍衛南九龍一帶的土地。[6] 這一切說明清王朝，特別是一些盡忠職守的將領一直沒有忘記自己國家的土地和百姓，而到了今天，我們卻沒有意識到說香港當英國人來到的時候只是"一條漁村"，這種說法從史實的角度看是片面的，而這種謬誤對年輕一代會造成歸屬感的錯覺，很容易被引申為十九世紀中期以後，英國人來了，香港才開始它的歷史，以致完整的歷史演變過程被隱去了部分。所以從某種意義上看，懂得古代香港的歷史是為了懂得自己社會和文化的根，懂得今天香港回歸祖國的歷史必然。因此，致力於香港在十九世紀中葉以前歷史的研究和整理，是我們《香港文庫》特別重視的一大宗旨。

5　參看霍啟昌：〈十九世紀中葉以前的香港〉，載《香港史新編》（增訂版），
　　43-66 頁。

6　其實我們如果細心觀察九龍寨城在第一次鴉片戰爭以後形成的過程，便可以
　　看到清王朝對香港地區土地力圖保護的態度，而後來南九龍的土地在第二次
　　鴉片戰爭中失去，主要是因為軍事力量對比過於懸殊。

（二）

　　曲折和特別的近現代社會進程賦予這個地區的歷史以豐富內涵，所以香港研究是一個範圍頗為複雜的地域研究。為此，本文庫明確以香港人文社會科學為範疇，以歷史文化研究資料、文獻和成果作為文庫的重心。具體來說，它以收集歷史和當代各類人文社會科學方面的作品和有關文獻資料為己任，目的是為了使社會大眾能全面認識香港文化發展的歷程而建立的一個帶知識性、資料性和研究性的文獻平台，充分發揮社會現存有關香港人文社會科學方面資料和成果的作用，承前啟後，以史為鑒。在為人類的文明積累文化成果的同時，也為香港社會的向前邁進盡一份力。

　　我們希望《香港文庫》能為讀者提供香港歷史文化發展各個時期、各種層面的狀況和視野，而每一種作品或資料都安排有具體、清晰的資料或內容介紹和分析，以序言的形式出現，表現編者的選編角度和評述，供讀者參考。從整個文庫來看，它將會呈現香港歷史文化發展的宏觀脈絡和線索，而從具體一個作品來看，又是一個個案、專題的資料集合或微觀的觀察和分析，為大眾深入了解香港歷史文化提供線索或背景資料。

　　從歷史的宏觀來看，每一個區域的歷史文化都有時代的差異，不同的歷史時期會呈現出不同的狀況，歷史的進程有快有慢，有起有伏；從歷史的微觀來看，不同層面的歷史文化的發展和變化會存在不平衡的狀態，不同文化層次存在著互動，這就決定了文庫在選題上有時代和不同層面方面的差異。我們的原則是實事求是，不求不同時代和不同層面上數量的刻板均衡，所以本文庫並非面面俱到，但求重點突出。

　　在結構上，我們把《香港文庫》分為三個系列：

　　1."香港文庫·新古今香港系列"。這是在原三聯書店（香港）

出版有限公司於 1988 年開始出版的"古今香港系列"基礎上編纂的一套香港社會歷史文化系列。以在香港歷史中產生過一定影響的人、事、物和事件為主，以通俗易懂的敘述方式，配合珍貴的歷史圖片，呈現出香港歷史與文化的各個側面。此系列屬於普及類型作品，但絕不放棄忠於史實、言必有據的嚴謹要求。作品可適當運用注解，但一般不作詳細考證。書後附有參考書目，以供讀者進一步閱讀參考，故與一般掌故性作品以鋪排故事敘述形式為主亦有區別。

"香港文庫·新古今香港系列"部分作品來自原"香港古今系列"。凡此類作品，應對原作品作認真的審讀，特別是對所徵引的資料部分，應認真查對、核實，亦可對原作品的內容作必要的增訂或說明，使其更為完整。若需作大量修改者，則應以重新撰寫方式處理。

本系列的讀者定位為有高中至大專水平以上的讀者，故要求可讀性與學術性相結合。以文字為主，配有圖片，數量按題材需要而定，一般不超過 30 幅。每種字數在 10 到 15 萬字之間。文中可有少量注解，但不作考證或辯論性的注釋。本系列既非純掌故歷史叢書，又非時論或純學術著作，內容以保留香港地域歷史文化為主旨。歡迎提出新的理論性見解，但不宜佔作品過大篇幅。希望此系列成為一套有保留價值的香港歷史文化叢書，成為廣大青少年讀者和地方史教育的重要參考資料。

2. "香港文庫·研究資料叢刊"。這是一套有關香港歷史文化研究的資料叢書，出版目的在於有計劃地保留一批具研究香港歷史文化價值的重要資料。它主要包括歷史文獻、地方文獻（地方誌、譜牒、日記、書信等）、歷史檔案、碑刻、口述歷史、調查報告、歷史地圖及圖像以及具特別參考價值的經典性歷史文化研究作品等。出版的讀者對象主要是大、中學生與教師，學術研究者、研究機構和圖書館。

本叢刊出版強調以原文的語種出版，特別是原始資料之文本；亦可出版中外對照之版本，以方便不同讀者需要。而屬經過整理、分析而撰寫的作品，雖然不是第一手資料，但隨時代過去，那些經過反復證明甚具資料價值者，亦可列入此類；翻譯作品，亦屬同類。

每種作品應有序言或體例說明其資料來源、編纂體例及其研究價值。編纂者可在原著中加注釋、說明或按語，但均不宜太多、太長，所有資料應注明出處。

本叢刊對作品版本的要求較高，應以學術研究常規格式為規範。

作為一個國際都會，香港在研究資料的整理方面有一定的基礎，但從當代資料學的高要求來說，仍需努力，希望叢刊的出版能在這方面作出貢獻。

3. "香港文庫‧學術研究專題"。香港地區的特殊地理位置和經歷，決定了這部分內容的重要。無論在古代作為中國南部邊陲地帶與鄰近地區的接觸和交往，還是在大航海時代與西方殖民勢力的關係，以至今天實行的 "一國兩制"，都有不少是值得深入研究的課題。人們常用 "破解" 一詞去形容自然科學方面獲得新知的過程，其實在人文社會科學方面也是如此。人類社會發展過程的地區差異和時代變遷，都需要不斷的深入研究和探討，才能比較準確認識它的過去，如何承傳和轉變至今天，又如何發展到明天。而學術研究正是從較深層次去探索社會，探索人與自然的關係，把人們的認識提高到理性的階段。所以，圍繞香港問題的學術研究，就是認識香港的理性表現，它的成果無疑會成為香港文化積累和水平的象徵。

由於香港無論在古代和近現代都處在不同民族和不同地區人口的交匯點，東西不同的理論、價值觀和文化之間的碰撞也特別明顯。尤其是在近世以來，世界的交往越來越頻密，軟實力的角力和博弈在這裡無聲地展開，香港不僅在國際經濟上已經顯示了它的地位，而且在文化上的戰略地位也顯得越來越重要。中國要在國際事務上取得話語權，不僅要有政治、經濟和軍事等方面的實力，在文化領域上也應要顯現出相應的水平。從這個方面看，有關香港研究的學術著作出版就顯得更加重要了。

"香港文庫·學術研究專題" 系列是集合有關香港人文社會科學專題著作的重要園地，要求作品在學術方面達到較高的水平，或在資料的運用方面較前人有新的突破，或是在理論方面有新的建樹，作品在體系結構方面應完整。我們重視在學術上的國際交流和對話，認為這是繁榮學術的重要手段，但卻反對無的放矢，生搬硬套，只在形式上抄襲西方著述 "新理論" 的作品。我們在選題、審稿和出版方面一定嚴格按照學術的規範進行，不趕潮流，不跟風。特別歡迎大專院校的專業人士和個人的研究者 "十年磨一劍" 式的作品，也歡迎翻譯外文有關香港高學術水平的著作。

（三）

簡而言之，我們把《香港文庫》的結構劃分為三個系列，是希望把普及、資料和學術的功能結合成一個文化積累的平台，把香港近現代以前、殖民時代和回歸以後的經驗以人文和社會科學的視角作較全面的探索和思考。我們將以一種開放的態度，以融匯穿越時空和各種文化的氣度、實事求是的精神，踏踏實實做好這件有意義的文化工作。

香港在近現代和當代時期與國際交往的歷史使其在文化交流方面亦存在不少值得總結的經驗，這方面實際可視為一種香港當代社會資本，值得開拓和保存。

毋庸置疑，《香港文庫》是大中華文化圈的一部分，是匯聚

百川的中華文化大河的一條支流。香港的近現代歷史已經有力證
明，我們在世界走向融合的歷史進程中，保留中華文化傳統的重
要。香港今天的文化成果，說到底與中國文化一直都是香港文化
底色的關係甚大。我們堅信過去如此，現在如此，將來也一定
如此。

鄭德華

2017 年 10 月

目錄

序

中譯本序

拙作《中國的宗族與演劇》於 1985 年在日本出版,1992 年,由錢杭教授與任余白先生翻譯為中文而由上海古籍出版社出版。由於原本篇幅較大,中文版就簡明扼要而成書,屬於一種節略本。這次翻譯同樣由錢杭教授與任先生二位承擔,以全面翻譯為方針,不但文字部分,而且圖表、照片都予保存,可說是一個完譯本。

這本書具有兩個方向的探討:一為探討宗族如何支配鄉村的祭祀;一為探討祭祀和演劇對於鄉村秩序有什麼功能。關於前者,筆者在中譯本舊序之中已經說明,茲不贅言。這裡,鑒於過去三十年的中國內地有關儺戲和目連戲的調查成果,略說後者的問題。

本書對於祭祀和演劇,除了到處可見的神誕祭祀之外,還提出為了維持鄉村秩序而舉行的三種類型。第一是鄉儺,屬於此類的有第一篇第四章長洲墟建醮和第三篇第二章粉嶺彭氏太平洪朝這兩個事例。第二是超幽,屬於此類的有第一篇第三章元朗舊墟建醮、同章補論廈村建醮、第二篇第二章林村約建醮、第三篇第一章龍躍頭建醮等四個事例。第三是目連戲,即第四篇第三章南洋興僑葬禮事例。

第一類鄉儺,是春節趕鬼的儀式,在中國內地,農民演出時幾乎都戴著面具;本書所舉的兩個例子,卻沒有戴面具,可以說反映了某些退化階段的特徵,但還可以看得出趕鬼儀式的基本結構,可以與內地儺戲進行比較討論。

第二類超幽,鄉村有時面臨自然災害、死者過多、人口減少、村落消亡的危機,鄉民認為這類災害發生的原因是橫死者多,陰氣過重,陽氣衰頹,因此一方面向神靈懇求保祐,一方面對於橫死者的靈魂(孤魂)奉上大量食物而表示安慰。這類祭祀在中華人民共和國建立以後一度被禁止，僅僅在香港、台灣、南洋等海外中國人社會中保存了下來。本書以香港為例，較為詳細地探討了有關儀式的結構以及鄉民對於神鬼的意識。

第三類目連戲，早在北宋文獻《東京夢華錄》中就有所記載，雖然劇本不傳，但一直到明清兩代，中國各地還不斷演出，並與第二類超幽結合在一起。1949 年以後，中國內地曾禁演目連戲，但改革開放後逐漸恢復。1986 年以來，安徽、湖南、福建、四川等地學術機構召開目連戲學術研討會時，常邀本地戲班演出其中的一部分。本書所載新加坡莆田人演出目連戲的例子，比中國內地重新演出發生得更早。1987 年，筆者參加安徽祁門舉辦的目連戲學術研討會時，曾介紹過這個例子。在該會議論文集的編後記中，編者指出："日本田仲一成教授的論文詳細敘述了新加坡、馬來西亞一帶專為祀鬼、娛鬼而演出目連戲的狀況，雖迢遙萬里，仍可見人們文化心理和鄉風民俗的同與異，很值得一讀。"[1] 可見當時內地還不大容易看到目連戲的演出。

如果通過本次全譯本所展示的圖表和照片，讀者清晰了解了其中存在的關鍵問題，那就是筆者望外之幸了。

在此，特向錢、任兩位先生和三聯書店（香港）有限公司表示衷心的感謝。

田仲一成

2018 年 3 月 30 日

---

1 中國藝術研究院戲曲研究所、安徽省藝術研究所、安徽省祁門縣人民政府同編：《目連戲研究文集》（北京：中國藝術研究院戲曲研究所，1988），408 頁。

1992 年中文簡體版序

這次，由於上海社會科學院歷史研究所近代史研究室錢杭博士及上海辭書出版社史地編輯室副主任任余白先生的努力，拙著《中國的宗族與演劇》（1985）被譯成中文，並由上海古籍出版社作為《海外漢學叢書》之一種出版，使得本書有可能獲得更多的中國讀者，對此，我感到由衷的喜悅，並深覺榮幸。由於本書是筆者已出版的《中國祭祀演劇研究》（1981）的續編，因此，我準備向只讀到本書的中國讀者，極簡略地介紹一下自前一部著作發表以來，作為進一步研究前提的筆者的思路和視點。

一般說來，構成中國地域社會的地緣集團和血緣集團，基本上是作為大地主階層在"公有共同體"名義下的一種"私人支配機構"發揮著功能的，而在多數情況下，大地主階層的構成又表現為"宗族"。可以這樣說，各種地域集團實際上是受著大地主宗族的支配。同時，由於中國的地方戲是構成地域社會的各個集團內部祭祀禮儀的一個組成部分，因此，它的存在形態和發展形態，事實上必定要受到大地主宗族權力意志的支配和規定。本書正是在這個視角下，著眼於構成中國農村社會的各種層次不一的大小集團，分析其中的祭祀組織、祭祀禮儀、祭祀歌謠、祭祀演劇，以及它們如何被大地主宗族的支配權力所制約、所影響。宋元以來，中國農村社會中出現了眾多的集團，本書從"宗族"這一角度出發，把這些集團分成以下二類六種，並把其各自的祭祀和演劇作為研究對象：

1. 地緣集團的祭祀和演劇（宗族的"外神祭祀"）

（1）市場地的祭祀和演劇

以市場為中心形成的宗族聯合集團的祭祀和演劇。

（2）村落聯合體的祭祀和演劇

在水利等農業生產共同利益之下結合起來的村落聯合體、宗族聯合集團的祭祀和演劇。

（3）單獨村落的祭祀和演劇

單姓村落的祭祀和演劇。

2. 血緣集團的祭祀和演劇（宗族的"內神祭祀"）

（4）宗族合同的祭祀和演劇

以大宗祠為中心形成的宗族合同的祭祀和演劇。

（5）宗族支派集團的祭祀和演劇

以家廟為中心形成的宗族支派集團的祭祀和演劇。

（6）家族集團的祭祀和演劇

家族集團內部由家長主持進行的祭祀和演劇。

由於在實際調查研究過程中，無法獲得有關（5）、（6）兩種祭祀和演劇的充分資料，所以只能先討論前四種。對應於這二類四種，本書的敘述也就分作四篇展開。

回想起來，我對中國宗族和祭祀演劇的關係問題產生興趣，還是在 1960 年代。當時，我很重視日本古典演劇在鄉村祭祀組織（稱為"宮座"）中發展起來的現象，並由此萌發了一個猜測：中國的地方戲可能也是以集團性祭祀組織為基礎才得以發展的。為了論證這個觀點，我開始尋找資料。經過幾年對資料的探索和屢遭挫折的嘗試後，從恩師仁井田陞博士那裡，得到了應該注意清代"例案""公牘"以及宗族"族譜"這些寶貴的啟示。尤其是從族譜中收集了有關宗族祭祀（外、內神祭祀）和演劇的資料，於 1966 年發表了一篇題為〈論清代初期的宗族演劇〉（《東方學》第 32 期）的論文。在這之後，於 1973 年至 1977 年間又發表了長篇論文〈論十五、十六世紀江南地方戲的變質〉（主體部分連載於《東洋文化研究所紀要》第 60、63、65、71、72 期，最後的第六部分發表於 1987 年），這篇論文的主要部分也依賴於族譜資料，但是，直到寫作這組論文時，我還沒有機會直接接觸中國宗族的實際狀況；對於我來說，族譜中豐富的祭祀紀錄所包

5

含的意義，很大程度上還不能透徹地理解，可見，距離充分利用
這批族譜資料實在還相差很遠。因此，當我於 1978 年後得到每
年訪問香港的機會，從而能夠了解新界宗族的祭祀實態時，不能
不感到萬分幸運。在香港新界宗族村落中，我發現了在宗族的祭
祀組織、道士的祭祀禮儀、演員的祭祀演劇之間，互有深刻的關
聯，並且組合在一起發揮功能，這就大大地啟發了我對族譜等文
獻紀錄所具意義的理解。1985 年，根據對香港宗族祭祀情況歷時
七年的調查所獲得的有關香港新界宗族外神祭祀、內神祭祀實例
研究的成果，以實地調查報告的形式寫成了本書。書中的大部分
內容，對熟知實情的中國讀者來說也許並不新奇和陌生，但近年
（編者按："近年" 是相對於本序所寫的 1980 年代而言的，後同）
在中國史學界也開展了對中國封建社會中的地域權力中樞"鄉族"
地位問題的討論，如果本書的內容，特別是揭示了這個 "鄉族"
的文化支配形式的實例，對以上討論能有某些參考價值，那筆者
將感到莫大的滿足。

　　以下是我經過長期思考和反復摸索後得出的有關本書研究方
法的若干觀點。

　　（1）農村的祭祀演劇，是一種社會制度，因此，它具備社會
性功能。

　　（2）作為社會制度的祭祀演劇，只要不喪失其社會功能，
它就將在社會內部一直存在下去；反過來，一旦它喪失了社會功
能，則將輕易地變形，或者消亡。

　　（3）祭祀演劇的社會功能，與其說是娛樂，還不如說是通過
娛樂來強化和維繫農村的社會組織。

　　（4）由於祭祀演劇在祭祀集團內部展現出的社會功能，現代
與過去沒有什麼不同，所以，研究現狀就可以推想歷史，這就彌
補了現有歷史文獻的不足。

　　（5）由於祭祀演劇依靠祭祀組織進行，因此，祭祀組織的性

質直接規定了祭祀演劇的性質。

（6）華南農村社會基本上是由宗族構成的，該地的祭祀演劇反映出了宗族觀念。

以上就是我的研究前提。我的主要方法是：在進行演劇研究時，並不孤立地分析演劇本身，而是綜合考察與演劇結合在一起的祭祀組織、祭祀禮儀和演劇之間的依存關係。在這裡，不僅從文學角度觀察演劇，而且還運用了社會學、宗教社會學、歷史學、人類學、經濟史學、法制史學等與社會組織相關的各類學科的研究方法。反過來，如此這般得出的演劇研究成果，也能對上述諸學科作出貢獻。

在對香港宗族村落進行實地調查時，我得到當時的香港中文大學人類學系教授華德英博士（Dr. Barbara E. Ward）、高級講師王崧興博士、歷史系講師科大衛博士（Dr. David Faure），以及香港市政廳歷史學家許舒博士（Dr. James W. Hayes）等香港當地學者的指導和大力協助。另外，我又得到東洋文化研究所尾上兼英教授的照顧，使我能數次前往香港。不僅如此，當時任研究所所長的尾上教授，對本書的出版也花費了不少精力。值此中譯本出版之際，我對曾給予我熱情幫助的上述諸位先生表示誠摯的謝意。

最後，我對為翻譯本書而花費了長達一年多寶貴研究時間的錢杭博士、任余白先生，以及確認本書的學術價值並使中譯本得以出版的上海古籍出版社編輯部諸先生，致以深切的感謝。

田仲一成

1988 年 11 月 12 日

於東京大學東洋文化研究所

序

7

譯者序

2017 年 4 月底，在日本東京的東洋文庫與田仲教授商定新譯本出版事宜時，回憶起二十五年前問世的上海古籍出版社譯本（以下簡稱"上古譯本"）以及由此建立的長期合作，不免感慨繫之。作者和譯者下決心藉這次新譯之機，糾正以往的不足，彌補留下的缺憾。

新譯本恢復了第一篇和第二篇的兩個補論，補足了當年被刪節的注釋、科儀書和儀式過程，按日文版原位插入了大部分地圖、表格和照片；對經技術處理的日文版個別表格、名單等，作了明確標注。至於對原譯文的大量重譯，則不一一指出。

1992 年上古譯本名為《中國的宗族與戲劇》，為尊重田仲教授的意見，新譯本將書名中的"戲劇"改為"演劇"，所涉內文也作了相應處理。1992 年上古譯本無副書名，本次按本書日文版格式補列。

新譯本從選題、編輯到出版，得到了三聯書店（香港）有限公司侯明、顧瑜、梁偉基以及東京大學出版會山本徹先生的大力協助，在此謹致誠摯謝意！

譯者
2019 年 5 月

8

1992 年中文簡體版譯者序

　　田仲一成教授是日本著名的中國演劇史研究專家，自六十年代以來，已有多種論著出版並被介紹到中國，對推動中國演劇史研究作出了重要貢獻。讀者現在看到的這部著作，是田仲教授運用社會學、歷史學、人類學、譜牒學的研究方法，從一個全新的角度 —— 宗族祭祀與祭祀演劇的關係 —— 對中國南方（廣東、福建、浙江、香港）地方演劇的發展歷史和趨勢，進行全面細緻考查後取得的成果。為寫這部長達一一一四頁的著作，他在中國香港新界地區農村實地考察了近三年半，閱讀、摘錄了大量第一手資料（包括方誌、碑銘、族譜、訪問記、回憶錄等），訪問了十幾個墟市和村莊（本書涉及了十二個實例），拍攝了上千幅照片（本書日文版發表了其中的二百六十八幅）。為了加強論證的力度，他又進入新加坡華人社會，對其中的祭祀組織、祭祀演劇以及相關問題，進行了廣泛和深入的調查。田仲教授繼承和發揚了日本學者嚴謹實證的傳統學風，同時，又大膽而成功地引進了新的理論工具，加上惟他所獨有的優越的研究條件，就使得這部研究報告，無論就其內容之豐富、材料之翔實，還是觀點之新穎、角度之獨特而言，都達到了一個相當高的水準。

　　我們之所以要翻譯這部著作，固然是因為田仲教授提出的和論證的問題，如宗族、宗法的歷史沿革問題，封建性質的宗族、宗法在高度發展的現代商品社會中的生存機制問題，傳統的宗族觀念（血緣意識、家族意識、忠孝意識等）與現代化社會的整合問題，宗族觀念、宗教信仰與演劇發展的關係問題，區域性演劇的歷史分期問題等，對中國學術界同仁具有寶貴的啟發作用，但更直接的動機，還是想通過迻譯這部著作，將當代海外學者竭力提倡的文獻研究與實地調查相結合的方法及其成功案例,完整地介紹給中國讀者。近幾年中國學術界幾起幾伏的傳統文化研究熱潮為什麼深不下去?為什麼會在一定程度上出現流於空泛的弊病?為什麼有一些學者的靈感不是基於對現實生活的真切了解,而只憑藉著某種朦朧的直覺?出路在哪裡?本書雖然不能回答這些問題,但我們相信,它對讀者是能提供有益啟示的。讀者盡可以不贊成本書的觀點和結論,但作者腳踏實地的工作態度,將給人們留下深刻的印象。一個古老而枯燥的課題,在本書中變得簡單明快,而且充滿了現實感,這不是單純的技巧問題,而是帶有本質意義的方法論問題。

順便指出,本書各實例所在的香港新界農村,對我們來說,是一個十分陌生的地區,許多有趣的民俗資料還是第一次在內地學界公佈,具有很高的學術價值。同時,在香港回歸祖國懷抱之期日益臨近的時候,這部著作也為我們預先了解當地民情民風,提供了一份詳盡的參考資料。

本書在翻譯中得到了田仲教授的熱情支持。他不僅幫助我們確定了某些專業術語的譯文,而且還同意我們對原著部分內容所作的一些刪節,從而使譯文更加符合中國讀者的習慣。本書付梓之前,田仲教授又熱忱地作序。在此,我們對田仲教授的厚意表示衷心的感謝。

關於本書的翻譯,有幾點說明:鑒於原著篇幅巨大,分目仔細,注釋詳盡,為了適合中國讀者閱讀,譯本對原著作了某些刪節,其中的主要部分是原序、第一、二篇的第三章補論以及部分注釋;對原來的分目結構也作了局部調整,將原先每章(除第四篇第二章外)中的第二節"祭祀日程・場地"和第三節"祭祀禮儀"合併為一節。本書第一、第三篇由錢杭譯,第二、第四篇由任余白譯。譯後互校,最後由任余白通校。

本書的翻譯過程中，華東師大中國史學研究所謝維揚教授，以及儲樸先生曾對部分譯文提出了寶貴的修改意見；上海古籍出版社王鎮遠副編審更是花費了大量精力指導選題並審讀稿件。在此我們特向曾幫助過這部譯稿的諸位先生致以誠摯的謝意。

譯者

1989 年 2 月

序

調查地點總圖

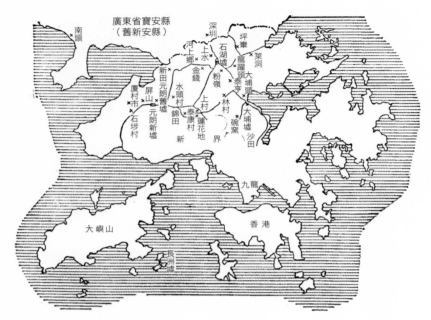

香港・九龍・新界

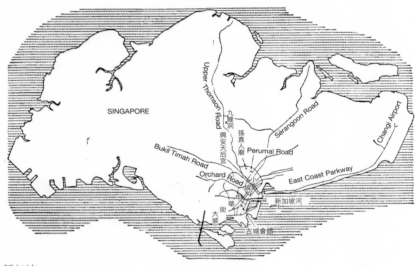

新加坡

12

第一篇

宗族設立市場
的外神祭祀

序章　市場地祭祀演劇中的宗族統制機構

作為本書的首篇，先對研究市場地演劇組織的意義和問題之所在、資料的地域範圍以及論述的步驟作一概述。

一、市場地演劇在中國演劇史上的地位

一般說來，中國的祭祀演劇，是在農村市場中產生，並在那裡完成了它的初期發展的，這是筆者幾年來的主張，也是自己在以往發表的論著中反復進行論證的[1]。這個理論的根據是，中國的演劇，與希臘和日本演劇相同，其發生都以農村祭祀禮儀為母體，促使祭祀禮儀向演劇轉化的各種社會性契機──包括人們對宗教禮儀的畏懼情緒的減弱、能比農業神崇拜包容更大範圍社會階層的都市新宗教的產生、祭祀禮儀的世俗化、祭祀組織的擴大，等等──最早都是在以 "墟市" 為中心的農村中小市場中成熟，並顯現了最有效的功能。若徵諸史實，保存在宋代以來文獻

1　參見筆者以下論著（以發表先後為序）：（1）〈明清華北地方戲研究〉第四章〈地方戲與商業的關係〉，載《北海道大學文學部紀要》，第 16 卷第 1 期（1968），219-236 頁。（2）〈朝鮮使節燕行路程中的清代初期興行演劇的形成〉之四〈清代地方社會興行演劇的展開〉，載《熊本大學法文論叢》，第 25 期（1970），57-64 頁。（3）〈論南宋時代的福建地方戲〉之四〈福建地方戲展開的社會性基礎〉，載《日本中國學會報》，第 22 期（1970），109-112 頁。（4）〈論明代閩粵地方戲〉之五〈閩粵戲的社會性構造〉，載《東方學》，第 42 期（1971），89-94 頁。（5）〈論十五、十六世紀江南地方戲的變質（三）〉第三章第二節〈市場地社祭演劇向興行演劇的傾斜〉，載《東洋文化研究所紀要》，第 65 期（1975），139-168 頁。（6）〈中國地方戲的發展構造〉之一〈地方戲組織的編成與分解的構造〉，載《東洋文化》，第 58 期（1978），3-10 頁。（7）《中國祭祀演劇研究》第一篇第一章〈社祭儀禮的藝能化〉之三〈北宋─南宋（初始期）〉（東京：東京大學出版會，1981），18-31 頁。

中的農村演劇紀錄表明，農村演劇幾乎都集中在市場內進行，這一傾向經元、明至清代基本未變。從這個意義上可以說，正是以農村市場為基礎的"市場地演劇"，構成了中國祭祀演劇的原始形態，其地位在整個中國演劇發展史上都是極為重要的。本書之所以先從市場地演劇開始分析，即基於以上理由。

二、問題之所在 —— 地主宗族在市場地演劇組織中的地位

然而，筆者一向認為，市場地演劇的組織機構，或者在範圍更廣的市場祀神祭祀活動中的祭祀組織機構，是一個由所有與農村市場發生關係的農村各階層混雜而成的集合體。這些階層包括鬆散地控制著市場的地主、居住在市場內的坐賈、出入市場的客商、從周圍農村流入的工人，或作為貿易媒介的牙行、經紀人及管理市場的官吏甚至還有寄生於市場的流氓地痞等。在這些人當中，墟市商人（坐賈和客商）的作用受到了特別的重視。有關資料表明，推動市場地祭祀禮儀向演劇轉化，和推動特有的演劇樣式發展的進步性因素，都可歸功於這個商人階層[2]；與此相反，與墟市發生關係的地主階層所起的作用，卻表現出阻礙上述進步的消極傾向[3]。長久以來，由於無法獲得有關市場地祭祀演劇內部祭

上面左側有直排文字：

第一篇 / 宗族設立市場的外神祭祀

2　尤其要重視商人是演劇費用的負擔者這一點。由坐賈承擔市場地祭祀演劇經費的個案見以下各例：趙申喬《趙恭毅公自治官書》卷五〈回秦宋學士參款〉："查康熙四十六年（1707）十一月十一日，壽嶽神像開光，臣親至嶽廟，搭台演戲三日，以祈神祐於萬年。旋有近廟居民，亦欲捐賞唱戲。"乾隆三年（1738）（河南）《湯陰縣志》卷九〈會記〉："忠武鄂王廟會……戲之費……知縣唱四日，賃地者唱三日，各色鋪戶唱三日。縣則有牛馬稅可出。地則有賃地錢可供。鋪戶則有買賣錢可斂，均不累而樂從也。"這裡所謂"近廟居民""賃地者""各色鋪戶"等，都是指市場內的坐賈。

3　見筆者前引論著之（4）。

15

祀組織的直接資料，所以只能根據中國農村各階級間一般的權力關係，作出上述圖解式的劃分。但為了進行更深入的分析，就不僅要從作為進步因素的墟市商人方面來考察墟市祭祀組織內部的權力關係，還要考慮被認為是起了反動作用的地主階層方面，並對兩者間的關係作綜合性把握。墟市內是否有地主居住其實不重要，如果墟市周圍的農村──使墟市貿易得以進行的基礎──是處在地主階層的統治之下，那麼直接反映墟市貿易權力關係的祭祀組織，也就必然處於周邊地主勢力的控制之下。在墟市周圍農村幾乎都由單姓宗族村落構成的華南地區，由於地主權力是以宗族權力的形式表現出來的，有關墟市中的地主權力，因此就可以還原為支配墟市的宗族權力。通過這一視角，我們就有可能利用宗族的資料去分析有關墟市祭祀組織的權力關係[4]。這一點，不

---

4 以下是地主宗族設立墟市並主持（支配）演劇的實例：郭之奇（崇禎七年廣東揭陽縣知縣）《宛在堂文集》卷二八〈墟市議〉："韓緒仲宗伯、志博羅謂'新墟使盜，舊墟使民'。夫新墟之設，類於山谷之間，演戲聚賭，叢集奸盜，而又依豪家舉幟。" 此所謂 "豪家"，概指有力宗族，意思是有力宗族設立新墟，主持演戲以牟利。由宗族設立並支配的墟市實例在廣東地區數量眾多。林和生〈明清時代：廣東的墟和市──對傳統市場形態與功能的一項考察〉一文舉出了大量實例，現以宗族角度略作整理如下：

1.1 由複數宗族聯合所設市場

光緒《安定縣志》卷一〈輿地志九‧墟市‧嶺口市〉："舊名三家坡，在雷一圖。康熙初年，莫、張、龍三姓捐地邀建。" 民國《恩平縣志補遺‧墟市‧楊橋新市〉："距楊橋墟二里，逢二、七日為墟期。此墟為聶姓稅地。民國七年戊午，聶、伍、葉、李、陳、吳六姓建立。" 光緒《電白縣志》卷六〈建置志二‧墟集〉："莊垌，蔡、黃姓墟。" 光緒《高州府志》卷十〈建置三‧墟市‧梅菉〉："梅姓、陸姓創始，故曰梅陸墟。後更為梅祿、梅錄。" 光緒《澄邁縣志》卷二〈建置志‧墟市‧龍鼉市〉："同治年間，謝、林、梁請官諭，並各姓同招。"

另有羅姓與他姓聯合設立的墟市。如同治《南海縣志》五鄉永和墟："在佛山聚龍上沙尾。咸豐丙辰，黃鼎司土爐堡，大富堡之瑭邊古灶鄉‧生村鄉，

僅對於理解墟市本身，而且對於搞清以墟市為槓桿而發展起來的中國祭祀演劇的組織機構，都是必要的和有效的。

西隆堡之上七約鄉‧朱江鄉，大江羅姓鄉同建。購五鄉產穀，一六日趁。”

1.2 在複數宗族所有地上所設市場（宗族作為所有者向商人徵收商鋪稅）

道光《陽春縣志》卷四〈墟市‧河亭墟〉：“用胡、楊二家地……准二姓收稅。”

2.1 由單姓宗族獨力所設市場

嘉慶《澄邁縣志》卷二〈建置志‧墟市‧福山市〉：“舊名森山，在那托都，萬曆年間，王姓招。”民國《潮州志‧實業志‧商業》：“永興市，道光六年丙戌，桐坑鄉林姓闢建。下鄉市，道光間，林姓鄉人建。”

2.2 單姓宗族作為宗祠公產而設市場（將墟市商戶所交鋪租用於維護祠堂和充作祭祀費用）

乾隆《增城縣志》卷一〈區宇里廛‧派潭墟〉：“三六十集。下墟係熊姓祖業。”

2.3 單姓宗族作為 “墟主” 行使支配權的市場（向墟市中的商人徵收鋪租、地租）

光緒《四會縣志》編二下〈墟市‧塔良墟〉：“高宗乾隆九年甲子設……墟主李姓。牛皮墟，高宗乾隆己未，邑人龍彬業創設。今墟主屬潘姓。”

下例中的 “市主”，可能也是指有力宗族。康熙《臨高縣志》：“（多文市）其市，舊有地租。每至終市，市主橫收，商者擾之。康熙四十二年，知縣樊庶捐俸悉買其地，聽買者建屋宇貿易，商民稱便，其市日盛。”

2.4 在單姓宗族 “稅地”（所有地）所設市場（宗族向官府交納墟市地稅，其 “土地所有權者” 的身份獲官方正式認可）

嘉慶《增城縣志》卷一〈里廛‧墟市‧派潭墟〉：“上墟，一圖稅地；新墟，張姓稅地。”民國《恩平縣志補遺‧楊橋新市》：“……此墟為聶姓稅地……”（已見前引）

下例同樣可見 “宗族的稅地”。民國《瓊山縣志》卷五〈建置志‧都市〉：“天長市，係文宿村何姓地。西至湖，係大唐村陳姓地。民國三年，聯圖同建。”

在上引廣東實例中，可以發現作為 “宗族祖業” 的墟市、宗族以墟主身份支配的墟市、宗族設立稅地的墟市等，這些類型也散見於本篇將要討論的香港新界地區的墟市中。如祖業之例，參見第二章、第三章；墟主之例，參見第三章；宗族稅地之例，參見第四章。

本篇將通過以這類宗族村落社會為背景，由特定的宗族所設立、並受其影響的墟市祀神祭祀演劇的實例，研究其內部結構，尤其是把控制墟市祭祀的地主宗族的支配能力和支配形態作為當下的分析焦點。對墟市祭祀組織和演劇組織的實際狀況，筆者設想了以下三種類型，並對相關問題進行考察：

　　（一）當墟市由特定的地主宗族或其聯合體設立，而且這個墟市的寺廟祭祀組織，也是由該地主宗族或其聯合體獨立掌控時，則何種形態維持這個祭祀組織？

　　（二）墟市雖然由特定的地主宗族或其聯合體設立，但墟市寺廟內的祭祀組織，卻又由該地主宗族或其聯合體，與居住於墟市中的雜姓商人共同參與，在這種情況下，祭祀組織中作為墟市所有者的地主宗族，其地位會發生何種變化？

　　（三）墟市雖然由特定的地主宗族或其聯合體設立，但墟市寺廟內的祭祀組織，僅由居住於墟市的商人組成，而該地主宗族或其聯合體則完全不參與，在這種情況下，祭祀與演劇的關係將發生何種演變？

　　總之，地主宗族（或其聯合體）設立墟市，建造店鋪，招徠商人入店經商，從而收取地租、鋪租，獲得墟市貿易的利潤。他們與促成墟市繁榮的寺廟祭祀之間的關係，可以設想為三種類型：（一）由地主宗族獨自掌握，而與墟市的商人、居民無關；（二）與墟市的商人、居民共同經營；（三）將經營實權全部交給墟市商人，自己不再參與。這一設想是與下面的推測聯繫起來的：一般說來，墟市大多建立於複數村落的疆界交叉之地，單獨一個宗族往往很難具備排他性的支配力量。因此，在相鄰村落間的強宗勢力達到平衡時，墟市周圍廣大區域即會出現複數宗族的聯合體，類型（一）中的關係即由此形成。而當各方勢力不能取得平衡，廣大區域內宗族的聯合體建立不起來時，墟市中的權力關係也不再穩定。這時，支配著墟市的少數宗族，不得不以單獨的或以小聯合體的形式經營墟市的祭祀，結果，將根據自己與墟市商人（外姓、雜姓）關係的狀況，選擇採用類型（二）或類型（三）。當地主宗族與墟市商人同屬一個族群（Ethnic group）[5]時，他們將試圖共同經營祭祀組織，其結果是歸於類型（二）；若兩者的族群系統（Ethnicity）[6]完全不同，作為墟市設立者的地主宗族，則只能選擇類型（三），即把祭祀經營權委託給居住於墟市的商人集團。下文將分別就三種類型作出分析。

三、實地調查和實例資料的範圍

為了完成以上的分析，我以清代廣東省新安縣官富司轄下（現屬香港新界地區）宗族村落中有關墟市祭祀演劇組織的文獻及實地調查結果為主要資料，其理由有二：

理由之一，在清代的全部中國農村市場中，墟市——即開市頻率為每十天約開三天的小型市場——最發達的地區，是陝西、山西、四川、湖南、江西、廣東、廣西等邊遠地區，而在江蘇、浙江、安徽等所謂"先進地區"，商品流通的規模已超越了小墟

5　譯者按：Ethnic group，可譯為"種族群體""民族團體""種族集團""族群""本土群體"等，意指一個比較大的文化與社會體系中的社會團體，社會學、社會人類學、文化人類學著作中廣泛使用這個術語。這個術語的重點，不是強調人群的體質形狀、國籍或民族來源，而是側重於生活方式、習俗樣態、信仰體系、語言特徵和其他文化傳統。因此不同的 Ethnic group 雖可同屬一個民族，但兩者不能混為一談。本書正是在這個意義上使用該詞的。根據學術界共識，並徵求了田仲教授的意見，本書統一譯作"族群"。

6　譯者按：Ethnicity，有種族劃分、種族關係、種族來源等意義。根據對 Ethnic group 的理解，以及徵求了田仲教授的意見，本書統一譯作"族群系統"。

市階段，進入了每天都進行貿易的市鎮階段[7]。市鎮由墟市發展而來，雖與墟市有相似之處，但其經濟組織更呈複雜化，地主宗族對市鎮的支配機制，往往也不是以單純的形式出現。因此，作為探討的程序，自然就應首先分析墟市階段的祭祀組織，然後在此基礎上，再深入到市鎮階段。另外，從演劇史的角度看，由於中國的祭祀演劇，首先形成於墟市階段的經濟環境之中，作為第一步，仍然應先探討這類墟市的經濟發展水準。對這個問題，我們可以把清代市場經濟條件下屬於中等、落後之邊遠地區的香港新界農村的墟市祭祀實例作為研究對象，那是一個以單姓宗族為基礎、具有華南型村落社會特色的地區。晚清時，這個地區從中國官僚行政機構中分離出來，轉受英國的統治，雖然在近百年間受近代經濟的影響而發生了顯著的變化，但在很多地方仍然保持著清代農村小墟市貿易圈的特色，它可以為探討上述問題提供資料；另外，近三十年來（編者按：二十世紀八九十年代，後同），該地區的主要墟市發生了市鎮化傾向，也可以使人們從側面重溫江蘇等先進地區出現過的"從墟市走向市鎮"的發展過程。對上述歷史背景的重視，是選定這一地區為考察對象的第一個理由。

　　理由之二，是可以在該地區實地考察墟市的祭祀演劇。一般

7　加藤繁考察了直隸、山東、山西、河南、福建、廣東、廣西等邊境各省的集市後，在〈清代村鎮的定期市〉一文中指出："江蘇省的州縣志中幾乎找不到有關定期市的記載。雖然有鎮市、市鎮等門類，但只指出了地方區劃意義上的鎮和市，而沒有與定期市相關的事例……江蘇的村鎮中其實也不是沒有定期市，只不過那裡基本上每天都進行貿易，所以一般人並不將其視為定期市，因而在州縣志中就不再作明確的記錄。吳江縣黎里鎮的志書《嘉慶黎里志》卷二稱：'鎮之東曰東柵，每日黎明，鄉人咸集，百貨貿易，而米及油餅為尤多。舟楫塞港，街道肩摩……'這裡所說的，就是每日都進行交易的米、油餅等百貨集市。……因為逐漸增加了自古以來的開市日數，所以定期市就形成了每日市這一最發達的形式。"載《東洋學報》，第二十三卷之二（1936），後收入加藤繁《支那經濟史考證》（下），1953年，524頁。

的文獻資料很少提到有關地主宗族對墟市的控制，或其對祭祀組織的參與情況，而我們又必須得到實地的原始資料。就此而言，這個地區的實例是目前最容易接觸，而且有關的歷史文獻也保存得比較完善。

按照上述三種墟市祭祀組織類型，筆者擬分以下四章考察香港新界墟市祭祀的實例資料：

類型（一）之實例：新界，上水廖氏所管石湖墟周王二院神誕祭祀（第一章）。

類型（二）之實例：新界，大埔頭鄧氏等所管大埔舊墟天后廟神誕祭祀（第二章）；新界，泰康村鄧氏所管元朗舊墟建醮祭祀（第三章）；廈村鄧氏所管廈村市建醮祭祀（第三章補論）。

類型（三）之實例：新界，南頭黃氏所管長洲墟建醮祭祀（第四章）。

筆者將通過對以上實例中有關宗族的沿革、祭祀組織、祭祀日程、場地、祭祀禮儀、祭祀演劇等項目的探討，分析地主宗族的控制力在上述祭祀活動各場景下的表現程度。筆者雖然沒有能力從宗教學角度來研究祭祀禮儀，但卻希望從社會學立場出發，對墟市中特有的祭祀禮儀的發生發展、祭祀禮儀中表現出的宗族集團的族群系統特徵以及組織觀念的表達方法等內容，作一有機考察[8]，並將其作為一個整體，探討地主宗族在墟市祭祀演劇組織中的地位及其演變形態。

8　近年有宗教史研究者指出，佔農村祭祀主流的道教儀禮尤其是建醮儀禮，和演劇一樣，都生成展開於宋以降的農村市場環境中。參見（日）松本浩一：〈葬禮、祭禮中所見宋代宗教史的一個傾向〉，載《宋代的社會與文化》（1982）。

第一章　上水廖氏與石湖墟周王二院神誕祭祀

序節　上水廖氏與石湖墟

　　少數強宗掌握墟市經濟權的同時，也壟斷了墟市中代表性廟神的祭祀權，並以宗族聯合體的形式維持著祭祀組織。我們以位於香港新界東北部石湖墟的周王二院為實例，來探討其祭祀組織的特徵。

　　在新界東北部，與上水鄉相鄰，有一個"石湖墟"。這個墟市是清初由上水鄉廖氏設立的，其貿易圈與北部大墟深圳墟重合，同時，它又作為一種能對深圳墟進行部分補充的小集市，發揮了作用。原來，廖氏是將原先在天岡的小市遷往上水石湖的[1]。天岡原址不明，但據推斷，上水廖氏是經過與河上鄉侯氏的爭鬥，才控制了市場，佔據了現在的位置。

　　設立了石湖墟的上水廖氏，屬客家系集團。據《上水廖氏月友公家譜》[2]記載，廖氏是由其故地河南南下，經江西寧都到達福建汀州的；至元代初二十九世祖得祿公之子、仲傑公一代時，為避戰亂，從汀州遷廣東東莞縣，後新安鳳水鄉定居。以這位仲傑公為鳳水鄉（上水）始祖，依世次排至明代第三、第四世祖時，已經成功地在該地區打下了穩固的基礎。從明初第三世祖的兄弟如珪、如璋、如璧三人中，分出了長房、二房、三房。從第四世六位堂兄弟中的四位，即長房祖如珪子應文、二房祖如璋子

1　嘉靖二十四年（1545）《新安縣志》卷二〈墟市〉："石湖墟，舊志（引者按：康熙志）天岡。今移石湖。" Hugh Baker, *A Chinese Lineage Village: Sheung Shui* (Stanford University Press, 1968), p.31.

2　《上水廖氏月友公家譜・廖氏源流備考》〔民國甲辰（1964）手抄本，大英圖書館收藏，香港中文大學藏縮微膠捲〕。

應龍與應鳳、三房祖如璧子應綱中，又進一步分出北斗系、東斗系、西斗系、南斗系，開墾上水鄉，至清初形成了現在的圍壁村（水圍）。

據說，康熙初年實行“遷海令”時，廖氏舉族棄村內遷，飽嘗辛酸[3]。解禁後村界恢復，該族回到原村，現聚居於上水鄉水圍內的，是分別以上述四世祖的四位兄弟為遠祖的四個集團（東

3　《上水廖氏月友公家譜・詳考歷代遷移節略》：“吾宗廖氏分支擘派，散居四方，不知凡幾，難以悉載。惟我的派考之。西晉子璋公原為南京始祖，生從憲，遷浙江永嘉郡松陽縣，五代傳至誠希公。因五胡雲擾，於太元九年，復遷江南，十代傳至奇可公，生延齡，封武威郡公，為得郡之始祖也。十二代傳至崇德公，任虔化縣令，遂家虔化為江西寧都始祖。十四代傳至光景公。唐景雲元年庚戌，遷居鈞州。十六代傳至四十一郎公，始遷閩之寧化石壁鄉。厥後屢遭兵燹，而其子孫再遷延平府順昌縣合陽市，二十一代傳至花公，由順昌遷居汀州，為上杭、永定（永定縣一名龍岡）二邑始祖。又二十八代傳至均壽公，生得祿，得祿公生仲達，因與三十三郎長子同名，遂更名仲傑。仲傑公，於元時，由汀州遷廣東東莞之南，為新安鳳水鄉始祖。初住屯門，再住福田，三住雙魚境內，即今帝嶺之下、鳳水之上是也。生自玉公，在官富司屬三都二十一圖，開籍。仲傑公復回閩。自玉公生如珪、如璋、如璧三公。統分三房，星散居住。長房松崖公子孫居河北之上，名上水村。應武公復回舊籍。三房應龍公子孫居丙崗、橫眉山、岡村等處。月友公子孫居嶺下村。三房應綱子孫居河北之下隔田、龍眼園、下水等處，應紀公子孫居小坑村。我梅窩公子孫亦居嶺下村，所以歷年正月與月友公子孫同為鄉儺，其由來自此始也。迨有七世南沙公，深識風水，知各處皆非發福之所，而八世君濰公（受業於東莞桔杭村地師鍾心逸）力學堪輿，樂遊山水，亦稔知各處非久遠之長圖，更恐星散不能出入相友、守望相助，因擇茲陽場以圖綿遠，故幾經綢繆，共相力為撮合，始於萬曆年間，聚族同居，莫非沙、濰二公同心焉。後因李萬榮之亂，集議築圍。於順治三年丙戌九月初三日起工，丁亥年落成。遂分四斗，比廬而列居焉。不意康熙初年，海盜猖獗，上諭移村。新安海旁居民，盡行遷徙，而我鳳水亦與其中，以致流離失所，不勝其悲，荷蒙督撫周王二憲，不憚批鱗，奏表展界，咨准復村。七載後，方回故土。至今合族子孫爰居爰處，振宗風於萬石，俾昌俾熾，衍奕業於雙魚。嘉慶庚辰年蒲月中旬，十五世孫步雲謹誌。”

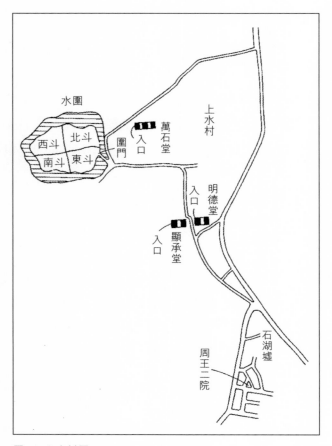

圖 1　上水村圖

斗、南斗、西斗、北斗）[4]。根據族譜所示系圖關係，可用表 1 展
示上水廖氏世系[5]。（見後）

　　由村圖（圖 1）可見，當地有三個祠堂，即長房萬石堂，二
房顯承堂、明德堂，都位於水圍之外。萬石堂、顯承堂現已成了

4　Hugh Baker, *A Chinese Lineage Village: Sheung Shui*, p.119.

5　（日）多賀秋五郎《中國宗譜研究》下卷第六章〈九龍的宗族修譜研究〉（1982
　　年，47-51 頁、116-117 頁），保留了仲傑公以下四世的系圖以及應鳳（月
　　友）系十九世以前的系圖。本表依據〈廖氏源流備考〉、〈詳考歷代遷移節略〉
　　及一世祖、四世祖、六世祖、七世祖的小傳，補足了遠祖及四斗的世系。

24

表1　上水廖氏世系表

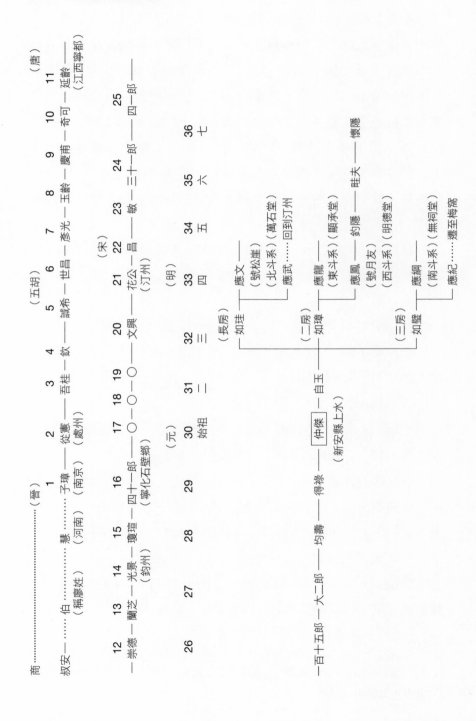

鳳溪學校和鳳溪幼稚園，只有明德堂還保存了宗祠的舊貌。

　　祖先祭祀活動以往以萬石堂為中心進行。尤其是每年舊曆二月初二舉行太祖春祭時，在萬石堂大殿內供奉神位：中央是開基祖仲傑公（妣侯氏），左側是二世祖自玉公（妣歐氏），右側是三世祖如璋公、如珪公、如璧公；左、右兩壁並列九世祖以前的五十二位舊主（東斗系十二位，南斗系十四位，西斗系十六位，北斗系十位）和十世祖以下的一百一十二位新主（東斗系五十位，南斗系十四位，西斗系三十五位，北斗系十三位）。與神位群並列，以昭祖為左、穆祖為右，供奉豐盛的貢品，舉行隆重的祭禮[6]。

　　寫於紙上的神位由各斗自備，根據左昭（偶數世代）右穆（奇數世代）的世序，隔代排列。以下所示為左、右二級之前的神位名：

　　左一級（四世祖）：

　　松崖祖（北）、應龍祖（東）、應綱祖（南）、應武祖（北）、月友祖（西）、應紀祖（南）

　　右一級（五世祖）：

　　義菴祖（北）、釣隱祖（西）、梅窗祖（南）、源深祖（東）、東池祖（北）、懷隱祖（西）、重山祖（北）

　　左二級（六世祖）：

　　寅齋祖（北）、安靜祖（北）、丙山祖（東）、畦夫祖（西）、東全祖（東）、耕隱祖（南）、翠林祖（南）

　　右二級（七世祖）：

　　敬山祖（東）、順全祖（東）、南沙祖（西）、樂野祖（南）、潤蒼祖（東）、永盛祖（南）、積菴祖（南）

6　〈上水廖氏萬石堂祭祀條規〉，載《上水文獻》（香港中文大學歷史系香港口碑歷史計劃資料室藏）。

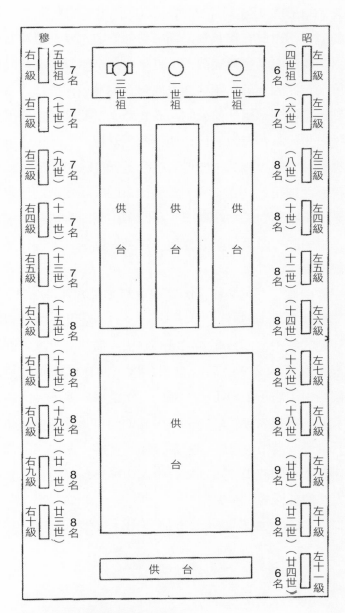

圖 2　廖萬石堂春祭神位配置圖

儘管右一級懷隱祖以下的西斗派擁有獨立的明德堂，應龍祖以下的東斗系也擁有顯承堂宗祠，但他們還是參加了萬石堂祭祀。從這一現象中，也可大體看出以總祠萬石堂為中心的同族結合的強度。其原因在於，雖然該宗族分為四斗，但依然頑強地維持著作為出自同一始祖仲傑公的同族意識。祭祀時依據儒禮，先獻上五牲，爾後奉讀獻給一世祖仲傑的正堂祝文、獻給二世祖以下十八世祖（實際上為二十四世）的昭祖祝文、獻給三世祖以下二十三世祖的穆祖祝文。另外，獻給作為四斗始祖的四世祖群的四世祖祝文，特別對因中科舉而入祀的義山祖、荃嚴祖的配賢祝文，也一併奉讀。獻供祭品的種類、數量，以及拜禮的程序等，也都有規定[7]。

除了太祖春祭外，祭祀活動還有秋祭（農曆九月九日）、太祖忌辰（農曆三月十四日、十月十八日）等。因此，維持這些大型祭祀活動的祭田也極為豐富，這些祭田不僅涉及上水鄉圍外部分，而且還廣泛地分佈於新界東部各地，如林村塘面村、大芒峯、水窩、白牛石、田寮下、大菴山、黃桐寨、寨凹、山雞乙、新村、坑頭、蕉徑、掃管埔、泰坑、元朗山貝、岡廈、粉嶺、小滘、荊竹排等（其中大多為客家系村落）[8]。綜上所述，這個上水廖氏在新界若干同族中，可以說是一個組織得最好並且具有雄厚經濟實力的傳統性的同族集團。

---

7 〈太祖春祭（每年定期）二月初二日買什物列〉各種祝文書式〈太祖春祭喊禮文式〉等，均見前引《上水文獻》。

8 據〈承辦春秋祭每年祭主所收周邊租穀列〉整理。

第一節　周王二公書院神誕祭祀組織

如前所述，與上水鄉鄰接的石湖墟，乃為上水廖氏所設，在該墟市的巡撫街一角，建有一座祭祀曾將本地居民從康熙"遷海令"厄運中拯救出來的廣東巡撫王來任、兩廣總督周有德二公的"周王二公書院"。周王二公書院祭祀組織是以上水廖氏為核心，聯合附近若干強宗而組成的，是一個典型的以墟市為媒介的複數宗族聯合祭祀組織。該組織有新、舊兩種。舊組織稱"舊約會"，由上水廖氏、龍躍頭鄧氏[9]、河上鄉侯氏[10]，以及泰坑文氏[11]四宗族構成（泰坑文氏後來退出）。新組織稱"新約會"，由上水廖氏、龍躍頭鄧氏、河上鄉侯氏，以及粉嶺彭氏[12]、大埔頭鄧氏[13]、泰坑文氏、新田文氏[14]七宗族構成。以族群關係衡量，舊約會可視為客家系集團，而新約會則稍有擴大，增加了潮州系的粉嶺彭氏、惠州系的新田文氏。無論泰坑文氏從舊約會退出，或是從舊約會中形成了另一個新約會，其原因似乎均在於非客家系宗族，相對於客家色彩濃厚的舊約會的族群系統來說，總有一種不諧和感。另外，應該承認，作為宗族的聯合，舊約會和新約會在特點上也存在若干差異。下面，對兩者作分項討論。

一、舊約會

舊約會設立於清初康熙年間。設立之初，成員似由上水廖氏、龍躍頭鄧氏、河上鄉等四村侯氏、泰坑文氏四宗族構成。

9　有關龍躍頭鄧氏，參見第三篇第一章。

10　有關河上鄉侯氏，參見第三篇第三章。

11　有關泰坑文氏，參見第一篇第二章。

12　有關粉嶺彭氏，參見第三篇第二章。

13　有關大埔頭鄧氏，參見第一篇第二章。

14　有關新田文氏，參見多賀前引書 30-35 頁、100-115 頁。

《周王二公史蹟紀念專輯》（廖潤琛編，1982年）載有〈侯、廖、鄧、文四姓立報德祠頌詞〉一文，記錄了舊約會設立之初的情況，提到作為創始者的四族之名。全文如下：

伏以：天地化成，聖主建中而立極。陰陽調燮，賢臣經國以宣猷。拯生民於水火，己溺己飢；奠四類於帡幪，維安維阜。迺者，粵東盜起，頗似萑苻。邊海民遷，賤同螻蟻。七載仳離，瑣尾之歌滿耳。九重深遠，凍餒之苦難聞。幸公同寅協德，合力回天。志切批麟，不愧仲山之補袞。恩同再造，何殊召伯之甘棠。大展鴻恩，服回故土。澤中無嗷嗷之嗟，眾姓有欣欣之色。虔於石湖之集，同立報德之祠。際茲蕤賓司令之期，正值維嶽降神之日。享祀不忒於當年，時事更隆於此際。伏願鑒一念之微誠，降萬民之厚澤。雙魚致名利之益，石湖獲食貨之麻。

從文中"虔於石湖之集，同立報德之祠"一句來看，報德祠無疑為當時所建，顯然是康熙二十年代的產物。因此，當時除了石湖墟市的本地宗族上水廖氏、龍躍頭鄧氏、河上鄉侯氏之外，位於遙遠南方的泰坑文氏也加入了進來。但是，據當地的老話說，泰坑文氏後裔將其所持股份轉賣給了上水廖氏的允升堂，結果，舊約會的構成就改變為：

第一股，侯姓（河上鄉、丙崗、燕崗、金錢）

第二股，廖萬石堂

第三股，廖允升堂

第四股，龍躍頭鄧氏

由於文氏的退出，最後就形成了廖、侯、鄧三姓的聯合。此後，關於舊約會只殘存片斷的紀錄。但在民國十二年（1923）的（舊約會）會計紀錄中卻匯記了一部分前清時的舊規，以下所論即根據這些材料進行。龍躍頭鄧氏保存的《報德祠神誕冊》（民國十二年）"序言"原文如下：

展界恩主周王二院大人，環海居民咸沐再造之仁也。原康熙二年，移民入內境，播遷之苦，哀鳴嗷嗷矣。二大人批鱗上奏，復我邦族，迄今已近二百年。咸安厥居，得以綿延世澤，敢不報其德乎？故石湖建祠，名曰報德。每年蒲月廿一日，恭逢王大人崇降之辰，我約內各鄉齊集恭祝，而茲則合各姓紳士，於十九日先獻薄酌，預頌南山。是維共切葵傾，懷甘棠之遺愛，而講信修睦，實所以上體二大人保赤之仁，因識戚友之誼，以為百年守望扶持之助焉。謹將條款並所置產業祭費，臚列於左。[15]

如上所述，在五月二十一日神誕前的十九日，各姓紳士就聚集於神前舉行獻供禮。以下續錄對祭祀組織、公產經營、祭祀經營的規定：

一、值年上交下接，首，金錢鄉、河上鄉、丙崗鄉、燕崗鄉（侯姓）。次，上水廖姓。三，上水（廖）允升堂。四、龍山鄧姓。

二、每鄉各持部（簿）一本。值事之年，先十日，發帖，敬請各鄉紳士，不可遲誤。

三、每鄉，前日捐本銀，各姓拾大元足。

四、所典受各姓田產，列左。土名，租幾、典價多少，以便稽查。此田租准期，於五月十九日恭祝日當堂投收價高，此以其銀，當中交下值理收貯生息，周而復始。

---

15 這項資料原由上水鄉事委員會主席廖潤琛先生收藏，1972 年 7 月寄贈 James Hayes 博士，博士轉存香港中文大學。Hayes 博士的友人 David Faure（科大衛）博士向筆者贈送了影本，使得本研究有所參照。在此特向兩位博士致以由衷的謝意。

五、糧銀辦祭，一切俱為值事支妥，當存多少，然後交下年值事收貯。

六、擬祭費，每年擬花銀拾兩零八毛；祭品，擬金豬一隻，熟筵果品，神衣二副。是晚宴，設三席，明早二席，禮生執事，吹手俱全。亦其鄉主祭。[16]

以上各項幾乎都與祭祀活動有關，甚至連祭祀的費用、祭品的種類、宴席的數量也都作了規定，其目的或許是為了增強對祭祀活動的關心，而不使其規格有所下降。另外公產是田產，採取各姓入剳承佃制。五月十九日當天，在周王二公神位前奉讀拜禮祝文後，即進行設宴、田租入剳、會計簿交接、規約審議、約內事務合議等項。

關於會計收支細節及四股輪流交接的狀況，存有以下三年的紀錄：

1. 民國辛酉十一年至壬戌十二年：廖允升堂所管。

2. 民國壬戌十二年至癸亥十三年：龍山（龍躍頭雅稱）鄧氏所管。

3. 民國癸亥十三年至甲子十四年：侯姓諸村所管。

以下開列賬目明細。原文為流水賬簿式，現以收支表形式表示。（見表2）

如表2所示，在這三年間，約會的管理由各股輪流擔任。先由第三股的廖允升堂移交給第四股的龍山鄧氏，再由鄧氏移交給第一股的侯姓諸村。第一股之後，滾存金將移交給第二股的廖萬石堂，但賬簿在此處中斷。儘管如此，我們了解到，在整體上這

---

16 參見 David Faure, Lee lai-mui（李麗梅）, The Po Tak Temple in Sheung Shui Market, *Journal of the Hong Kong Branch of the Royal Asiatic Society*, Vol.22 (1982), pp.273-277. 該書對這份舊約會有一英文解說。

表2 舊約會民國十一年至十四年（1922-1925）收支表

（1元=0.72兩=7.2錢。1元=10毛。有＊號者換算略有誤差。）

		自民國十一年六月至民國十二年六月（第三股，廖允升堂所管）	自民國十二年六月至民國十三年六月（第四股，龍山鄧氏所管）	自民國十三年六月至民國十四年六月（第一股，侯姓諸村所管）
收入		上期滾存 426.194元	上期滾存 427.475元	上期滾存 480.742元
		一號田租 21.646元	十一個月利息 47.020元	十一個月利息 52.880元
		二號田租 30.869元	一號穀（6.64石）28.280元	一號穀（6.54石）29.580元
		三號田租 19.642元	二號穀（9.16石）37.556元	二號穀（7.56石）35.910元
			三號穀（6.1石）22.020元	三號穀（5.5石）26.600元
		合計 498.351元＊	合計 562.351元	合計 625.712元
支出		項目包括：什項、神衣、神米、廟祝、紙筆墨、納糧、廟內水火、孟蘭、租米、吹手、借彭祖、酒米、酒席、禮生、主祭、龍山夫馬 合計（51.030兩碎銀＊）70.876元	項目包括：同左欄，另有桂味荔枝 合計（52.463兩碎銀）72.862元	項目包括：同左欄，但無荔枝，另有菜地 合計（7.2兩碎銀）75.610元
剩餘		427.475元	489.489元	550.102元＊

是按照第三→第四→第一→第二這樣一個輪換程序有條不紊地進行的。雖然這已是民國時代的紀錄，但可以看出，他們遵守的，就是清初以來形成的輪番交接制度。

以下討論收入狀況。每年交接的時候總有四百元至五百元的資產餘額，其財力大約是下面將要提到的"新約會"的兩倍。這也許是因為收入的基礎是田產，所以財產不受社會變動的影響而保持了一定程度的穩定。雖然田產也曾被記為"菜地"（民國十三至十四年度"支出"欄），但卻用"石"來表示收入，就說明它仍是糧田。田地被分為一號、二號、三號三份，每年根據投標，由能提供最高租額者承管，估計各田均有六石左右的收租量，承管者將之折成銀錢交納租金。此項收入每年合計約九十元；另加利息五十元左右，全年可收約一百四十元。其中支出僅七十元左右，所以收入還是充裕的，有近二分之一的結餘，財產遂呈上升態勢。

其次看支出狀況。每年的支出約七十元，其中包括與土地所有權相聯的地稅銀（納糧）、酒席費及祭品等多種小項目。這也許是因為該財團是以經營祭祀為目的的，所以才詳盡地列出祭品和收支的種類。儘管禮生、吹手等角色的工錢、夫馬銀等交通費都是小數額，但也都一一記錄了下來。舊約會祭祀的各項金額與後述新約會相比沒有太大差別，但項目數量減少，估計祭祀活動趨於簡化。在創會之初，據說宴會辦在報德祠內，以後才改到酒樓。在上述支出項目中，酒席費三十元，佔全部支出的四成，可見宴會在祭祀活動中居於重要的地位（據清初規約規定，祭費為十兩八錢，但在民國時代的賬簿中，包括酒席費在內的廣義的祭費已達三十五兩，這可能是物價飛漲的緣故）。

以上詳盡地介紹了祭祀方面的規約，但除祭祀之外，舊約會似乎還具有作為村落聯合自治組織的所謂"鄉約"的性質，也就是說，它具有維持所屬各村（鄉）的治安、協調各鄉（實則為各宗族）之間的利益，進而維持鄉村風俗（振興文風、士風）等各種行政性規約（治安、司法、教育）的作用。民國十二年（1923）《報德祠神誕冊》規定：

一、各鄉夜候有意外之虞，合眾在報德祠酌議。其所用什項為眾支理。

二、各鄉有真實良民、從無瑕疵之人，一有意外無辜之禍，凡在約中紳士，務出名同保。若不甚明白，或有因而致死，不入此例，不得牽阻。

三、鼠竊狗盜事不能無。如係約內之賊，齊集公議；如係外人，與各鄉無干涉，惟該鄉自為計辦。

四、各姓中如果有真實不法子弟，其本族出投呈者，若知會各鄉紳士，亦須出名同訴，不可推卻。

五、若約屬捉獲賊匪，送究治者，約中幫銀四元作為費用。[17]

以上規約的意思未必很明確，可能是對各鄉各族在實行各自鄉域的保甲和夜警時某些具體措施的紀錄。約內各鄉各宗族內一旦發生傷害、盜竊等事件，對被害者和加害者的處理，應採取在有關鄉（族）之間合議處置，由各方共同負責。這一設計，可以看作是一種族間調停的形式。

另外，舊約會作為強宗聯合體，還負有"振興文風""獎勵舉業"的功能，這一點也表現在規約中。以下諸項即是：

一、每年恭祝之期，由值年首事，即於四月初旬，擬四書題一條、五言律一首，貼於報德祠門外，以便恭祝之期，各鄉繳卷交值事匯送省

---

17 有關該規約的情況，參見前引科大衛、李麗梅論文，及李麗梅〈報德祠之源流〉（收入前引《周王二公史蹟紀念專輯》）。

城老師評閱，前列十名者，薄賞小物，以振文風。

　　二、各文武遊泮，經巡撫祠恭謁周王二院大人，擬金豬一隻，眾賞花紅銀陸大元，另夫馬銀二元。是日敘飲，擬設二席，各鄉紳士每股擬來十二位，到巡撫祠歡敘同飲。言明領金豬一半，歸四股均分。是日所賞酒席、茶煙、雜物，歸現年值事支理登數。至若新進來人夫馬食用，即歸新進者支理。而各鄉紳士來飲，夫馬銀則歸眾支理。

　　三、例新登科甲，經巡撫祠恭謁周王二大人，擬金豬一隻，眾賞花紅銀拾大元，夫馬銀四元。至於是日敘飲，亦照上例一律。

　　四、例恩、拔、優、副、歲五貢，經巡撫祠恭謁周王二大人，擬金豬一隻，眾賞花紅銀捌大元，夫馬銀三大元。至於是日宴飲，俱照上例。

　　五、文武、科甲、五貢及遊泮有禮生，經巡撫祠，每禮生奉銀二耗。[18]

　　由此可見，這種舊約會，帶有該地區縉紳精英"雅集"的性質。可以說，廖、鄧、侯三宗族明顯地顯示出一種地主官僚傾向與文人傾向。周、王二公本身與其說是神，不如說更接近"鄉賢"屬性，而舊約會實體則可被看作是一個崇拜這個鄉賢祠的縉紳集團。因此，舊約會雖然採用的是以墟市為中心的"鄉約"形式，但其商業性功能卻不太明顯。清初舊約會成立時，石湖墟的商業功能還不像後世發揮得那麼大，然而該地卻是各鄉各族勢力範圍接觸的緩衝地帶。也許正因為有這種性質，作為各鄉各族共同尊崇對象的周王二公書院的院址，才被選定於此。周王二公本身不是商業神，但是在前引舊約會四姓合撰的〈立報德祠頌詞〉中，有"石湖獲食貨之麻"一節，這無疑說明，儘管在字面上規約並

18　前引科大衛、李麗梅論文及李麗梅〈報德祠之源流〉對規約有所解說，但遺漏了若干文字。

未提及商業活動，但舊約會本身對石湖墟作為墟市（集市）的繁榮仍然表現出相當程度的關注。在這個意義上，舊約會可以被認為是以墟市為中心的商業性宗族祭祀的初期形態的一個實例。

二、新約會

以下討論的是成立時間晚於上述舊約會的新約會。從規約等文件可以發現，新約會的性質與舊約會有很大的不同。舊約會中行政自治方面的功能在這裡消失了，而協調各宗族間商業性的利害衝突，則成了它的中心內容。

首先，有關新約會成立於何時，尚無可徵引的記載；根據可信的資料，目前只能知道最遲在光緒末年之前，新約會就以“五股編成”的形式成立了，或許還可追溯到嘉慶至道光年間。

另外，新約會的成員範圍比舊約會的三姓大為擴展。這裡也有一個變化的過程：開始時，本地三姓（上水廖氏、龍躍頭鄧氏、河上鄉等侯氏）加上此前從舊約會分離出來的南方泰坑文氏，成為四姓；接著，又加上了東部的萊洞鄧氏，實現五股編成。僅就涉及的地域上看，已比舊約會廣闊得多。此後，南方的粉嶺彭氏、大埔頭鄧氏，甚至連遠方的新田文氏也加入進來，發展成一個幾乎網羅了新界北部所有強宗的大聯合組織。這個組織被稱為“洞”。

前面提及舊約會的祭祀日為五月十九日，為避免競爭，新約會以六月一日為祭祀日。祭祀本身的規模雖比舊約會擴大，但財政基礎未必穩固，公產的形態也有所變化。以下，根據賬簿等文件，對清末以來新約會的情況作一分析。

先看“新約會”的規約。在由龍躍頭鄧氏保存下來的《宣統元年新約會神誕冊》中，附載有該會的規約。前言部分幾乎完整沿用“舊約會”的相關內容（已見前引），僅對祭祀日部分作了改變。以下是發生變更的部分：

……石湖建祠名"報德",每年五月二十一日,恭逢王大人嵩降之辰,我約內各鄉齊集恭祝,而茲則合各姓紳士,於六月初一日,再獻桃酌,聯頌南山。[19]

舊約會的規約前言中,在神誕期之前,有所謂"於十九日先獻薄酌,預頌南山"的文字,由於"新約會"推遲了神誕日,所以就改為"於六月初一日,再獻桃酌,聯頌南山"。

規約的正文規定了交接組織、公產籌集和經營等項目:

一、例本洞公務,若要該派銀兩,另集各鄉紳士再議,須要照舊例,每股派出,不得以此照派。

二、前例六月初一日,有新約會,該分五股。茲因地歸英屬,常年支辦祭費,出息不數。致於光緒三十四年,結算所貯之項,一切盡行化銷以後,無得祭獻,而萊洞村之半股,分散不入,各紳士再齊集酌議始行,爰復捐題。是時新田鄉加入一股,今作共為六股。每股先以科捐銀貳拾五大元,以造雙魚洞橫水渡壹隻,以便行客往來。每年投筒,以價高者得。茲將出息權貯,則有所以祭祀之用,每年照舊條款支給。

三、值年上交下接。

　　首,侯姓:丙崗、河上鄉、金錢、燕崗;

　　次,龍山鄉;

　　三,泰坑、大埔頭;

　　四,粉嶺鄉;

　　五,新田鄉;

　　六,上水鄉。

四、每股,各持部一本。值事之年,先十日發帖,請各鄉紳士,不可遲誤。

19《宣統元年歲次己酉六月・新約會神誕・龍躍頭冊》。

第五、例六月初一日會期，每股擬來紳士四名，禮神。禮生，執事足用。

第六、例辦祭品物費用，一切俱歸值事支妥。尚餘，當眾交下年值事收貯生息，一‧五分算，周而復始。

以上是規約的主要部分，若與舊約會相比，可以發現以下特點：

首先，關於輪班組織的構成。在光緒三十四年（1908）以前是所謂含萊洞鄧氏在內的"五股編成"，如綜合考慮規約修改前後與地理位置的關係，其構成可能為：1.上水廖氏一股；2.龍躍頭鄧氏半股，萊洞鄧氏半股；3.河上鄉侯氏一股；4.粉嶺彭氏一股；5.泰坑文氏半股，大埔頭鄧氏半股。由於萊洞鄧氏和龍躍頭鄧氏有血緣關係，且村落相鄰，所以就將兩者併為一組，每村半股。在這五股成員中，粉嶺彭氏和大埔頭鄧氏也許一直到很晚才加入進來。

光緒末年，隨著英國租借新界，萊洞鄧氏的半股不復存在，公產也消耗殆盡，於是，新的、與此地從無關係的西部新田文氏就要求加入進來，新約會就以"六股編成"的形式開始了活動。

其次，關於公產。新約會沒有舊約會那樣的田產，因此，清末時制定了一個計劃，即公產一旦用盡，就由各股籌款建造渡船，然後以其收入經營祭祀。據說渡船先在石湖墟旁的雙魚河上運營，隨後進入主流深圳河，由此溯河而上行至深圳墟，渡船就在這條航路上來回往復。當時（清末），對於新界北部雙魚河流域的居民來說，深圳墟仍是一個主要墟市，每當開墟之日（每旬三日、五日、七日），眾多雙魚河地區居民都要利用這條渡船來往於深圳墟之間。另一方面，憑藉渡船的運營，石湖墟本身當然也能擴大其集市的功能。有眼光地利用渡船來實現大墟（深圳墟）—小市（石湖墟）之間人與物的流通，這可說是一種極富商人頭腦的籌集公產的方式。渡船的經營交由約內各股商人承包，徵收承包費；值事各股將各年剩餘財產委託給族內商人保管以提取利息，凡此種種，自始至終都是商業資本性質的經營活動。這種商業性活動的方式之所以能實現，前提就是石河墟靠著和深圳墟的關係獲得相當獨立的發展之後，有關各族的商人即在此開設了店鋪。由此可見，與依賴土地生存的舊約會不同，新約會的特點是依靠商業。

再次，關於祭祀。新約會與舊約會有不同的祝日和祝文，新約會祝日比舊約會祝日的五月十九日要推遲近十天，為六月初一。這個日期很可能是根據會計年度的劃分而選定的，可以說新約會有很強的合理性。

最後，關於祭品。新約會的祭品種類和出席人數都比舊約會多：

神前用

茶、酒、湯、飯、花紅、天德香一子、一十二兩燭一對、尾罟廿對、丹桂香一子、九寸燭三對、神衣二付六毛、全盒一架、壽麵壽餅五盒、包捲五盒、熟筵一席、齋五碗、門聯一對、保利（茶）五百、神米一斗、吹手二名工銀三毛、金豬一隻供神、紫草茶入一個，值事支辦。

例六月初一日，該辦上席四席，每席該銀叁元寸。另下席二席，每席該銀一元寸。

定例各鄉夫馬

泰坑，每名夫，工銀二毛半。

大埔頭，每名夫，工銀叁毛正。

新田，每名夫，工銀叁毛正。

龍躍頭，每名夫，工銀一元。

上水，每名夫，工銀一毛。

粉嶺，每名夫，工銀一毛。

侯姓，每名夫，工銀一毛廿。

廚手承辦

六月初一，午用上菜四席，共計銀拾貳元足。另下席二席，該銀二元足（每席用金豬肉一斗，蝦百，豆腐切菜為尾）。

金豬一隻供神。主會該用金豬肉拾貳斤三‧八毛寸。

以六股均分，每股該派二斤，有多交回。

言明，承辦一切，該銀壹拾八元五毛正。另金豬肉一斤三‧八毛。

根據以上規定，可以大致推測祭祀的狀況：

首先，出席人數每股按四人計，六股共二十四名。另加禮生、執事、吹手若干，總計可能超過三十名。明顯多於舊約會。

其次，就宴席的配置來看，上等席四桌，下等席二桌。二十四名各股代表，每桌六人分坐四桌上等席，具體的座次雖無明確記載，但估計是形成獨立一股的上水廖氏、龍躍頭鄧氏、粉嶺彭氏、新田文氏四族（四村）各佔一桌；各桌所剩二名，共八個空位，由半股泰坑文氏、大埔頭鄧氏（各二名）和四村聯合的侯姓各村（每村一名）代表填補。這樣就配置成每桌六人共四桌的上等席。禮生、執事、吹手等幫手則坐下等席。

另外，從各股到石湖墟赴會所用夫馬費，由約會支付給各股。舊約會雖然也有這一規定，但新約會根據各股到石湖墟的不同距離，將支付的夫馬費分為若干等級，由此也可看出新約會奉行很積極的商業合理主義。

祭品金豬雖被作為"胙"分配給各股，但將十二斤平均分為六分，每股只有二斤，此數居然明記在案，繁瑣至極。在這一點上，亦可見到新約會祭祀貫徹了重視數據的商人合理主義的特色，因而受到外界的批評。

從光緒三十四年（1908）至民國三十四年（1945）約四十年間，構成該祭祀組織的六股經歷了六次值年輪番。各次輪番擔當的順序是：

第一次輪番，光緒三十四年六月至民國三年（1914）六月，第一股河上鄉侯氏。

第二次輪番，民國三年六月至民國九年（1920）六月，第二股龍躍頭鄧氏。

第三次輪番，民國九年六月至民國十五年（1926）六月，第三股泰坑文氏。

第四次輪番，民國十五年六月至民國二十一年（1932）六月，第四股粉嶺彭氏。

第五次輪番，民國二十一年六月至民國二十七年（1938）六月，第五股新田文氏。

第六次輪番，民國二十七年六月至民國三十三年（1944）六月，第六股上水廖氏。[20]

每次輪番都有詳盡的收支明細報告。[21]

第一次輪番期，無論財政上還是經營上的情況都非常順暢，處於安定期。

第二次輪番期，由於民國初期經濟狀況比較安定，屬於小康期。此時交通條件發生變化，各地的夫馬被汽車代替，渡船收入減少，墟市的祭祀財政受到了直接的影響。

第三次輪番期，隨著物價的上升，祭祀費用也相應提高。由於渡船收入減少，使得積攢的資產在十年間逐漸消耗，有必要制定新的財政措施。

第四次輪番期，受物價上升的影響，祭祀宴會費用大幅膨脹，平均上升六十五元，但收入亦大幅增加，因而使收支的平衡有所好轉，積累有所增加。

---

20 譯者按：本書日文版有表 3〈新約會值年輪番表〉、表 4〈準備期會計表〉，略。

21 譯者按：本書日文版表 5 至表 10 為六次輪番會計表，略。

第五次輪番期，利息、廟租等收入增加，祭祀費、宴會費降低，收支平衡情況與上一輪番期相同，財產的總量出現增長的勢頭。1930 年代香港處於經濟規模擴大、市場活躍的時期。在第五次輪番後期（1937 年）日軍發動了華北事變，隨之進攻中國，並逐漸將進攻矛頭指向華中、華南地區，一直到香港新界區最終落入日軍之手。

第六次輪番期，收支情況基本與前期相同，在民國三十年（1941）六月日軍佔領香港之前，財務紀錄正常，資產增值順利；但在日軍佔港後，由於作為金融市場的香港停止了經濟活動，新約會公產的周轉因此完全阻滯，收入急劇下降，並且出現了巨額虧損。虧損的實際狀況不明，但估計總不外乎受到強制性的徵收，與用於難民救濟的自發性捐款。總之，民國三十三年（1944）以後，新約會的財務活動被迫中斷。

三、周王二院有限公司

戰後，新、舊兩會重新開始活動，然而很不幸，1955 年 2 月 21 日，石湖墟中心部分慘遭大火，位於舊墟區中心的報德祠被燒毀。1960 年，上水廖氏、河上鄉等侯氏、龍躍頭鄧氏的舊約會三姓集團，與粉嶺彭氏、大埔頭鄧氏、新田文氏、泰坑文氏等新約會系集團之間，又圍繞書院的公產（祭田、鋪地等）發生爭端。結果於 1963 年經香港市政廳斡旋，兩個集團取得和解，用"周王二院有限公司"的名義，正式登記備案為社團。成員分為以下七股：

1.廖氏萬石堂（上水村）一股
2.廖氏允升堂（上水村）一股
3.彭氏大德堂（粉嶺村）一股
4.鄧氏萃雲堂（龍躍頭村）一股
5.文氏公眾堂（泰坑村）半股

6. 鄧氏眾興堂（大埔頭村）半股

　侯氏（河上鄉村、燕崗村、丙崗村、金錢村）一股

7. 文氏惇裕堂（新田村）一股

董事的比例是一股二名，半股一名，組成十四人的董事會。
第一屆董事會的成員如下：

1. 上水廖萬石堂：廖潤琛、廖紹賢

2. 上水廖允升堂：廖漢彥、廖吉瑞

3. 粉嶺彭大德堂：彭富華、彭雪甫

4. 龍躍頭鄧萃雲堂：鄧有發、鄧添瑞

5. 泰坑文公眾堂：文卓茂；大埔頭鄧眾興堂：鄧普生

6. 河上鄉、燕崗、丙崗、金錢村侯姓：侯錦華、侯清泉

7. 新田文惇裕堂：文柱石、文桂枝 [22]

　　廖氏之所以佔有二倍於其他姓的兩個股份，是因為其在舊約會中作出的實績和公產份額最多。上水石湖墟本身就是廖氏所設，其勢力強大是理所當然的。"有限公司"的經營與新、舊約會時代相同，繼續實行各股輪番值事制度，董事長、財政、秘書三職每年輪換一次。

　　這個井然有序的輪番祭祀組織，承襲了清初以來舊約會和新約會的傳統，可以說是一個典型的以墟市為中心的宗族聯合組織。

第二節　祭祀日程・場地・祭祀禮儀

　　舊約會、新約會成立以後，周王二公的神誕祭祀就一直在周王二公書院內舉行。二公的誕辰日肯定不是同一天，但自清初以來，即選定在王大人的誕辰日五月十九日作為神誕祭祀日。

---

22 譯者按：本書日文版有表 11〈周王二院有限公司輪番表〉，略。

關於祭祀日程。舊約會的神誕正日是五月十九日，新約會是六月初一，"有限公司"則取新約會的六月初一。

關於祭祀場地。起初是在報德祠內進行神前團拜和宴會，但自 1954 年石湖墟大火燒毀報德祠之後，只有團拜才在臨時的神殿中進行，宴會則安排在石湖墟酒樓。但報德祠神殿其實一直未能再建。1974 年農曆甲寅年六月初一，周王二院有限公司遷出巡撫街舊址，搬至石湖墟第九十一約第三七三二號地段——新財街第二號二樓，並將其作為臨時祭祀周王二公神位之所。舊址出租保留。臨時祭祠只有二公神位，相當樸素。(位置關係圖見圖 3)

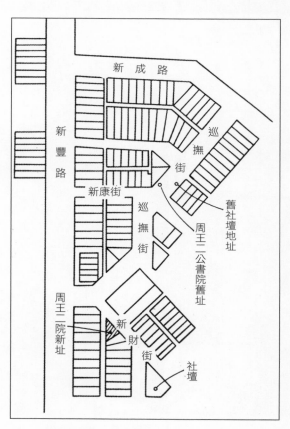

圖 3　石湖墟周王二院地址圖

照片 1　石湖墟周王二院

照片 2　石湖墟周王二公神位

神位旁有〈周王二院紀念堂碑記〉[23]。

據介紹，根據火災後的 1957 年都市計劃有關土地置換的規定，公司已將目前所在位置確定為正式地址。每當祭祀之日，神位前都備有三牲，安排了香燭祭台。

無論舊約會還是新約會，祭禮都以各宗族代表聯合進行的團拜（神前禮拜、奉獻神衣、金豬、酒茶等供品）和宴會為主。舊

23 〈周王二院紀念堂碑記〉："清康熙二年，西曆一六六二年，粵省沿海有匪患。清廷下令，凡居沿海五十里皆遷離海岸，徙入內地，其艱苦處境幾無以為生。一六六五年八月再令內遷，當時居民不堪轉徙流離之苦。一六六九年正月，廣東巡撫王來任公目睹民艱，繕疏上奏清廷，乃派欽使會勘。兩廣總督周有德公復繼之上疏，奏准展開並肅清匪禍。直因二公之疏，被徙之民始獲重返家鄉歸業。一六八五年間，兩廣總督周公有德、廣東巡撫王公來任相繼逝世。寶安縣屬河上鄉村、金錢村、丙崗村、燕崗村侯族，上水鄉廖族，龍躍頭村、大埔頭村鄧族，粉嶺村彭族，新田村、泰坑村文族，各姓人民得慶更生，深感二公之德，乃集資在上水石湖墟建立報德祠，藉以崇祀報恩。詎知於一九五五年間，石湖墟發生大火，報德祠亦被殃及，付諸一炬。迨至一九五七年，經政府計劃重建石湖墟發展為衛星城市，因此報德祠原有地產以及地方人士之土地，得政府丈量劃分，以九十一約第三七一二號及第三七三二號地段歸為周王二院物業。復經政府提議，將周王二院改組為慈善法團，獲得各族鄉親贊同，推舉廖潤琛先生進行注冊，成立周王二院有限公司。並選首任董事廖潤琛、廖紹賢、廖吉瑞、廖漢彥、彭富華、彭雪甫、鄧添瑞、鄧有發、文卓茂、鄧普生、侯錦華、侯清泉、文柱石、文桂枝等十四人，負責處理周王二院事務。復先後，將周王二院名下物業發展建成樓宇收益，以備各姓族人作為教育福利基金。茲撥出石湖墟新財街第三七三二號地段之二樓為周王二院有限公司會所之用。時值夏曆甲寅年六月初一日周王二公寶誕之期，虔設神位，供奉於會所，舉行開幕享祀儀式。同人等謹將史略始末恭泐於石，以垂永紀。周王二院有限公司董事會，上水鄉廖萬石堂廖潤琛、廖紹賢，上水鄉廖允升堂廖吉瑞、廖漢彥，粉嶺村彭大德堂彭鏗然、彭志輝，龍躍頭村等萃雲堂鄧添瑞、鄧有發，大埔泰坑村文公眾堂文卓茂，大埔頭村鄧眾興堂鄧普生，河上鄉村、燕崗村侯族侯錦華、侯燦培，金錢村、丙崗村、新田村文惇裕堂文桂枝、文揚波，西曆一九七四年七月十九日，夏曆甲寅年六月初一日。"（廖潤琛等編：《周王二公史蹟紀念專輯》，1982 年。）

時代的拜禮是一種伴以禮生、吹鼓樂的相當莊嚴的儒禮，眼下還保存有舊約會和新約會的祝文。

舊約會〈周王二公寶誕祝文〉如下：

維△年歲在五月十有九日，沐恩庇下△△等，謹具朝衣、朝冠、壽香三炷、銀燭二對、熟席一筵、剛鬛全體、果品五盆、財帛萬鎰。預祝欽命廣東總督部堂葊初周大人暨欽命廣東巡撫部院毅葊王大人台前，曰：恭維大人，恩承北闕，惠遍南郊。叩闕陳言，直剖塗炭之苦，致身保赤，猶勝飢溺之恩（患）。歌〈鴻雁〉之什，為我劬勞；賦〈黃鳥〉之篇，復我邦族。恩如再造，青簡垂名，澤普群生，丹書著績。所以頌展界之隆恩，無分今昔；樂此邦之穀穀，慶祝岡陵。酌薄酒而頌千秋，願我雙魚康樂；張艾旗以歌萬壽，還期九野升平。△△等謹陳不腆，恭祝遐齡，未審有當，伏期鑒照。[24]

新約會祝文前半部繼承了舊約會祝文，後半部稍有不同：

維△年歲六月初一日，沐恩庇下△△等，謹具朝衣、朝冠、壽香三炷、銀燭二對、熟席一筵、剛鬛全體、果品五盆、財帛萬鎰。恭祝欽命廣東總督部堂葊初周大人暨欽命廣東巡撫部院毅葊王大人台前，曰：恭維大人，膺九重之寵錫，北闕承恩；濟萬姓之阽危，東粵戴德。慈祥結念，與胞為懷，憫哀鴻而上諫疏，力可回天；救涸鮒而展邊界，功能奠土。故五羊城孔邇興歌，雙魚洞甘棠載誦，美哉斯德，沒世不忘。△△等世沐洪恩，難酬厚澤。際茲承慶寶誕，聊效躋彼公堂。潔衣冠而致敬，薦俎豆以告虔。壺傾丹荔之酒，恭祝鶴齡；手進碧桃之盆，敬揚虎拜。伏願神靈赫赫，昭路洋洋。鑒几筵而勿吐，錫福祉以無疆。[25]

---

24 廖潤琛等編：《周王二公史蹟紀念專輯》（1982），4頁。
25 同注24（按：本書腳注中"同注 n"，均是就該章的腳注而言，並未跨篇章），5頁。

照片 3　石湖墟周王二院神誕拜禮

文意與舊約會祝文接近，但相對舊文來說，文辭更為華美。

後來，有限公司舉行的神誕禮儀更為簡化。筆者觀摩了 1984 年農曆六月初一的團拜，每股只允許派二名代表參加，新田文氏沒有派人出席。結果，上水、龍躍頭、大埔頭、泰坑、粉嶺、河上鄉各來了一至二名，合計參加者為七至八名。下午三時三十分，整隊排列於神位前，也不宣讀祝文，只行了三個拜禮，幾分鐘就結束了儀式。宴會借酒樓舉行，禮儀可說是相當的簡單。

第三節　祭祀演劇

無論是新約會還是有限公司，其祭祀活動都只限於各宗族的代表團舉行神前拜禮和宴會，還沒發展到在神前演劇的程度。神前拜禮的儀式只是打鼓奏樂，宴會上也不聘請戲班，始終保持了"縉紳雅集"的風格，這自然就抑制了拜禮向演劇的演變。不過，其本身雖不能成為演劇的主辦者，卻可以為有關宗族的伴有演劇的祭祀活動籌措款項。例如，由各姓氏在本村舉行的十年一度的建醮活動中，約會和公司就有一個慣例：以周王二院的名義，向各姓戲棚送花牌。至於石湖墟本身的地緣祭祀活動，如每年的盂蘭盆會，自舊約會成立以來，總為它籌得一定數目的小額款項。"縉紳雅集"的原則雖然沒有為此而遭破壞，但約會和公司已開始從側面襄助當地的祭祀和演劇活動。

關於石湖墟的十年建醮祭祀及其演劇活動，主持者當然是本地宗族上水廖氏和河上鄉侯氏。如在距第一次火災（1955 年農曆正月二十九）正好十年後的 1964 年農曆正月二十九之際，石湖墟作為一個新生的墟市，舉行了"十年建醮"活動。在完成了歷時三天的醮事後，舉行了新墟開張儀式。當時，上水廖氏和河上鄉侯氏，在大規模的會景巡遊活動——代替了由尼姑主持的建醮、演劇——中擔任了主要角色。上水廖氏文獻中有對當時情況的記載：

　　石湖墟第一次，由一九五五年農曆乙未年正月廿九日夜間發生大火災。在舊墟區所街前後一連而燒大慘劇。又第二次，由一九五六年農曆丙申年十一月廿二日，係冬至日半夜又發生大火災。燒出便鐵棚商店，最苦慘劇，燒死忠和店東主夫妻兒女，及全墟損失錢財最大。遂致現在上水鄉事會由一九六三年題議，紀念上水石湖墟重建新墟市落成，請上水區各界慶祝典禮。由一九六四年三月十二日，係農曆甲辰年正月廿九日，請丘尼誦經超度幽靈，兩晝兩夜，送火神出外為妥。至三月十五日係農曆二月初二日三點鐘，假座石湖墟公共球場，請輔政司戴斯德開幕、剪綵。禮成後，盛大會景巡遊。秩序異常豐富，包括有抬色妹，有地上行男女辦裝服色，有燈籠排扁擔，芋香爐兼花籃。麒麟、獅子、銀龍等，晚間又舉行提燈巡遊，及大放煙花。是晚化裝提燈巡遊，係由上水區各學校擔任。節目有鳳溪學校《梁紅玉擊鼓退金兵》，何東學校《長阪橋》，東慶學校《慈航普度》，建德學校《八大仙》、《七仙女》，石湖學校《八仙賀壽》，光裕學校《木蘭從軍》，鳳溪學校《共慶升平》、《雪姑七友》、《世界人類》，及化裝宮女提燈，東莞學校《五虎將》。巡遊出發共散隊地點在上水警署面前公共球場。為慶祝石湖墟新市場重建落成，又三座大牌樓在新豐路大馬路建搭。為大會，則是鄉事委員會牌樓在中央搭一座，上水萬石堂牌樓在九龍電燈公司門前搭一座，侯族牌樓在張水記門前搭一座。每一牌樓，盡有對聯在支柱上。上水牌樓兩邊有對聯，係廖公健撰。

（上水）其一聯

墟立石湖觀此日十里洋場結綵張燈到處皆成錦繡

地連上水願他年萬間廣廈塗黃醉白個中別有乾坤

其二聯

偉業祝千秋最宜鳳舞龍騰聽此處鼓吹休明重建石湖歌樂土

良辰逢二月恰值桃紅柳綠看今朝風流裙屐同臨上水賀新墟[26]

由此可見，由於這次十年建醮活動是以貫穿石湖墟和上水鄉地界的新豐路為中心場地，並在那裡搭建了上水廖氏與河上鄉侯氏的牌樓，所以很明顯，這次活動的主體是廖、侯二氏。同時，在夜間化裝巡遊演出的十一個節目中，廖氏鳳溪學校就有五個，約佔了半數，整個活動由上水廖氏主持的色彩從而非常強烈地表現出來。

化裝提燈巡遊的節目，幾乎都以演劇為題材。儘管劇碼本身並不演出，但通過亮相，就起到了向眾神演劇的相同效果。另外，作為白天會景主角的抬色，是惠海陸豐系節目，挑著花籃、香爐的美女行列，則是潮州系節目，這些節目都由石湖墟商人演

---

26 《上水文獻‧上水火災始末》（香港中文大學歷史系香港口碑歷史計劃資料室藏）。

出。廖、侯二氏為客家系，對於祭祀非常保守。如前所述，在建醮禮儀方面，他們還遵從佛教，對演劇也避免直接上演[27]，但這一方針，由於來自惠、潮系墟市商人方面的衝擊，可以說正在遭到破壞。目前，上水廖氏對石湖墟祭祀的控制力，也與周王二院的祭祀情況一樣，正在相對下降。

第四節　小結

讓我們回到序節中提出的問題並作一小結，這個問題是：作為墟市創立者的強宗（此處即為上水廖氏），究竟能在多大程度上支配墟市的祭祀組織？

上水廖氏設立了石湖墟，周王二公書院的祭祀也以廖氏為中心組織和進行，這一事實，通過以上各節的詳細論證，已可大體確認。但回過頭來考慮一下，作為創設者的廖氏本身，其實並不能控制石湖墟及周王二院，這同樣也是事實。那麼，為什麼廖氏

---

27 有許多材料可以說明上水廖氏似乎在壓抑演劇的機會。如，將通常每十年一屆的太平清醮（有不少地方是五年或三年、二年一屆，也有每年一屆的）弄成六十年一屆，演劇也因此每六十年才有一次機會。最近一屆是一九四六年農曆二月初八，當時是從日本佔領下獲得解放的日子，醮棚、神棚、戲棚外貼了不少對聯。醮棚對一："連奏數夜仙璈聽來一曲梵音恍若慈航普度，大開三千法界現出多般寶相儼然覺岸同登。"醮棚對二（一八八六年清醮時貼在圍門外側，一九四六年貼在醮門外）："聯四斗以答神恩六十載勝會重開欣此際年逢丙戌，合三房而酬帝德八千春韶光如昨樂爾時節屆中和。"神棚對："花月答神恩花有色月有色共樂太平景色，陽春酬聖德陽亦和春亦和咸欣天地同和。"戲棚對："永錫福無疆喜去年戰伏倭夷掃盡瘴雨蠻煙錦繡山河呈異彩，春光想不了欣此日曲傳天上奏來繁絃急管炎黃世胄頌升平。"雖然農村祭祀中往往安排最低限度的演劇，但決不是積極主動的。在新界墟市中，每年都會在神廟進行神誕演劇，而與之相反，石湖墟本身卻從不演劇。上水廖氏的祭祀觀念是很保守的，所以就會壓抑演劇。對聯文見前引《上水文獻》。

在經營自已設立的墟市和組織墟市的祭祀活動上，需要同鄰近的其他宗族協作與聯合？

關於這個問題，首先需要提出的是，廖氏一族在定居上水及石湖墟的過程中，曾與相鄰諸族頻繁地發生過衝突，所以，其定居後的處境未必安穩。例如，廖氏與上水鄉東面的丙崗、河上鄉的侯氏，曾圍繞丙崗村、金錢村一帶山地的控制權，在清初進行過長期反復的爭鬥[28]。這種為墳地風水發生的爭鬥，對於重視祖先墓地的兩個宗族來說，意義相當深刻。爭鬥以廖氏的勝利告終，廖氏從此得以控制上水鄉至金錢村地區。可能就是在這個時候，廖氏將與河上鄉毗鄰的舊墟天岡墟納入自己的控制之下，迫使其商人遷往現在的石湖墟，並設立了作為新墟的石湖墟。但是，在石湖墟裡一定也留有曾屬天岡墟的河上鄉侯氏勢力。在前述石湖墟周王二院的舊約會規約提到的四姓集團中，侯氏就排在首位（四姓排列順序是"侯廖鄧文"），這就暗示了，至少在康熙初年石湖墟設立之際（遷海令解除、復界以後），侯、廖兩族之間存在著一種對抗關係。據此可以推定，即使在當時也未必是一種廖氏獨佔鰲頭的局面。

廖氏與上水鄉北面的粉嶺彭氏之間，在明末清初的一段時期內，似乎也存在著嚴重的對立。比如直到今天，粉嶺彭氏中還有所謂"客家佬佔圍牆"的傳說[29]。這裡所謂的"客家"指廖氏，"圍

---

28 參見《侯善行堂族簿·宋始祖考五郎侯公》："宋始祖考五郎侯公……終於神宗乙丑八年五月初四日，享壽六十有三。相傳葬於上水松園，即今卓峰公右穴，僯佑公是也。公之遺骸因卓峰重修，誤將陪葬，改名僯佑。西迺吉房不得與祭。及與廖姓爭訟金錢村地，遂以銀牌書公及氏，並葬金錢村側庚山甲向。今已失祭。"（英國大英圖書館藏，Baker Collection 新界族譜之一，香港中文大學藏縮微膠捲。）

29 《Barbara E. Ward 教授與粉嶺彭正全的訪談紀錄》（1981 年 2 月 24 日，於香港中文大學人類學教研室，助手蔡志祥筆錄，教研室收藏）。

牆" 指上水的水圍。意思是說，廖氏的現住地上水鄉圍牆本來是彭氏開拓的[30]，而後到的廖氏卻驅逐了彭氏，強行佔據了該地。彭氏屬於海陸豐系族群，元、明之際由潮州揭陽縣遷來，他們與客家人廖氏在族群系統上是不相容的。彭氏中流傳的那句俚語，充滿了彭氏對廖氏的一種近於憎惡的感情。

廖氏與另一個近鄰龍躍頭鄧氏的關係，由於各自的地界不直接相連，所以對立和敵對程度並不嚴重。但龍躍頭鄧氏在該地定居的時間要比廖氏早很多，鄧氏還是與錦田鄧氏有聯繫的名門，廖氏無法以實力與之對抗。至少在遷海令發佈以前，龍躍頭鄧氏的實力遠在廖氏之上，對於廖氏來說，這也許是一個需要遠慮的對手。另據《粉嶺彭氏族譜》記載，彭氏也曾進入過龍躍頭，但被鄧氏驅至相鄰的粉嶺樓[31]，接著又遷往粉嶺。由此可見，這個地區內各宗族間的關係是極為錯綜複雜的，他們之間不時發生激烈的爭鬥。

綜上所述，上水廖氏確立了在上水—石湖墟一帶的支配權，可能是解除康熙初年遷海令和復界以後的事。可以這樣設想：遷海令頒佈前，上水廖氏在這個地區的勢力與龍躍頭鄧氏、粉嶺彭氏、河上鄉侯氏相比，可能處於下風，但其或在遷海令廢除後迅速地恢復地界，或是在遷海令實施過程中有意識地保存勢力，蠶食了已成為空地的他族領地。總之，在復界以後，廖氏通過某種方式迅速擴張勢力，壓倒了以前的實力者侯氏、彭氏，確立了自己在本地的優勢。在此期間，各族圍繞著墟市地點的選定（該

---

30 在前引廖氏族譜的〈詳考歷代遷移節略〉中，也有 "順治三年水圍起工" 的記載，說明廖氏築圍的時間晚於彭氏。

31 《粉嶺彭氏族譜》："宋始祖彭桂公……乃澤公之二子……開基始卜居寶安縣龍山居焉。後因鄧姓由莞城而來，與祖為鄰。後龍山為鄧所僭，公之孫因徙居樓村，後子孫於萬曆年間復徙居於粉壁嶺，遂立圍以居。"（香港中文大學藏）

地必須位於各姓共同的勢力範圍）和實權的歸屬問題，也有過鬥爭，但最後上水廖氏將天岡墟移往石湖墟，納入了自己的勢力範圍，從而使各種勢力達到新的平衡。廖氏將給自己帶來極為有利的復界機會的周王二公祠堂建於石湖墟，並以祭祀周王二公的名義，組織了舊約會，迫使周圍各姓承認以廖氏為中心的新的勢力結構。周圍各姓也想通過加入該祭祀組織，防止廖氏獨佔石湖墟，並確保自己在墟市內獲得一定份額的商業利益。這樣一來，石湖墟的商業權，以及作為其象徵的周王二院的祭祀權，雖然以上水廖氏為核心，但並未達到任其壟斷的地步，而是出現一種各姓妥協聯合的局面，廖姓對其他各姓還經常給予一定程度的讓步和照顧。可以說，在舊約會、新約會和有限公司的範圍內，各姓之間，尤其是廖氏和他姓之間，經常發生糾葛，雖然優勢總在廖氏一方，但其確也時時受到他姓的掣肘。我們可從這個事例中得出一個基本結論，即，在複數宗族村落勢力範圍相交的貿場點上建立起的墟市，必定也是各宗族追求商業利益而互相競爭的地方，在那裡，很難出現由某一特定宗族保持獨佔的局面。

第二章　大埔頭鄧氏與大埔舊墟天后神誕祭祀

序節　大埔頭鄧氏與大埔舊墟

設立了墟市的強宗大族，在墟市寺廟的祭祀方面，與墟市內其他雜姓商人一起，成立了祭祀組織。以下擬以新界東部沿海墟市大埔舊墟中的天后廟祭祀組織為實例，對此展開討論。

這個地區明代處於龍躍頭鄧氏的控制之下，祭祀鄧氏孝子鄧師孟的小祠堂亦建於此[1]。到了清代，住在附近屬於同系一族的大埔頭鄧氏，為獲這個孝子祠的祭嘗費，在大埔開設了墟市。從此，大埔舊墟就作為龍躍頭—大埔頭鄧氏的商業據點發達起來，對它的管理就由靠近墟市的大埔頭鄧氏承擔。以下先簡介大埔頭鄧氏。

大埔頭鄧氏是新界望族東莞鄧氏的一個分支，與錦田、龍躍頭、廈村、屏山等鄧氏的遠祖相同。鄧友發〈大埔頭鄧族源流考〉一文記載了該氏的由來及各分支之間的關係：

> 考我族先世，豫章吉水人也。禹公於東漢時，封高密侯，雲台功績，赫赫照人。延及漢黻公，自江西而宦遊於粵，仕宋為承務郎，治

1　光緒抄本《龍躍頭鄧氏族譜》記載鄧孝子故事："明孝子姓鄧，諱師孟。公乃寶安縣龍躍頭鄉人也。隆慶時，九龍沿海各處海寇頻凌，出沒無常，公父為海寇林鳳掠去，公謀諸外父，難贖，以身赴。外父難之。公直詣賊船，求以身代父，詞氣懇摯，聲淚俱下。寇留之，因釋其父，將別謂父曰：'諸弟堪事，勿以兒為念。'已乃沈海而死。邑令邱體乾修志紀其事，邑令王廷鉞始詳允入鄉賢。族人於大埔圩海濱立祠以記云：'鄧孝子祠在邑五都大埔墟側，千秋萬歲，紀念勿替，明萬曆乙未年龍躍頭建。'"（香港大學馮平山圖書館藏）

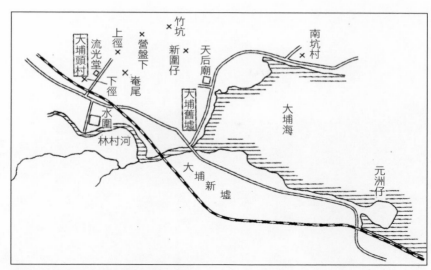

圖4　大埔頭村及大埔舊墟位置圖

績可紀。次傳諱冠，登宋明經。三傳諱旭，泮水生香。四傳諱符，登宋
崇寧進士，授陽春縣令，兼精堪輿。因奉三代於粵之東莞丫髻山，請福
地葬焉。並卜居九都桂角山，即今之岑田。所生二子曰陽，曰布，而陽
生珏，布生瑞。珏生二子曰元英、元禧。瑞生三子曰元禎、元亮、元
和。遂分五大支派，謂之"五元"。時值宋室南渡，元亮以贛縣令勤王
有功；子自明，得尚徽宗帝姬──欽、高二君之妹，孝宗之姑也。封
郡馬公，宅居莞城莫家洞。迨宋鼎革，各房子孫散居各村落，籍今東、
新二邑。及仲昌公，乃郡馬自明公之玄孫。其子觀孟，生子曰金、玉、
滿、堂。我大埔頭及老圍諸竹林，皆玉、滿二祖之裔也。滿子宣護，生
敬章及敬羅，敬章公為我渭陽堂上祖，而敬羅公則為流光堂上祖。自敬
章及敬羅延統至今已十三世，奕葉相承，譜牒分載，此處不詳述矣。[2]

　　文中提及的流光堂，即今大埔村祠堂。

2　鄧友發：〈大埔頭鄧族源流考〉，載《大埔頭鄉太平清醮特刊》（1983）。

照片 4　大埔頭全景

照片 5　大埔頭鄧氏流光堂一：宗祠正面

渭陽堂過去是在水圍村（老圍），眼下已不存。水圍的渭陽堂應該很古老，流光堂即由水圍分出的敬章之弟敬羅一支所建。

　　在今大埔頭村中央的鄧氏流光堂內，祭祀著從元亮公至滿──敬羅的遠祖神位。神位分六層配置，最上層的神位列在一塊牌板上。

照片 6　大埔頭鄧氏流光堂二：門口

表3　鄧氏流光堂神位

神位	世次
元祖考觀孟鄧公府君	13世祖（七世祖）
元祖考文莆鄧公府君	11世祖（五世祖）
宋授三國舍人槐鄧公（一品夫人祁氏錢氏）	9世祖（三世祖）
宋承務郎知贛縣元亮	7世祖（一世祖）
宋祖考布鄧公府君	5世祖
宋祖考日旭鄧公府君	3世祖
宋承務郎祖遷漢獻	1世祖
南陽堂上鄧氏歷代祖先	（中）
宋舉選貢科冠鄧公	2世祖
宋進士知陽春縣符協	4世祖
宋祖考瑞鄧公府君	6世祖
宋稅院郡馬自明鄧公	8世祖（二世祖）
尚宋室姬皇姑趙氏	
宋祖考炎叟鄧公	10世祖（四世祖）
元祖考仲昌鄧公	12世祖（六世祖）
明祖考滿鄧公府君	14世祖（八世祖）

　　這個排列，以漢獻公為初世，昭祖（偶數世代）為右，穆祖（奇數世代）為左，採用了左右隔次並列的形式[3]，但實際的世次則以元亮公為始祖，觀孟為七世祖，滿為八世祖。（見表4）

　　為了有所參照，此表中同時列出了龍躍頭鄧氏世系，可以明顯看到，龍躍頭派四世的炎龍與大埔頭四世的炎叟（以元亮為一世祖），同為炎字輩，由此可以推定兩派曾相鄰而處，關係密切（也許是近於同堂的關係）。元末，被視為龍躍頭鄧氏的六世祖的松齡公遷至今龍躍頭，大埔頭鄧氏始祖仲昌公也是在此時、同樣是作為六世祖入住大埔頭的。仲昌公與松齡公的年齡按理應相

3　這種昭穆並列的形式通常是不被允許的。本來，昭祖（偶數世代）應居左，穆祖（奇數世代）應居右，當一世祖居中時，二世、四世等昭祖即居左，三世、五世等穆祖即居右。在此例中，將歷代祖先的神位置於中央，應視為一種變形體。不過，這種變形體普遍見於新界各族之中。如錦田鄧氏、河上鄉侯氏等也採取了這種形式。

表4　大埔頭鄧氏譜系表

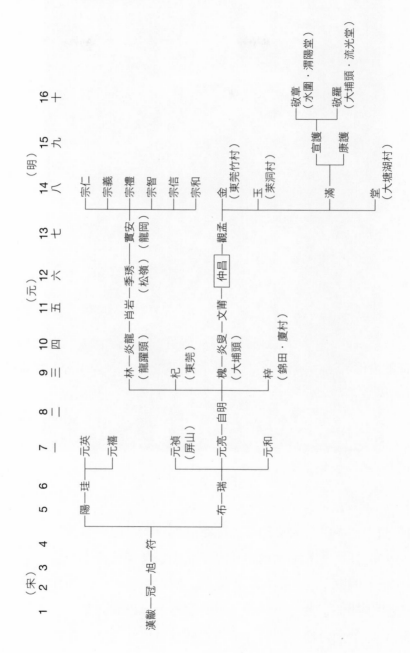

照片 7　大埔頭村鄧氏流光堂三：神位

仿，而大埔頭鄧氏看來卻帶有龍躍頭鄧氏的"南下部隊"或"別動隊"的性質。龍躍頭松齡公之子龍岡公為擴大勢力，生下宗仁等六子，開闢了六房祖先。可能為了與之抗衡，大埔頭仲昌公之子觀孟也開闢了金、玉、滿、堂四個分支，以鞏固其在大埔的地位。若將他們侵佔和擴張領地的時期及世代作為一個整體，就可看出，大埔頭鄧氏本身雖屬小族，但卻是以龍躍頭鄧氏這一大族勢力為背景，作為其先鋒部隊進佔大埔灣沿岸各據點的。祭祀龍躍頭鄧氏孝子師孟的孝子祠，建於大埔舊墟，也是龍躍頭鄧氏勢力擴展到大埔的一個證據（科大衛博士曾指出過這一點[4]）。另外，在龍躍頭鄧氏族譜《耀霖家譜》中，提到過以宗仁之子伊德為祖先的伊房祖十九世成壽，是從大埔頭鄧氏入嗣龍躍頭鄧氏[5]，以後成為十八世祖發福的繼承人。這顯然是出於一種強烈的同系、同族意識。

以上資料使我們了解了元亮公至八世祖滿之間的系譜狀況。經由九世祖宣護公，在其子敬章公、敬羅公時建設了老圍（水圍），隨後，由敬羅公在大埔頭分村。由於見不到族譜，後面的系譜不明，但以敬羅公為祖先的流光堂系，還是可以通過流光堂內神位群的整理，在一定程度上勾畫出來。（見表 5）

由於神位不標明父子關係，故不能據此繪出系圖，宣護、敬羅以下僅表示世代而已。夫人多為侯氏、廖氏、鍾氏，清末以後鍾氏特別多，估計當時與林村鍾氏的通婚增加。九至十五世祖間為數較多的何氏，可能屬於沙頭角的客家。廖、鍾、侯三氏，現均已本地化，但他們原本都是客家系，大埔頭鄧氏也和龍躍頭鄧氏一樣，客家意識與同根意識非常強烈。仕途得意者不多，能引人注目的只有清代十七世祖時邁，他是國學生；二十世祖憲猷（清末），例貢生，以及民國二十二世祖作梅，他是武騎尉。其中憲猷作為成功者受人尊崇，現還保存有他與夫人侯氏一起的官服畫像[6]。結果，大埔頭鄧氏並沒有達到能與龍躍頭鄧氏勢力相匹敵的程度，僅僅在清末才擴張了某些勢力。

---

4 David Faure, James Hayes & Alan Birch, *From Village to City*, Chapter III, The Tang of Kam-Tin, note 46. (Hong Kong: Centre of Asian Studies, University Hong Kong, 1984), p.244.

5 參見（日）多賀秋五郎：《中國宗譜的研究》下卷第六章系表十九〈龍躍頭鄧氏系表（二）‧耀林家譜〉第十九世成壽，122 頁。

6 參見鄧友發：〈大埔頭鄧族源流考〉。

表5　大埔頭鄧氏世代表（二十一世祖欄*印以下附於二十二世祖後）

（明）	九世祖	宣護（張氏、羅氏）
（明）	十世祖	敬羅（侯氏）
（明）	十一世祖	雲峰（侯氏）、守範
（明）	十二世祖	仰峰（何氏、鍾氏）、念峰（何氏）
（明）	十三世祖	玄雲（何氏）、兆瑞
（明）	十四世祖	忍吾（何氏）、梅溪（劉氏）
（明）	十五世祖	迪雲（黃氏）
（明）	十六世祖	昆亮（黃氏）
（清）	十七世祖	時邁（國學生）（廖氏、文氏）
（清）	十八世祖	昌周（廖氏、吳氏）、肇周（侯氏）
（清）	十九世祖	鎮一（廖氏）、位一（黃氏、文氏）
（清）	二十世祖	憲猷（例貢生、例授修職郎）（侯氏）、顯光（侯氏）、觀大
（清）	二十一世祖	才華（黃氏）、名高（黃氏、鄭氏、潘氏）、贊元（何氏、文氏）、聖朝、翼良（黃氏、鄭氏、袁氏）、達高（張氏）、裕良（鍾氏、黃氏）*、作煉（侯氏）、日新（黃氏）、麟兆（文氏）
（民國）	二十二世祖	瓊昌（黃氏）、作舟（侯氏）、作材（文氏）、作楫（張氏、袁氏）、成富（黃氏）、作霖（侯氏）、福賢（號達秀）（張氏、廖氏）、德貴（盧氏、侯氏）、兆鴻（鍾氏）、存護（鍾氏）、作梅（武騎尉）（侯氏）、作程（廖氏、彭氏）
（民國）	二十三世祖	兆銓（鍾氏、周氏）、兆鵬（胡氏）、木穩（麥氏）、英槐（張氏、文氏）、國瑛（號勳臣）（文氏、鍾氏）、炳魁（號紹鉤）（廖氏、蔡氏）、其禮（張氏）、財興（侯氏）

康熙四十七年（1708）落成於東莞城內的東莞鄧氏都慶堂大宗祠，曾對相關鄧氏課以每丁一錢的祭祀銀，作為進行祭祀的費用。當時，大埔頭出了二兩，是二十丁的份額；而龍躍頭鄧氏卻出了二十二兩九錢，合二百二十九人；錦田鄧氏出了二十三兩七錢，合二百三十七人[7]。與這些大姓鄧氏相比，大埔頭鄧氏只是一個規模在其十分之一以下的小宗族。

在 1898 年的《駱克報告》[8] 中，只記有大埔墟的二百八十人（本地人），沒有記錄大埔頭村人數。據 1960 年《香港地名志》[9] 的人口統計，大埔舊墟一千三百人，以客家人為主；大埔頭村四百五十人，本地人，以鄧姓為主；大埔頭老圍（水圍）二百一十人，為本地人及客家人。可見作為本地人的大埔頭鄧氏，其居住地為大埔頭村和老圍兩處，人數在四百五十至六百六十之間。據 1983 年冬大埔頭村十年例醮資料，大埔頭鄧

---

7   參見多賀氏前引書，60 頁。但多賀氏誤將表示銀單位的"錢"讀為"分"。有關規定的原文見〈都慶堂祭業開列〉："本祠供祀，先年原有新安墟業。鼎革後，已不可問。因集謀置實田。庶垂永久。奈時窮手困，不能多出，只得許丁從事。每丁科銀一錢。合眾腋以成裘。於戊戌年起，隨置產業，亦庶乎可用享矣。……錦田房子孫丁銀貳拾三兩七錢五分，琰起日起丁銀二兩，鼇兆丁銀一兩一錢，平山房丁銀八兩八錢，鳳丁銀一兩。龍躍頭房丁銀貳拾二兩九錢，配主其原公四位共銀四兩，凹下房丁銀四兩五錢，大埔頭房丁銀貳兩，莊屋村房丁銀五兩，黎洞房丁銀二兩二錢，配主郡馬公銀八錢七分五釐。已上共銀七十八兩一錢二分五釐，置得祭田。"

8   *Report by Mr. Stewart Lockhart on the Extension of the Colony of Hong Kong,* Oct. 8th. 1898, in Eastern No.66, Colonial Office, 1900. p.70. Lockhart，或譯洛克哈，舊譯駱任廷（1858-1937），英國外交官。1878 年在香港政府任職，1907-1919 年為英租借地威海衛大臣。著有《中國引語手冊》（1893）、《遠東的通貨》（1895）、《關於香港新界的報告》等。〔譯者按：參見《近代來華外國人名辭典》（北京：中國社會科學出版社，1981），292 頁。〕

9   *A Gazetteer of Place Names in Hong Kong, Koowlon, and the New Territories* (Hong Kong Government Printer, 1960).

氏六十戶，四百五十一人[10]，只佔大埔舊墟、大埔頭、老圍三處總人口一千九百六十人的四分之一。

以下討論大埔頭鄧氏與大埔舊墟的關係。舊墟東端海岸邊，至今仍有一座天后廟，廟內有一口鐫刻了康熙三十年（1691）銘文的大鐘。據保存在天后廟中的光緒十八年（1892）〈大埔示諭〉記載，早在明朝萬曆年間，龍躍頭鄧氏就在大埔建造了孝子鄧師孟祠堂（稱為孝子祠）；接著在康熙十一年（1672），鄧祥、鄧天章獲得對大埔的開墾許可，開發了這個地區，並交納地稅，同時在孝子祠邊開設了墟市。此後，到了嘉慶年間，靠近大埔的泰坑文氏打入大埔墟，引起鄧、文紛爭。後來在光緒十八年時也發生過同樣的事件。這些紛爭經新安縣知縣裁決，終於確認了鄧氏對墟市的支配權。光緒十八年的〈大埔示諭〉如下：

欽加同知銜署理新安縣事候補縣正堂加十級紀錄十次鄧□□，為出示曉諭事。現據職監鄧履中等呈稱，伊祖於萬曆年間，在大埔建立孝子鄧師孟祠。至康熙十一年，伊祖鄧祥與鄧天章墾承大埔稅地，復在孝子祠側立墟起鋪，招賈營生，將該墟出息為孝子糧祀之用。迨嘉慶年間，文元著在文屋村越界起鋪。經伊祖稟控前縣，斷結勒石。嗣後各管各業，文姓只可起做房屋，不得起鋪招客。茲因同治十二年風颶大作，文屋村沖為平地，文姓現欲立墟起鋪招商等議。忖大埔一墟，為孝子糧祀而立，若文姓起鋪，將來彼興此衰，糧祀從何而支。叩乞出示立案等情到縣。據此，除批揭示外，合行出示曉諭，為此示仰該處軍民人等知悉，爾等須知大埔墟原係鄧姓稅地，而墟中出息為孝子糧祀之需，嗣後爾等毋得恃強立鋪，攪奪墟息，以致孝子祠無祀。倘有恃強違抗，本縣定即差拘訊究，各宜凜遵，切速特示。[11]

10　參見下引 1983 年大埔頭十年例醮大榜、醮信題名。

11　引文標有 "□" 處，為字跡漫漶者。另，本碑文錄自 David Faure 等編《香港碑銘彙編》，原碑未見。

據該示諭所說，大埔舊墟由龍躍頭和大埔頭鄧氏設立，但至嘉慶後，住在大埔舊墟北面的泰坑文屋村文氏舉族南下，在大埔墟建造鋪屋，招租商戶，收取房租，從而導致兩姓間不斷發生紛爭。由於大埔是聯結九龍官富司和內陸補給點深圳墟的交通要道，並且還是位於大埔海內側頂端的漁港，是一個優越的經商地，誰掌握了大埔墟的實權，誰就能獲取大筆房租收入。所以，該地區最大的強宗鄧氏，與新來的文氏一族，圍繞著墟市的經營權展開爭鬥是勢所必然的。嘉慶年間與光緒年間的兩次紛爭，全都告到新安縣知縣處，最後都作出了有利於鄧氏的裁決，從而使鄧氏維持了在墟市的權益。現在林村河北部、面對大埔海一帶的地區，即為康熙以來的大埔舊墟。孝子祠已不復存在，但創建於康熙年間的天后古廟卻保存完好，每年神誕日（三月三日），以大埔頭鄧氏為中心的祭祀組織，就在這裡舉行祭祀和演劇。

另一方面，兩次訴訟均遭失敗的泰坑文氏對打入大埔並不死心。光緒二十年（1894）左右，他們在林村河口南岸新設了一個"太和市"。與此同時，為了與對手鄧氏的舊墟抗衡，文氏聯合了鄰近七個鄉，成立了一個叫"大埔七約"的新組織。所謂"七約"，包括了泰坑（亨）約（文氏）、粉嶺約（彭氏）、林村約、樟樹灘約、集和約（太和市）等七個鄉。（見圖5）

這七個鄉基本都屬於新來的客家系，就這一點而言，也有利於和自稱本地人的鄧氏相對抗。為了謀求新墟太和市的繁榮，七約於光緒二十二年（1896）修建了聯結太和市和林村河北岸的廣福橋，又在太和市內，建立了祭祀關帝、文昌帝的文武廟，並以此為會館 [12]（基於客家人以關帝為主神的宗教意識）。至今在文武

---

12 最早指出新舊兩墟間存在對抗關係的，是 Robert G. Groves，見 The Origins of Two Market Towns in the New Territories, *Aspect of Social Organization in the New Territories* ed. By Marjorie Topley, Hong Kong, 1985。

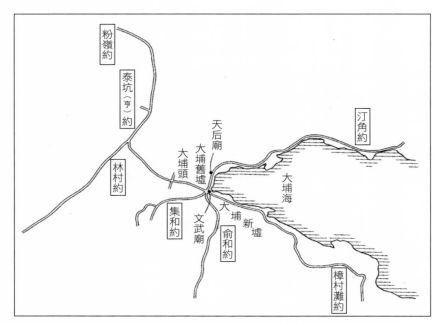

圖 5　大埔七約地址圖

廟內，還保存著記有當年 "七約" 修建廣福橋經過的石碑 [13]。

13　光緒二十二年（1896）《建造廣福橋芳名開列·序》："嘗聞，捐金築道，斯
　　仰有夷之行；助資造橋，聿昭無量之德。賦〈蒹葭〉之休，彌切溯洄；歌
　　〈匏葉〉之章，曾嗟厲揭，所以成厥楨樑。古聖王勞心興作，達其道路，億
　　萬姓竭力經營也。念茲太和市橫水渡一區，溪流渺渺，河水洋洋。或傷行
　　路之艱難，或歎窮途之險阻。或擔簦躡屩，致苦褰裳；或服賈牽車，幾虞濡
　　軌。或披星戴月，漁樵莫問，相與躑躅乎歧途；或沐雨櫛風，舟子誰招，終
　　旦徘徊於澤畔。況且關津大道，類多行旅之往來；鄉里如林，不乏人民之出
　　入。倘非聚石為荷，安得臨流有濟？於是文湛泉先生倡而修之，七約眾衿者
　　附而和焉。爰及同人，共襄美舉。第工程浩大，非獨力所能成；材料甚繁，
　　惟眾擎乃可舉。故廣設緣部，隨處勸題。今幸雁齒落成，須藉仁人之賜；虹
　　腰在望，端資長者之金。允矣，功逾渡蟻；洵哉，德勝夼荊。使行人無病涉
　　之勞，過客有安驅之樂，庶幾諸君，濟人駿惠，偕大道以齊輝，通路鴻恩，
　　與銘碑而永奠。是為引。"（以下為名單及捐款金額，略。）

照片 8　大埔新墟文武廟

照片 9　大埔新墟建造廣福橋碑
（位於文武廟內）

文氏為了與舊墟對抗，在林村河渡口處建橋，從而掌握了通往大埔的交通主導權，也許就是在此時，才實現了位於橋一側的太和市的繁榮。其結果是，太和市的實力凌駕於舊墟之上，不久，就發展成為一個壓倒舊墟的大墟市大埔新墟。與此相反，由龍躍頭及大埔頭鄧氏維持著的大埔舊墟，卻離開了大埔道幹線，僅以周邊三個村落（大埔頭、南坑、新圍仔）為勢力範圍而苟延殘喘。

上章所述石湖墟的情況也同樣如此。帶來了大量商業利益的墟市，很容易成為周圍各強宗爭奪控制權的角逐場。大埔舊墟的情形是：兩個競爭者鄧氏和文氏之間沒有達成妥協，鄧氏雖然確保了支配權，但舊墟本身卻被文氏的新墟所壓倒，致使其最關鍵的經濟權受到損害。以下，我們看一下處在這種狀態下的祭祀活動狀況。

第一節　天后神誕祭祀組織

關於大埔舊墟的天后廟祭祀，上文已介紹了一個輪廓，這裡再詳細論述其沿革及祭祀組織。

先看天后廟。前面已經提及天后廟中有一口康熙三十年（1691）的大鐘，所以一定要追溯到康熙初年發生的故事。1970年的重修碑有以下記載：

> ……我大埔舊墟天后宮，建於康熙三十年前。是時有婦人鄧日瑛攜其三子，禱於後，卒償其願，因鑄巨鐘以酬，至今仍懸宮中。道光十四年重修，至民國廿六年，颶風來襲，繼以海嘯，廟宇圮毀，而鄉中紳耆，舊墟鍾兆泰、張耀文，南坑邱瑞榮等，相與募捐重修，只完正座，而左右偏殿未及興工。至今本墟三村父老，以神靈顯赫，非崇其廟貌無以展報德之談。且宮之建成垂三百年，乃地方名勝古跡，又為港九

人士暇日旅遊之地，亟宜修建偏殿，以竟全功。遂由李炳貴先生等，商之大埔理民府，提請華人廟宇委員會，撥款二萬八千元，各界善信樂助若干元，天后宮公積金撥支若干元，共計五萬餘元，鳩工庀材，刻期蕆事，詹於本年農曆四月五日開光……[14]

碑文中提到的那位在建廟時捐獻了大鐘的鄧日瑛，估計出於大埔頭鄧氏。但是，民國二十六年（1937）的重修，卻是大埔舊墟的鍾姓、張姓及南坑村邱姓所為，大埔頭與龍躍頭鄧氏卻榜上無名。另外，1970年重修時所謂"本墟三村父老"中的"本墟三村"，若是指大埔舊墟、南坑村、新圍仔、竹營村（竹坑與營盤下組成的聯合體），那麼就沒有包括大埔頭村（鄧氏）；作為舊墟之主的大埔頭鄧氏，僅僅以在大埔舊墟中開店的鄧姓身份參與著天后廟的經營。大埔頭鄧氏及其後台龍躍頭鄧氏，早已失去直接支配大埔舊墟及其中樞天后宮的權力。可以說，清代由鄧氏獨佔的局面，進入近代後即告瓦解。

再看一下大埔頭鄧氏在天后神誕祭祀組織中的地位。該組織由大埔舊墟、南坑村、新圍仔村及竹營村四個單位組成。在以每年農曆三月二十三日為中心舉行的天后神誕祭祀之日，這四個單位要向天后宮獻花牌，通過花牌上記錄的祭祀組織成員姓名，就可知道祭祀組織的構成情況。現以1982年度的祭祀組織為例來作分析。

首先，擔任祭祀核心的大埔舊墟本身的祭祀組織，完全是一個雜姓組織，而大埔頭鄧氏在其中只依稀可見。"大埔舊墟街坊同人"[15]，共三十八姓，一百零三人，而鄧姓只有五人：鄧若璠、鄧桂容、鄧錦祥、鄧運華、鄧佩達。其中鄧若璠為大埔頭鄧氏族

---

14 〈重修大埔舊墟天后宮碑記〉。

15 譯者按：本書日文版有"大埔舊墟街坊同人"名單，共一百零三人，略。

長，鄧佩達也是一個實力人物，但由於鄧姓人數太少，對全體組織的影響力想必不會很大。

祭祀組織的另一部分是南坑村的組織。其成員姓名按姓記錄。整個"南坑村金豬會同人"[16]七十三姓、二百五十七人中，人數較多的有十四姓：邱姓二十人，陳姓十八人，李姓十六人，張姓十八人，何姓十五人，劉姓十五人，鄧姓六人，黃姓十六人，蔡姓七人，王姓六人，羅姓九人，溫姓六人，蕭姓五人，梁姓十人；其他五十九姓，共九十九人。這也是個近似於雜姓的組織，但其中邱、陳、李、張、何、劉、黃諸姓各有十五人以上，又可說是一個七姓聯合體。特別是邱姓，民國二十六年（1937）重修天后廟時就是發起人，顯然處於南坑村的領導地位。在大埔舊墟祭祀組織形成的同時，上述南坑村諸姓則組成了金豬會。

隨後加入天后祭祀組織的是新圍仔、竹營村的"合益堂"，其成員也按姓分別記錄。"新圍竹營村合益堂同人"[17]共三十三姓，九十二人，同樣是一個雜姓村落。其中只有張姓和黃姓超過十人，雖然也顯示了強宗地位，但相對其他祭祀組織中的大姓，則並不怎麼突出。

以上四個單位的祭祀組織結構表明，就同族集團的構成這一點而言，天后祭祀織織中南坑的鄧氏、陳氏、張氏、李氏、何氏等姓氏人數最多，而附近至少擁有六十戶、三百人的大埔頭鄧氏，卻只能通過在大埔舊墟開設的店鋪派出幾名代表。因此，鄧氏無論如何也談不上居於祭祀組織的領導地位。

關於鄧氏在祭祀財政上的承擔狀況，可以通過作為演劇經費籌集組織"天后寶誕演劇金豬會"的成員構成來了解。

---

16 譯者按：本書日文版有"南坑村金豬會同人"名單，共二百五十七人，略。

17 譯者按：本書日文版有"新圍竹營村合益堂同人"名單，共九十二人，略。

表6　天后寶誕捐款情況

甲種：每份 260 元	乙種：每份 180 元	丙種：每份 120 元
五份：2 名 三份：2 名 二份：12 名 一份：161 名 　　（其中鄧姓 12 名）	三份：1 名 二份：2 名 　　（其中鄧姓 1 名） 一份：37 名 　　（其中鄧姓 1 名）	一份：10 名

從 1979 年度的 "天后寶誕演劇金豬會" 會員名單[18]，特別能看出鄧氏的參與狀況。捐款的情況則見表 6。

該年度捐款者總數為二百二十七名，捐款總額六萬一千三百八十元，其中鄧氏所佔人數及金額，分別為十四名和三千六百六十元。（無論人數還是金額，都只佔百分之六左右。1980 年的情況也與此相同。）由此可見，大埔頭鄧氏在財政方面對天后祭祀也並無很大的貢獻。

雖說大埔頭鄧氏在天后神誕祭祀組織中的地位，從組織構成和財政負擔上看不怎麼起眼，不過，在作為實務組織的 "委員會" 內，鄧氏卻保留了相當大的勢力。"天后寶誕委員會" 1979 年至 1980 年的職員名單顯示了這一點。（見表 7）

名單表明，以名譽會長鄧若璠（大埔頭鄧氏族長）為首的大埔頭鄧氏成員鄧棟華、鄧佩達、鄧林等人，分別佔據了祭祀組織的會長、主席、總務等關鍵性職位。此外，接待賓客的要職 "交際"，也由大埔頭鄧氏選派的鄧錦祥、鄧祖田二人擔任。很顯然，這是鄧氏一族受到尊重的表現。當然，從其只佔委員總數五十二名中的六至七名來看，鄧氏對諸姓所作的讓步是很大的，但其在祭祀組織的中樞部分仍保有舉足輕重（超出人數比率和捐款比率之上）的勢力。特別是其確保了主席這個掌管實際事務的

18　參見 1979 年《大埔舊墟慶祝天后寶誕公演粵劇特刊》所錄〈己未年大埔舊墟恭祝天后寶誕演劇金豬會全員芳名〉。

表7 天后寶誕委員會職員構成表

職名	1979 年氏名	1980 年氏名
名譽會長	鄧若璠	鄧若璠
會長	李炳貴、周賢、鄧棟華	李炳貴、周賢、鄧棟華
副會長		邱瑞榮、張庚勝、詹東貴、張錦勝
主席	鄧佩達	鄧佩達
副主席	邱瑞榮、鍾勝、張庚勝、林芝和、陳興、詹東貴	鍾勝、林芝和、吳標、陳興、麥發
總務	麥發、吳標、鄧林	孫子康、鄧林、劉國志
文書	孫子康、陳汝泰	陳汝泰
票務	何根、黃佳、洪和成	何根、黃佳、洪和成、王平東
出納	練國良	練國良
財務	張錦勝	李國華
會計	柳志強	柳志強
審核	劉九、張添財	劉九、張譚生、張添財
宣傳	林安、吳棟材	林安、吳棟材、陳學明、葉觀法、葉觀生
交際	虞奕珊、鄧錦祥、鄧祖田	虞奕珊、鄧錦祥、鄧祖田、陳金泉
公安組長	虞華榮、黃就安	虞華榮、黃就安、劉家榮、李國輝、劉榕生、陳輝
帶位組長	陳炳	陳炳、李天送
場務	劉國志、李生、劉財、鄧沃才	李生、劉財、林貴有、陳大焯
庶務	鄒香、張長	張長
司儀	林惠玲、孫子康	林惠玲

要職，這一點顯示出了作為大埔舊墟地主宗族的大埔頭鄧氏所留下的政治影響力。總之，對大埔頭鄧氏來說，"支配"固然已經談不上，但保存著影響力卻無可置疑。

第二節　祭祀日程・場地・祭祀禮儀

祭祀安排在以農曆三月二十三日天后神誕日為中心的前後約十天間，按粵人集團、潮人集團、惠海陸豐集團的順序連續進行。具體安排是：農曆三月二十一日至二十五日，粵人祭祀；農曆三月二十六日至二十七日，潮人祭祀；農曆三月二十八日至二十九日，惠人祭祀。

粵人集團之所以能有五天的祭祀時間（其間包括一個正誕日），是因為大埔頭鄧氏自開墟以來就形成的在天后祭祀活動中的主角地位一直受到尊重的緣故。

祭祀的場地，是設於天后廟前廣場上的神棚、花炮棚和戲棚。

（一）神棚

因為在天后廟對面搭建了戲棚，本來已無必要再建神棚，但天后廟前是交通繁忙的公路，妨礙人們觀賞廟中的演劇，因此就隔著公路，在戲棚的一側另建了神棚，專迎天后神像。神棚不大，門面為一開間，裡面設有神座；神座前置有香爐台、供台；左右立柱上掛有與天后本廟相同的對聯：

聖德巍峨施大埔，母恩顯赫紀莆田

（二）花炮座

神棚一側設有花炮座。門面為四開間，一分為二。左為花炮

照片 10　大埔舊墟天后誕神棚

照片 11　大埔舊墟天后誕花炮棚

座，右為福物供台。左側一角設辦事處，管理戲棚。

（三）戲棚

戲棚設在神棚對面，可容納兩千人，是一個舞台與觀眾席相連並蓋有屋頂的劇場型大戲棚。棚內中央通道兩旁掛有對聯：

笙聲嘹亮玉韻悠揚歌盛世，梨園演奏花團寶誕祝升平

祭祀禮儀分為向天后像獻供、花炮會奉獻花炮、福物競投三部分。所謂獻供，就是從天后廟本殿中請出天后像（副像）奉迎於公路對面的神棚內，同時將置於本殿天后像旁的木雕侍臣像群也迎入神棚，使其侍立於天后副像左右。神棚內的儀桌上供有金豬會奉獻的金豬，另外還供列著大量菜蔬和果品。委員會進行團拜。

各花炮會（大埔舊墟、南坑村、新圍仔村、竹園村、營盤下村、大埔頭村）在正誕之日（農曆三月二十三日），以醒獅、麒

照片 12　大埔舊墟天后誕戲棚一（1983）

照片 13　大埔舊墟天后誕戲棚二：內部

照片 14　大埔舊墟天后
誕福物座

麟等為先導，帶著花炮來到神棚前，向天后像行拜禮後，將花炮排列在花炮座上。午後，通過抽籤來分配花炮，最後解散。

所謂"福物競投"，就是將居民捐贈的神衣、神像、神燈等"福物"，排列在花炮棚內，作為給天后的禮物。粵劇表演結束後，這些東西將通過投標，出售給出價最高者。競投所得資金充當翌年的祭祀費用。以上一切活動都由"天后寶誕委員會"統一管理。不舉辦由僧道主持的建醮活動。

第三節　祭祀演劇

演劇是大埔天后寶誕祭祀活動中最重要的一個環節。農曆三月二十三日正誕之日，粵劇、潮劇、惠劇（海陸豐）三個劇種按下列順序連續上演：

1. 粵劇：農曆三月二十一日至三月二十五日
2. 潮劇：農曆三月二十六日至三月二十七日
3. 惠劇：農曆三月二十八日至三月二十九日

"天后寶誕委員會"只負責粵劇的演出事務。潮、惠兩劇，各由其他組織負責，其神殿、辦事處等設施也與粵劇分開而另設。但是戲棚卻是三劇共用的，僅通過改掛不同的花牌來表現各祭祀組織的特色。由於族群的不同，所演的演劇截然相異，因此，以前各劇都各自建棚。近年來為了節約經費，潮、惠二劇開始借用粵劇戲棚。當然，各演出組織和財務管理並不改變，仍以獨立形態並存。反過來說，和大埔頭鄧氏有關係的天后寶誕委員會所管理的僅僅是粵劇，只是承擔了粵、潮、惠三劇中的三分之一。但是，由於粵劇對觀眾的影響力和上演日數遠遠超過潮、惠二劇，所以天后寶誕委員會仍承擔著三分之二的演戲活動。1984年度粵劇劇碼見表 8。

表8　1984年大埔天后寶誕粵劇劇碼表

日期（農曆）	日場	夜場
三月二十一日		《七彩六國大封相》（亦作《六國封相》） 《蓋世雙雄霸楚城》
三月二十二日	《重溫金鳳緣》	《燕歸人未歸》
三月二十三日	《仙姬（亦作"天姬"）賀壽大送子》 《鳳閣恩仇未了情》	《雷鳴金鼓戰笳聲》
三月二十四日	《錦繡江山》	《戎馬金戈萬里情》
三月二十五日	《花好月圓》	《雙仙拜月亭》

　　劇碼主要由武打戲（《蓋世雙雄霸楚城》《雷鳴金鼓戰笳聲》[19]《錦繡江山》）和戀愛戲（《重溫金鳳緣》《燕歸人未歸》[20]《鳳閣恩仇未了情》《花好月圓》[21]《雙仙拜月亭》）兩類組成，其中稍微偏重於前者。由於生活和感情的都市化，墟市演劇就出現了愛情戲——能傾訴近代型孤獨感——較之古典的武打戲更受觀眾歡迎的傾向。以上劇碼的構成情況，可以說就表達了這一傾向。

第四節　小結

　　最後，就大埔頭鄧氏在大埔舊墟天后廟祭祀活動中的控制力問題，作一總結。

　　如上所述，大埔頭鄧氏以龍躍頭鄧氏勢力為後盾，開設了大埔舊墟，同時建造了店鋪，招徠商人以收取租金。清中葉以降，雖然屢次因墟市的收益問題受到泰坑文氏的挑戰，但直至清末以

19　該劇戲單見（日）田仲一成：《中國祭祀演劇研究》（東京：東京大學出版會，1981），620頁。

20　同注 19，624 頁。

21　戲單見 1979 年《大埔舊墟天后寶誕公演粵劇特刊》，英寶劇團演出。

前，鄧氏仍一直保持著獨佔權。然而到了光緒年間，文氏聯合新界東部一帶的客家系村落，組成"七約聯合"，對抗舊墟，最後設立了太和市，即大埔新墟，從而阻止了大埔舊墟的進一步發展，舊墟所有者大埔頭鄧氏的商業利益也受到損害。這樣到清末以後，大埔頭鄧氏對舊墟的實際控制權已形同虛設。舊墟的天后廟祭祀組織已無法由鄧氏獨家支撐了，居住於舊墟的雜姓商人和周圍村落的其他宗族也加入了這一組織，最後形成了以鄧氏為中心的新的諸姓聯合體。因此，現在的祭祀組織，是一個大埔舊墟三村複數宗族聯合體，大埔頭鄧氏作為墟市的設立者，只保留了一個名譽地位。這一點，與第一章所述上水廖氏在石湖墟周王二院祭祀組織的優越地位相比，大大倒退了。墟市中的宗族支配地位，容易受到其他宗族的挑戰，而且在對坑過程中，要維持獨佔權是困難的，其結局往往是趨於形成一個雜姓聯合體。本章所述實例，充分地表明了這一點。

順便指出，大埔頭鄧氏除了參加每年的舊墟天后廟神誕祭祀活動外，每十年一次，還要在本村舉行奉迎天后神像的"太平清醮"（十年例醮）活動。這種十年例醮的祭祀形態，儘管近年來已具有了墟市特有的性質，但在其中心組織中卻完全沒有他姓加入，始終保持著由鄧氏一族獨家支配的局面[22]。目前大埔頭村已擁有許多雜姓居民，絕非鄧氏的獨家村落，鄧氏雖只佔全村人口的四分之一，但卻能在十年例醮活動中一直有效地獨佔祭祀權，其原因是鄧氏掌握了流光堂、渭陽堂等祖產。與此相反，在舊墟天后廟祭祀中，有關諸姓和商戶複雜多歧，超出了鄧氏公產所能控

---

22 例如 1983 年舉行建醮儀式時，在大埔頭水圍村牆壁上貼著的大榜雖然是全真教系統，顯示了都市化形式（本來他們與龍躍頭鄧氏的建醮儀式一樣，都採用廣東道士的祭式），但建醮儀式的主體仍遵舊例，僅記載鄧姓參與者（共有鄧姓六十戶，名單略）。

制的限度。結果，大埔頭鄧氏沒有上水廖氏在石湖墟中所擁有的經濟實力，而只限於在本村範圍內支配建醮祭祀，對稍離本村的墟市祭祀活動的祭祀權，則缺乏控制力 [23]。新墟吞併舊墟後，墟市實現了一體化，這時，若再由較弱小的宗族大埔頭鄧氏繼續控制已成為都市一部分的大埔舊墟，事實上是很困難的。墟市由於捲入了多數宗族的利害關係而膨脹起來時，創設墟市的宗族的支配力也就必定相應降低。大埔頭鄧氏的事例，可以說是一個典型。

---

23 舉行建醮儀式時，除了將舊墟天后像奉迎至神棚之外，還要召請以下神位群：年月招財正合童子神位、上徑土地福德正神神位、新村社稷感恩大王神位、老圍社稷感恩大王土地福德正神神位、各家香火列位神祈神位、今庚大歲致德尊神神位、三元三品三官大帝神位、金花普主惠福夫人神位、都天至富財帛星君神位、敕賜五顯華光大帝神位、九天開化文昌帝君神位、北方鎮武玄天上帝神位、大慈大悲觀世音菩薩神位、宏仁普濟天后元君神位、敕封忠勇關聖帝君神位、南昌五福車公大將神位、教民稼穡后稷先師神位、開山宿老袁簡二公神位、天地水陽四府高真神位、門丞戶尉井灶神君神位、各家長幼各命元辰神位、口尾社稷感恩大王土地福德正神神位、新村土地福德正神神位、下徑土地福德正神神位、日時進寶利市仙官神位。這裡所見的眾神，限於上徑、新村（大埔頭村）、老圍（水圍）、口尾、下徑等大埔頭的地方神，完全沒有包含參與天后誕辰祭祀的南坑村、新圍仔、竹篙村等地的神。另外，該屆十年建醮祭祀組織，也僅由大埔頭鄧氏構成，他姓一個沒有（名單略）。也就是說，大埔頭鄧氏雖然擁有不與周邊村落聯合而獨力承擔十年例醮一類大型祭祀活動的實力（財力、人力），但在舊墟天后祭祀中，卻不得不與他村他姓進行合作。由此說明，即便是大地主宗族，意欲獨立支配墟市也是困難的。

第三章　錦田泰康鄧氏與元朗舊墟建醮祭祀

序節　錦田泰康鄧氏與元朗舊墟

關於由設立了墟市的地主宗族與墟市商人一起共同維持著墟市祭祀組織，可以再舉一個實例來探討一下。那就是新界最大、最強的地主宗族錦田鄧氏和元朗舊墟、新墟之間的關係。這個宗族雖然以強大的政治力量為背景掌握了墟市的經濟，但是，在墟市本身膨脹、新墟發展的過程中，又逐漸失去了對祭祀的控制。以下，可以看顯示了大宗族對墟市支配的形成及失落過程的實例。

在新界北部流入後海灣的元朗河東岸，有一個源於康熙時代的元朗舊墟。此墟為錦田泰康村（位於墟東五公里）鄧氏所設，鄧氏作為該墟"墟主"向商賈徵收租稅。（見圖6）

首先交待一下元朗舊墟的開設者和墟主——泰康村鄧氏。

泰康村鄧氏是錦田鄧氏的一個分支，與前述大埔頭鄧氏、龍躍頭鄧氏為同系宗族。根據《師儉堂鄧氏家譜》及其補編《錦里泰康鄧氏家譜》[1]，可以列出始祖漢黻以下的錦田鄧光裕堂派世系表。（見表9）

表中居於東莞派始祖漢黻以下二十三世、錦田始祖元亮公以下十七世之位的鄧文蔚，是清初順治十四年（1657）舉人、康熙

---

1 《師儉堂鄧氏家譜》，錦田水尾村鄧氏二十五世孫鄧創業（號惠翹）撰，1955年成書；《錦里泰康鄧氏族譜》為前者之續修部分，光裕堂子孫、二十七世孫鄧滿堂撰，1983年成書。

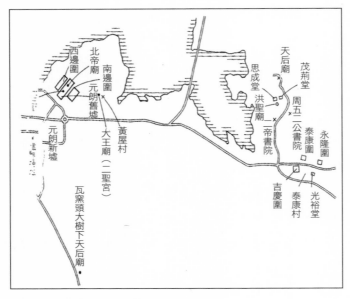

圖6　錦田泰康村・元朗舊墟建醮地址

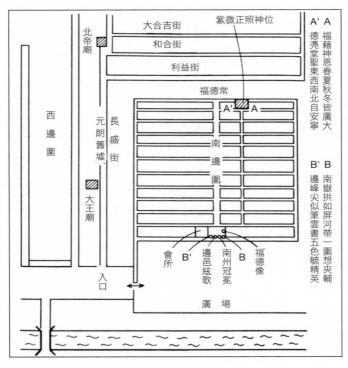

圖7　南邊圍・西邊圍・元朗舊墟圖

84

表9　錦田鄧光裕堂派世系表

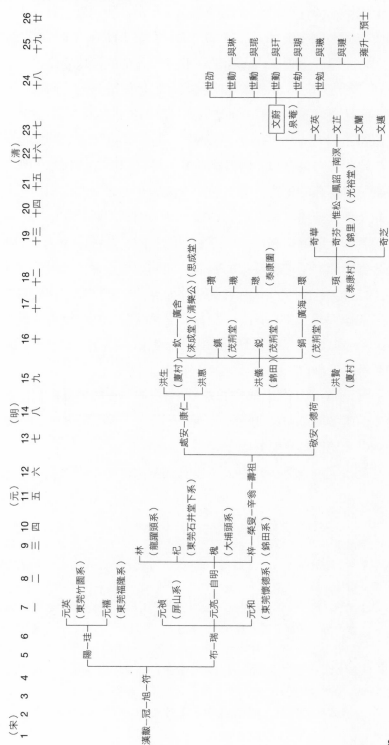

二十四年（1685）進士[2]。他晚年雖升至浙江龍遊縣知縣，但卻致力於擴大整個東莞鄧氏宗族的勢力。他在編修《南陽鄧氏族譜》的同時，還於東莞城內，為散居於全城各地的鄧氏建造了鄧氏大宗祠"都慶堂"。建造該堂的目的，就是促使分散的同族得以統一，而且還可為族人子弟參加科舉考試時提供落腳投宿之所[3]。鄧文蔚在康熙八年（1669）"遷海令"逐步解除、復界開始後，就以其政治勢力為背景，將原來位於元朗河口西岸大橋墩的墟市，移至東岸現在的位置，並吸引商人集居，對之徵收地租房租，以圖擴充鄧氏公產。鄧文蔚的功績，為錦田鄧氏所公認，在水尾村合祀著鄧文蔚的遠祖鄧鎮、鄧銳、鄧銅的"茂荊堂宗祠"中，高懸著表彰鄧文蔚進士及第的匾額。他的直系子孫們於乾隆三十三年（1768），在他的出生地泰康村（祠堂村）修建了專祀鄧文蔚的"龍遊尹泉菴鄧公祠"，號為"光裕堂"，堂內至今還恭奉著自文蔚高祖惟松（號翠野，鄧氏二十世祖）以下，包括文蔚在內的該系祖先神位[4]。

　　元朗舊墟分南邊圍、西邊圍兩部分。最初，墟市只是夾在南、西兩個圍部村中間的一條狹長的街區。到了近代，南、西兩圍合併，總稱為元朗舊墟。

　　南邊圍約有居民八百人，原為錦田鄧氏（十六世祖鄧鎮的子

2　據嘉慶二十四年（1819）《新安縣志》卷十九下〈人物志・行誼〉："鄧文蔚，字豹生，錦田人，順治丁酉科，舉於鄉。康熙乙丑年成進士。少貧力學為文，敏捷，嘗混跡漁樵以助菽水，而行吟不輟，道旁嘗聞諷誦聲。初鄉薦，北上未售，歸，即陶情山水二十餘年。至壬戌，復遊燕。館之冠軍將軍倪公家，都下名士多從之遊，著《燕台新藝》。蔡公升元欣賞之，而冠之序，為付梓以行世。逾三載，捷南宮，授浙江龍遊縣。惜之，任未久而卒。"

3　（日）牧野巽：〈廣東的合族祠與合族譜〉，《近代中國研究》（好學社，1948），89-129頁。

4　（日）多賀秋五郎：《中國宗譜研究》下卷（1982），21-22頁。

照片 15　元朗舊墟長盛街

照片 16　元朗舊墟大王廟

孫）開建的圍郭，但由於鄧氏忌諱該地的風水，遷到附近的英龍圍去了，於是，這裡便成了雜姓村落。村內的祭祀中心是"福德堂"（紫微宮），同時還有一個稱為"南溪福德堂"的祭祀組織。除了每年元宵花燈會時在圍門外築台，向福德神敬奉頌歌和演劇外，逢舊曆三月二十三日天后誕節，福德堂還要組織二百名壯漢擁著大金龍，參加大樹下天后廟的巡遊。

西邊圍人口約三百，是一個除林姓外，還包括了多種姓氏的雜姓村落。從所處的地形來看，該村已與相鄰的墟市連成一體。

由此可見，元朗舊墟是一個諸姓聯合而成的雜姓聚落體。墟內的中心大街長盛街的盡頭設有康熙初年建立的北帝廟（實則為並祀關帝的玄、關二帝廟）和雍正年間建立的大王廟（並祀楊侯王、洪聖王）兩座寺廟。從其中最早的廟是祭祀北帝和關帝這一點來看，可以推定這個墟市的開拓者，可能是某一個具有濃厚的客家系色彩的集團。（北帝廟平面圖見圖 8）

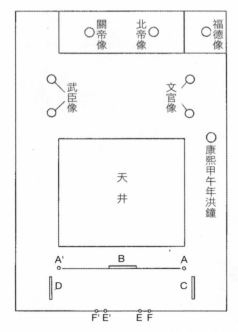

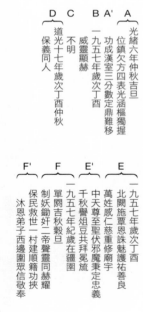

圖 8　元朗舊墟北帝廟平面圖

北帝廟內的古鐘是康熙五十三年（甲午年，1714）奉獻的，鐘銘如下：

風調雨順。

康熙甲午年，沐恩弟子蔡弘生、蔡廷周、陳光宇、王雲祥、薛煥□、葉明、袁兆龍、樊昌興、蔡弘傑、王士祥敬送洪鐘一口，壹百貳拾餘觔，在於二帝靈前永享千秋。國泰民安。佛山隆盛爐造。

銘文中全然不見該墟創設者錦田鄧氏之名。這也許是因為墟區與西邊圍都是由鄧氏之外的雜姓開拓和居住的地區，具有政治地位的泰康村鄧氏，是在以後才擴張了自己的勢力，並作為墟主向他們徵收租稅的。這期間發生的事，我們可從晚些時候建立的大王廟碑文中窺見一二。（大王廟內的配置圖見圖 9）

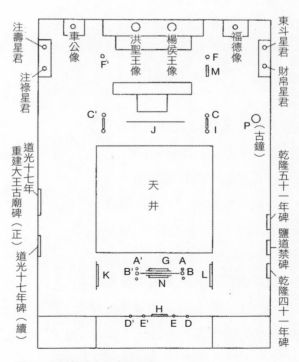

圖 9　元朗舊墟大王廟平面圖

首先，按年代順序依次記錄懸掛於大王廟內的對聯和匾額如下：

對聯

【道光丁酉歲次仲冬吉旦】

A 心法顯神威雲鐘元朗

A' 恩膏昭感應福蔭南圍

——沐恩弟子南邊圍敬送同立

【道光丁酉歲次仲冬穀旦】

B 助法綏康寧道範恆昭元朗

B' 茅州廣利濟神功溥及岡州

——沐恩會邑信士永盛、東泰、永合、新隆、又盛、永茂、利隆、永吉、悅興、宏利、廣勝同敬奉

【光緒紀元廿二紀歲在柔兆涒灘修柏月】

C 柳水顯神通大濯王靈扶宋室

C' 茅州傳聖跡長垂盛德被元溪

——沐恩弟子同升豐、源記押、王隆店、永合店、廣盛店、源泰店同敬酬

【民國紀元七紀在著雍敦祥季秋穀旦】

D 大德永垂作述三百年長承茂蔭

D' 王恩盛錫梯航千萬里遍顧靈披

——沐恩新會梁永盛、永茂店敬送

【中華民國四十六年歲次丁酉仲冬吉旦】

E 大德澤吾民為酬恩大功宏重隆古廟

E' 王經傳斯世行見崇王黜霸普救生靈

——重修大王古廟值理趙秉隆、鄧佩瓊、鄧乾新、鄧基明、鄧同光、張敬木、趙澤潮、李道亨、鎮澤華、趙玉全、陳天章、郭天寶、林桂芳、吳合林同敬

【洪聖王廟重修誌慶】

F 洪德降慈雲廟貌重新聖澤遍敷南海

F′ 王恩施甘露神容如在雲光普照東瀛

匾額

G 乾隆十年歲次乙丑孟春吉旦，“洪麻廣被”——沐恩弟子_{李作霖、作梅}偕男_{百壽、彭裔}奉

H 道光十七年歲次丁酉，“大王古廟”——仲秋穀旦重建

I 道光歲次丁酉，“天賜鴻禧”

J 道光歲次丁酉仲冬穀旦，“地利人和”——沐恩會邑信士永合、永盛、東泰、新隆、利隆、又盛、永茂、永吉、宏利、悅興、順合、廣勝同敬

K 道光十七年歲次丁酉仲冬吉旦，“聖澤同沾”——沐恩西邊圍眾信敬奉

L 道光丁酉歲仲冬吉旦，“有所遇焉”——沐恩弟子南邊圍敬送同立

M 光緒拾年歲次丁丑季秋穀旦，“臨下有赫”——沐恩弟子南溪聯慶堂同敬

N 中華民國歲次丁酉仲冬吉旦，“雨露蒼生”——重修兩廟值理鄧國光、鄧韋修、鄧佩瓊，鄧乾新、鄧漢華、趙王金、趙譯潮、鄧基明、李道亨、張敬木、陳時學、陳天祥、梁漢章、郭天寶、林桂芳、吳合林同敬奉

據此可知，每隔六十年，廟要重修一次〔即在道光十七年（1837）、光緒二十二年（1896）、1957年（民國四十六年），共修了三次〕。道光年間那次重修，因為新會出身的商號和寓居於該墟的團體捐贈了對聯、匾額，故可推定墟內商人不僅僅是本地人，還包括了相當數量的外地人。同時也說明，鄧姓的本地人在初期倒是不多的，直至近代才逐漸增加。寺廟創建時的遺物雖已

無存，但康熙初年錦田鄧氏開設此墟之事，在廟內道光十七年（1837）重修碑上卻有記載。下面即為碑文〈重建大王古廟序〉：

　　粵考載籍所稱，事神獲福者尚矣。《書》曰："至誠感神。"《易》曰："忠信所以進德。" 是知神所式憑，真在德也。矧在利藪，尤人心所易潛孚乎。況夫元朗圩何自昉哉？遡自康熙八年，賜進士出身知龍遊縣事房叔祖文蔚公，由大橋墩遷圩於元朗，並建大王古廟。右西圍、左南圍，而圩居其中。廛肆縱橫，街衢通達，商賈居奇，其間莫不子母相權，寶臬三倍。而往來行旅，莫不挾所求而來，愜所求而去，豈非儼然一大都會哉！然說者僉謂此神恩之幈幪也。顧圩歷久而商賈益增其奇贏，歷久而垣墉彌見其剝落。今叔祖文蔚公後人，爰集圖圩善信，酌議重修，詢謀僉同誠心樂助。鳩工庀材，廟貌煥然重新，□□寶像巍然。此可知人心之成矣。夫有求必應，裨人間遂其生，成安存之樂者，神之恩無遠弗屆也，夫豈在廟之高華哉？茲特虔修廟以肅神居，不可謂非恭敬明神者。工竣，問序於余，欲以紀一時之勝事。余思神恩浩蕩所以庇祐合圩者，雖不在古廟之重修，而圩中人誠敬事神之心，即形著於古廟重修中也。夫誠於事神，必誠於接物，是知圩中人能忠信以修其心之德，此即獲福之基也，蓋至誠者感神，神之式憑在德，理豈謬哉。是為序。

　　沐恩附貢鄧英華盥手敬撰。
　　沐恩邑增生鄧炯盥手敬書。

　　碑文說明該墟是康熙八年（1669）由錦田的鄧文蔚設立的。也許，當時是他舉人的政治身份提高了這個地區鄧氏的地位，從而使鄧氏能夠以墟主的身份支配已為雜姓開拓、定居的南邊圍、西邊圍中間地帶的墟區。道光十七年（1837）的這次重修也由他的後裔主持。另外，序中所說的鄧英華[5]、鄧炯，很可能也是其族人。

碑文在末尾處將墟區內街道分為四組，列舉捐款者（基本上為商號）名號：

（一）長盛街

新利（首事）、洗聰玉（首事）、怡豐（首事）、德和（首事）等二十九店；

（二）利益街

永茂（首事）、新隆（首事）、益盛（首事）、怡和（首事）等三十八店；

（三）和合街

秀芝堂（首事）、東泰（首事）、華合（首事）等二十店；

（四）大合吉街

江和盛（首事）等二十店。

四組合計達一百零七店，幾乎囊括了當時所有的商店，其中大多為金融業者、鹽商、雜貨商。最後，記錄了作為籌款總負責人的六位首事姓名：

信耆鄧志遠　信耆洗聰玉
首事信貢鄧英珪、信監鄧鳴鶴等同立。
信監鄧拔闈　信士朱廷禧

六名首事中鄧英珪、鄧拔闈、鄧鳴鶴、鄧志遠等鄧姓者，即

5　據嘉慶《新安縣志》卷十七下〈例貢生〉：“（鄧英華）邑之錦田人，嘉慶己卯，贊修邑志。”

序文提到的“文蔚公後人”[6]。

　　此碑記的只是墟內捐款的商號，而主要記錄墟外捐款人名單的石碑則在廟內。碑文將捐款人分為三組：

（一）墟外有關者：
墟主光裕堂、大王會
船主三名
屏山商店一名、東莞縣鄭姓一名、南頭袁姓一名、山□林姓一名。
（二）南邊圍居民：
鄧啟元以下五十三名；
（三）西邊圍居民：
林國彥以下二十二名。[7]

　　首先最值得注意的，是錦田泰康村鄧文蔚派祠堂鄧光裕堂的名上寫著“墟主”。元朗舊墟創設者鄧文蔚的裔孫，以光裕堂的名義保持了向鋪戶徵收租金的權利，他們就是從這筆積累起來的公產中拿出捐款的。從碑文中還可看到其他一些捐款者，如本地的以大王會（大王古廟的公產）為首的屏山、東莞、南頭等地人，外地區的人，甚至還包括船主的名號，這點展示了該墟活動範圍的廣度。然而，本地的南邊圍和西邊圍居民佔了捐款人數的一大半，看來，這兩個圍郭村與元朗舊墟有著不可分割的關係。兩圍的捐款者中都有若干鄧姓人士，這也部分地反映了鄧氏的勢力。

　　其次，元朗舊墟與東莞縣城和新安縣城的鹽場具有密切的關聯，製鹽灶丁、鹽業捐客以及鹽商，出入活動於該墟，這是很值

6　鄧英珪、鄧拔闌等，都是錦田人，姓名見於錦田凌雲寺〈道光元年重建碑〉。參見第四篇第一章。
7　引自〈重建大王古廟碑〉。

得注意的。比如，在大王廟雍正九年（1731）古鐘銘文中，就可見到東莞縣城附近靖康場鹽商之名。銘文如下：

風調雨順。東莞縣靖康場沐恩弟子何彥章、王維經、王喜惠、王姈遠、陳然登，眾信同發誠心，虔鑄洪鐘一員，重貳百觔，敬在新安縣元朗墟，敕賜感應楊侯大王爺爺，敕賜感應茅州流水大王二位案前永遠供奉，福有攸歸。時大清雍正九年歲次辛亥孟冬吉旦，同建立。隆盛爐造，國泰民安。

銘文說明，獻鐘者為東莞縣城管下的靖康場鹽商或者船主。乾隆三年（1738），因靖康場鹽產量低下，終合併於位於它南面的歸德場[8]。但雍正九年（1731）時靖康場還存在，可能當時採自靖康場的鹽，以元朗墟為銷售地。

大王廟內另有一塊鹽道禁革經紀碑，此碑估計立於乾隆四十年（1775）至五十一年（1786）間。碑文說明元朗舊墟確與新安縣外鹽場"東莞場"有關。由於碑文剝落頗多，難以辨認，現將其大意擇寫如下：

廣東鹽課提舉司為懇准碑示以垂永久事。據東莞場鹽丁鄧奇容、鄧喬等，住居穿鼻港等處地方，曬鹽度活，為納餉銀，先年土窮透營，承克經紀□□□□。鹽道萬□批准給示禁革。查有窮棍復冒名色，鄧仕賢等赴□鹽道紀瞞□□□金，行場確查，蒙場覆查，悉係冒名，鄧喬等業已具結申報，蒙批候給示，民賴社□□□□□等情。到司。據此案照先蒙□□□□□□鹽□□□□仕□□等呈為私牙弊害等，呈請檢舉灶

8　嘉慶《新安縣志》卷八"鹽政‧靖康場"條："靖康場，乾隆三年，因靖康場產鹽日少，奉文將靖康場，歸併歸德場大使兼理。歸德場改名歸靖場。乾隆廿一年，又裁歸靖場大使改為委員。其靖康場鹽課銀，東莞縣徵解。"嘉慶時，東莞、歸德二場直屬廣東鹽課提舉司。

戶一名，承克經理□，我行□鹽丁鄧喬、鄧仕賢等結稱窮棍冒名緣由。申報前來。隨□□□□□□□無□事，批司申詳。前事蒙批准給示禁備，俾□司即查，□□□如有□窮人等，藉端抽收等弊，許即據實詳重究□□□諭擬合勒碑永禁，為此示諭東莞場穿鼻港、元朗、橫洲□□□知悉，即便遵照。曬鹽自責辦納。□紀□□許□□□同呈告以□拿解□□□□□□……

　　碑文末尾還記有鄧姓十八人，龍姓三人，黃姓二人，蔡、林、梁姓各一人，姓不明者九人，總共三十五人的名單。銘文的意思雖不一定很明瞭，但可以推斷出這樣一個事實：在元朗河注入後海灣的淺海沿岸的橫洲、穿鼻港（尖鼻咀）、元朗三地，當時都有鹽田，它們均為新安縣東莞場鹽課提舉司管轄下的分場。這些分場都有鄧姓鹽丁（可能是輞井圍鄧氏或屏山鄧氏），據說他們作為地痞，常與元朗墟的捐客合夥製作私鹽。鹽道曾通過廣東鹽課司予以嚴禁。碑文末的名單中，除鄧姓外，還包括南邊圍龍氏、西邊圍林氏，他們多半是元朗舊墟的捐客。若將前述雍正九年（1731）的鐘銘與這塊鹽道禁碑綜合起來考察，就可作出如下判斷：由於元朗舊墟擁有新安縣東莞場管轄下的鹽田，所以鹽業生意興隆，甚至連相距很遠的東莞縣靖康場產的鹽也到這裡來出售。因此，住在元朗墟的商人必然以鹽商居多。而鹽商往往又是操縱著醃漬業的一種金融業者，所以該墟的金融商人也不少。當時，鹽是廣東鹽課提舉司控制下的專賣品，鹽商極易受政府政策的影響，所以，他們認為有必要求助於像錦田光裕堂鄧氏這樣有政治勢力的庇護者的保護。鄧氏之所以能以墟主的身份來控制元朗墟，是有其背景的。一方面其本身就具有大地主的地位，另一方面，也因為該族自鄧文蔚以來出了不少進士、舉人，在官場有發言權。這一點可說是與前述石湖墟廖氏、大埔頭鄧氏不同的——其具有一種政治色彩很強的市場支配力。

第一節　大王廟建醮祭祀組織

如上所說，元朗舊墟處在錦田泰康鄧氏強大的政治力量的支配下，然而，在墟市的祀神組織，特別是在北帝廟和大王廟的祭祀組織內部，卻未必由鄧氏獨佔。這些組織反而很可能是以墟市商人為核心而形成的。例如，上述大王廟內的道光十七年（1837）重修碑文，雖是出於錦田鄧氏的實力人物鄧英華之手，但碑文看起來卻並未顯示出鄧氏對重修廟宇的熱情；又如，碑文中稱人須忠信進德，神恩方可及人，神恩無遠弗屆，豈在廟之高華，凡此等等。作為一篇廟宇重修記，絕口不提廟神本身，這著實令人注目。當時，為了重修此廟，錦田鄧氏以墟市"光裕堂"的名義，捐銀百元，然而，碑文文意給人一種強烈印象，似乎鄧氏是被墟市商人硬拉入夥，勉強合作的。我們可以根據道光十七年（1837）重修碑的記載，計算一下各集團的捐款額及其佔總額的比率[9]。

據統計，捐款總計一百七十五份，總金額為銀元九百八十多元。墟主鄧光裕堂捐款額為一百元（銀元），作為一筆捐款，這個數據已超過一般水準，但如果以控制著墟市的錦田鄧氏的經濟實力為衡量標準，這筆款項只不過佔總捐款額的百分之十強。最大的捐款戶是墟內商號，共一百零七份，七百六十二點七元，分別約佔總份數的百分之六十一和總金額的百分之七十八弱。構成墟市外部的南邊圍、西邊圍居民捐款五十九份，佔百分之三十三，金額為九十六點零五元，佔總金額的百分之十，比率上不及舊墟商號。因此，從整體上看就形成了這樣一種局面：墟市商人負擔大王廟祭祀組織開銷的八成，南、西兩圍居民負擔一成，剩下一成由墟主錦田鄧光裕堂負擔。北帝廟祭祀組織也存在同樣的傾向。不過，由於北帝廟屬於客家福佬系，在族群系統上

9　譯者按：本書日文版有表 18〈元朗舊墟大王廟道光重修捐款明細表〉，略。

與錦田鄧氏尚存若干距離,鄧氏與其關係因此可能更為疏遠。可見,錦田鄧氏雖然被稱為墟主,但在道光年間,至少在兩廟祭祀組織內部,其控制力看來已相當萎縮。不過,在道光十七年(1837)的那次重修中,重修組織的六名首事,鄧氏佔了四名(鄧志遠、鄧英珪、鄧拔闈、鄧鳴鶴),所以在名義上鄧氏仍保留了在祭祀組織中的地位,雖然實權已經轉入墟市商人集團手中。另外,為這次重修捐款的墟市商號中新會出身的富商佔了相當的數量,例如上一節所引道光對聯 D、匾額 J,就是由新會商人奉獻的,而在道光重修碑的捐款商號名單中,那幾個商號又出現了。按不同的街區,分別是:

長盛街:永合店
利益街:新隆店、永茂店、利隆店、永吉店、怡興店、廣勝店、
　　　　廣利店
和合街:東泰店、又盛店

墟市商號中當然包括相當多的外來商人,既然如此,單從族群系統這點上,我們也就可想像出容納了這些外來商號的祭祀組織的多樣性。

大王廟於道光十七年(1837)重修後,每隔六十年,即光緒二十二年(1896)和 1957 年重修一次。每次重修都在廟內留下了匾額或者對聯,其中所提到的值理仍以墟市商號為主。在光緒年間重修時的對聯 B 和民國七年(1918)奉獻對聯 D 中,仍見新會商人永合、永盛、永茂之名。1957 年重修時的對聯 E、匾額 N 中雖有若干鄧姓商人,但主體卻為雜姓商號。墟主光裕堂之名在光緒間重修後不再出現。可見自道光年以後,錦田鄧氏對祭祀組織影響力已更加微弱。

以上所說為清代中期以來祭祀組織的狀況。但近年來,由

於這兩廟不再舉行大規模的神誕祭祀，演劇活動也停止了，所以
祭祀組織的現狀比較難掌握。1983 年 12 月，元朗舊墟和新墟聯
合舉行了一次“元朗街坊十年建醮”的活動。這次活動與其說不
是由舊墟獨辦的，還不如說是以新墟為主進行的。從歷史沿革上
講，這是舊墟的一個發展，在某種程度上反映了舊墟祭祀組織的
實際情況。下面，根據這次建醮活動來說明舊墟祭祀組織近時的
輪廓。

　　隨著以新墟為中心實現了現代化，元朗墟的人口也明顯膨
脹。據 1960 年《香港地名志》的人口統計，包括舊墟在內的
元朗墟總人口為一萬四千人，南邊圍為八百二十人，西邊圍為
二百八十人。舊墟人口雖未見記載，但總在三百人至五百人的幅
度內。由於道光年間商戶數為一百零七戶，其人口估計在五百人
左右，所以舊墟本身人口並不怎麼膨脹（地域狹小對人口膨脹有
所限制）。因此，在祭祀組織擴大到了人口超過一萬人的新墟的
今天，舊墟人口即使算上南、西兩圍（合計一千五百人），其比
例充其量也不過為新墟的百分之十。然而，由於祭祀本身所具有
的保守性，舊墟商戶在祭祀組織中仍保有若干地位。比如，舊墟
的各商戶就享有拿出少量的捐款，即可享有在建醮上表和在大榜
上題名的權利。建醮之前在舊墟內張榜公佈的通告就提到了這一
點。通告稱：

　　癸亥年元朗街坊十年例醮勝會（金榜題名）保家宅、人口平安，
元朗舊墟及各街丁口登記站南門口李炎記花店。但李炎記數日來，經已
到舊墟各街登記，還有未到達多少，未到達貴戶登記，各戶各位登記，
請各位日到。李炎記花店代為登記可也。南門口李炎記花店代為丁口登
記，戶主一位，十元。家屬每位三元。福有攸歸。李炎記敬致。

　　各戶的捐款數為戶主十元，家庭其他成員三元，五口之家

捐款額不超過二十五元。拿出這麼一點錢，就允許在顯示建醮主持者身份的大榜上題名，即說明了舊墟商戶的歷史地位是受到尊重的。

舊墟商戶的實際捐款額，在全部建醮費用中只不過是極小一部分。以 1983 年建醮費為例：其中醮棚建設費十八萬元，僧道聘用費八萬元，共二十六萬元；再加上戲班費二十六萬元，宴會費十萬元，合計為六十二萬元。如果再加上其他雜費，總計高達一百一十六萬元。而由李炎記從舊墟商戶手裡籌集到的捐款，不過四千六百九十六元（每戶二十五元，約一百九十戶），不足總費用（一百一十六萬元）的百分之零點四。這種狀況就決定了舊墟商戶沒有多少發言權，雖然其地位是受尊重的，但不得不認為那只是名義上和禮儀上的一種需要 [10]。

自清朝中期以後，連支撐著元朗舊墟的祀神祭祀組織的舊墟商戶地位也是如此低落，那麼，作為舊墟墟主，在祭祀中只有間接影響力的錦田鄧光裕堂的地位，當然就近於空洞化了。1983 年建醮祭祀活動，選出八名成員組成了祭祀的核心組織"主席團"，他們是鄧乃文、鄧同光、蔡創業、黃杉泉、戴權、鄧英來、趙樹勳、趙玉全。八人中有三名鄧姓，其中的鄧同光是 1957 年大王廟重修時對聯 E 中所記值理之一，是舊墟中錦田鄧氏一族的長者（或故老）。在這裡，鄧氏的名譽職位和長者身份受到尊重是毫無疑問的，但其作為祭祀組織推動者的地位卻早已失去，整個祭祀組織，應該看作是元朗新墟、屏山鄉、錦田鄉，甚至還有周邊鄉村（所謂十八鄉）組成的一個聯合體。

---

10 譯者按：本書日文版有表 19〈一九八三年度元朗街坊十年例醮收支結算表〉（《元朗街坊十年例醮勝會徵信特刊》所收），略。

第二節　祭祀日程・場地・祭祀禮儀

　　祭祀日程是根據緣首生年的占卜而決定的[11]。為期十七天的大規模祭祀，體現了大墟市建醮活動的特色。

　　與祭祀組織的核心從舊墟向新墟轉移相適應，近年來祭祀場地也離開了舊墟移往新墟。1983 年的醮場，就設在元朗河東岸、西漁涌的空地上。在小型的神棚對面，修建了可容二千餘人的大戲棚，在開始的四天五夜裡，這個戲棚的一半用作醮棚，然後，在六天的休息期間再將它改為戲棚。

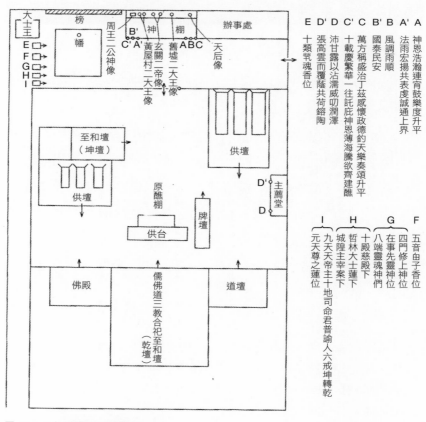

圖 10　元朗建醮場地配置圖

11　譯者按：本書日文版有表 20〈元朗街坊十年例醮日程表〉，略。

照片 17　元朗建醮醮棚

　　神棚內恭迎元朗舊墟北帝廟的北帝、關帝二像，大王廟的楊侯王、洪聖王二像，黃屋村大王廟的文王武王神像[12]，大樹下天后廟的天后像[13]，以及錦田水頭村周王二公書院的二公神位。

　　錦田鄧氏和舊墟請神展於主神的地位。醮棚內並列著儒、佛、道三壇，面對佛壇、道壇建有供台。這些醮壇的建造和祭祀活動的進行，均由荃灣三疊潭的全真教系道壇的圓玄學院承辦。另外，在神棚與醮棚間的空地上，還建有大士（又稱 "大士王" "大士爺"）壇、孤魂台等外壇。招魂的 "幡" 就樹立在大士壇前的一個台基上。

12　黃屋村大王廟，位於黃屋村北側山中。奉祀文官大王、武官大王，俗稱二
　　聖宮。有光緒二年（1876）匾額，估計創建於同治、光緒年間。被視為南邊
　　圍、西邊圍、東頭村、山背村、英龍圍等元朗舊墟一帶村落的社神，並接受
　　東新村、青磚圍等村的奉祀。
　　譯者按：本書日文版此處有圖 16〈黃屋村大王廟（二聖宮）平面圖〉及廟
　　內對聯、匾額，現移至本章末。
13　參見（日）田仲一成：《中國祭祀演劇研究》，666 頁。

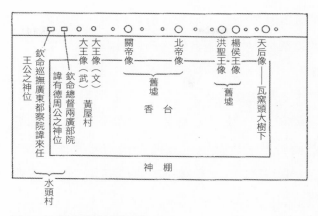

圖 11　元朗建醮神棚平面圖

照片 18　元朗建醮神棚

照片 19　元朗建醮功曹馬

廣東地區的建醮活動，似乎一般都只舉行道教禮儀，然而在這裡，道教禮儀卻與佛、儒合併，採用三教混合的形式。這是一種非常特殊的、屬於近代新興宗教系統的道教團的禮儀形式。這種道教，基本上屬全真教系，它是從香港市區獲得勢力的一個宗派。八十年代以來，由於人口膨脹，元朗新墟完全都市化了，這一狀況可能使新興道教團──它將居民的意識視作為一神帶有個人主義色彩的宗教──容易在當地被接受。反過來說，這也就意味著舊墟商戶和鄧光裕堂祭祀主體地位的下降與控制能力的喪失。

建醮祭祀第一天（農曆十月二十三日）凌晨，大會主席團及緣首由道士陪同，前往元朗舊墟大王廟，在廟門口將祭祀參加者之名稟告天帝。當天中午十二時，圓玄學院的道士、經生百餘人，前往元朗舊墟的北帝廟和大王廟、黃屋村的大王廟，以及瓦窰頭的大樹下天后廟和錦田水頭村的周王二公書院，以神轎將各位神像迎至醮場的神棚內。至下午五時半，在醮棚內舉行儒、佛、道三教大壇的開光及啟壇儀式。此後的四天內，建醮禮儀將連續進行。

各日奉誦的經典名，詳記於橫掛神棚的大榜榜文中。以下所引，即榜文中說明建醮宗旨的序文：

金花榜示通三界

瑤天欽設演陽仙館中輔國壇內，廣東至和壇。本壇恭奉先天敕旨，為荷天眷顧酬答神恩揭榜通知事。

伏以：龍圖獻瑞於凡間，千秋景仰；華蓋呈祥夫世上，萬古崇欽。三教本同源，會意共參玄妙理；嗣音歸一統，梯登獨步航舟橋。純德至尊鈞，且銳抵禦當難；陽春雖小曲，彌高和諧匪易。演明正道，精微旨奉瑤天；普遍度人，性蒂思周寰宇。金身矗立，果莊嚴巍巍莫並；剛性堅凝，真畫穆濯濯無倫。文曲星垂，尼山雨化。真如常住如止水，佛性長存性在天。榜示三曹，十載蒙恩酬駿惠；文通四府，八方戴德遂烏私。凡悃未錄，職銜先稱。

今以受命，清靜自在無極燃燈佛統壇，恩開廣東至和壇。監壇生湯心益，誠惶誠恐，稽首頓首，奏為中華國廣東省廣州府寶安縣香港九龍新界元朗街坊十年例醮勝會。首祀李錦舞、林彥、駱振華、李炎、江木穩、陳銳儀、王忠存等迓士，邀請荃灣三疊潭圓玄學院，集三教於宮牆，恭就元朗西菁街，燎柏熏穢，灑掃鋪陳，建壇設位，禮懺誦經。從儒致祭，肅建醮壇。焚香炳炬，設供陳茗。啟稟廟堂，昭告諸神。汲水龍宮，參謁灶君。叩師降鑒，貴駕主盟。功曹十師，鎮鑒壇庭。仙宮化殿，敕委臨軒。迎真迓聖，禮佛祀神。豎立聖幡，張掛榜文。利幽施戒，賑濟五音。酬天祀地，請命頒恩。陳情進表，悃達玉京，一心皈命，九叩投忱。

齋信鄧乃文、鄧同光、蔡創業、戴權、黃松泉、古道誠等（引者按：共三十六人，略）以洎合醮捐功人等，維日沐手焚香，謹意冒奏玉清宮中諸真殿前，爰陳瑣瑣之詞，冒瀆明明之鑒。敬為十年惠澤，家家享無事之天；久沐慈光，戶戶沾有緣之福。集誠慣例，酬謝天帝洪恩，共薦明禋報答先靈厚德事。

竊念：擊壤興歌，堯民之自得；耕田讓畔，周庶之相推。今本區盛世豐隆，豈敢渾忘帝力；攸歸有體，尚無丕變民風。誼篤情深，相孚義重。欣逢泰運頻臨，喜見橋開鐵鎖。釀信等啣恩戴德，而籌思報頌也。銘篆五中，莫昧鴻庥於既往；心香三上，貴折駿惠於將來。惟是運際三期，難免災橫八表；一隅清謐，何殊禹甸堯封。四處蹊蹺，猶見秦煙楚雨。蓋以塵寰擾攘，洶濤翻白浪之波；世道紛紜，恐曜應延康之劫。雖云災從天降，咎由實自人為。行仁義而種福田，何來冤結；興詖辭而尚邪說，定醞殺機。試觀戰伐頻聞，凶災迭見，那得夷歌早唱，薄海同歡。人間猶感顛連，冥道誰憐悽慘。悲生泉壤，苦困鐵圍。

茲者醮建羅天，賑濟靡分吟域；經傳大地，虔誠總冀升平。嘗思聖澤汪洋，德澤充盈乎仁里；神恩浩蕩，慈恩覆幬於凡間。今本院承元朗街坊之邀，附酬超勝會之典。心存三畏，秉三教之箴規；道崇三尼，荷三光之照蔭。既叨邀請，願致肫誠。萬目時艱，勉抒綿薄；緬懷劫運，念切蒼生。

爰仗十載例醮之辰，肇啟五天酬恩之會。灑露水於楊枝，非大慈大悲，無從施佈；散天花為黍米，惟諸菩薩，始可解推。

趁茲法會宏開，太和有象。好藉群真降駕，報德無虛。大敞經筵，經翻貝葉。力航願海，願了心花。恭望仁慈普如，鄙恫其齊。

這是篇堆砌著冗長華麗辭句的誇張的宗教性說教。主要意思是說，元朗在這十年間，承蒙神恩護祐，維持了和平，雖然天災不知何時降臨，但人心若重仁義，就能受到神靈的庇護而躲避災難。它竭力表達這樣一個宗旨，即通過儒、佛、道三教禮儀，養護俗世的弱者，以佛祖的慈悲，施惠於冥界的孤魂。常見的廣東系道士的榜文中，著力點是救濟孤魂，但在這篇榜文中，筆墨卻放在酬謝神恩上，強調向人們宣傳神恩、謀求皈依這方面的內容。按照原來的意義，建醮是一種以一舉清算孤魂幽魄在十年間沉積下來的冤屈、把俗世從孤魂的憤恨中解救出來，從而返真復原、重新起步為宗旨的祭祀活動，如果以此為出發點，由神恩來救濟孤魂，正應該成為榜文的重點。然而這篇榜文卻勸說現世的人們行善、信神，可能是以此去迎合所謂"墟"這一都市中以個人中心為生活原則的人們的意識。與其說是將整個墟市作為一個共同體加以淨化，不如說是解決每個人的心態問題。可以說，這是建立在重視救濟個人的全真教式的思維方式上的。作為一篇建醮榜文，我們認為它屬於現代都市類型。

榜文記錄了隨後的建醮祭祀活動程序：

自十月二十三日，迎聖、主盟開啟。匝至同月二十七日，送駕返殿完成。

106

以下列舉了儀禮的逐日細目：

壇中，連日進呈圓玄學院朱疏一函，預稟開壇。呈奏井泉龍王朱疏一函，請水淨壇。奏請九天灶府達悃傳忱朱疏通函，叩靈演陽師座朱疏合函，主維彰應，拭塵拂凡。

恭迎三曹列聖、四府群真朱疏合函，天門土神朱疏合函，本縣城隍、十殿王官、地藏古佛、哲林大士釋放朱疏合通。

越二十四日，豎立聖幡朱疏一函，水府宮釋放朱疏合通，鬼王釋放牒文一角。

越二十六日，聖幡會上，倒幡朱疏一函，鐵圍山間啟教大士利幽朱疏一通，水道利幽賑濟溺魂朱疏一函，水道利幽漂燈放焰朱疏一函。

越二十七日，演陽仙師，丹悃金緘，鎮壇繳經朱疏一通，餞送三曹列聖、四府群真餞文一軸，各宅靈神餞文一軸，酬謝神恩，金銀財寶，隨日火堆焚化。表款前陳，經功後敘。連日鳴木魚，虔誠明誦。

以上所敘，是對以儒佛道三壇各自儀禮為前提的整個醮場儀禮的總括性描述。其中的取水、開壇、淨壇、發奏（請神）、揚幡，是將眾神從天界迎至壇內的禮儀；祭小幽、祭水幽，是在醮場外進行的孤魂救濟儀禮；送神，是醮禮結束、送眾神回天界的儀禮。也就是說，都不是壇內禮而是壇外禮。雖然壇內禮儒佛道各壇不同，但壇外的迎送眾神、三朝、超度孤魂的小濟，對於各壇儀禮來說，則是個別的共同性儀禮，可以單獨進行。

以下是儒佛道三科分別進行的各壇儀禮。首先是儒科：

玉皇新印經五卷，玄靈尊經五卷，萬佛尊經五卷，度人尊經五卷，儒祖孝經五卷，佛祖金剛經五卷，道祖清靜經五卷，三尼醫世尊經五卷，三元尊經五卷，觀音諸品尊經五卷，忠勇明道經五卷，靈祖破膽經五卷，呂祖覺世經五卷，北斗延壽經五卷，南斗六司（錫齡、延壽）度

照片 20　元朗建醮三朝巡迴一：女道士

照片 21　元朗建醮三朝巡迴二：緣首

照片 22　元朗建醮三朝巡迴三：男道士

人妙經五卷，灶王奏善尊經五卷，地藏本願尊經五卷。明誠拜禮灶王重
立坤維寶懺一單，城隍解冤寶懺一單，十王拔獄度人寶懺一單，幽冥教
主空獄寶懺一單，地藏寶懺一單，南北二斗壽世寶懺一單，斗姆救劫寶
懺一單，觀音大士蓮華寶懺一單，三元寶懺一單，孚祐帝君興行寶懺一
單，關聖帝君悲憫寶懺一單，利幽科全堂，演陽光儀全堂。

　　以上經、懺兩類文獻，不能稱之為儒教儀禮，這裡的所謂儒
科，不過是道教儀禮的變形而已。儒壇雖然佔據了醮壇的中心位
置，但那裡只有男禮生在念誦上引經懺。另外，還有一個由女禮
生在醮棚入口處主持的儒壇（坤壇），也在念誦那些經懺。這裡
介紹的都是以圓玄學院為主進行的儀禮。廣東系道士通常念誦三
元尊經、三元寶懺、北斗延壽經、南斗六司錫齡延壽妙經、南北
二斗壽世寶懺、利幽全科，以及其他該宗派特有的經典。
　　其次是釋科：

虔修開壇科全堂，大慈大悲寶懺一單。

拜禮藥師寶懺一單，千佛洪明寶懺一單。

彈誦孔雀明皇經上中下三卷，暨開位召靈散花施放三寶瑜伽焰口甘露法食各全堂。

再次是道科：

開壇啟請科全堂，三元滅罪水懺一單，太乙錫福寶懺一單，純陽無極寶懺一單，聖帝寶懺一單。

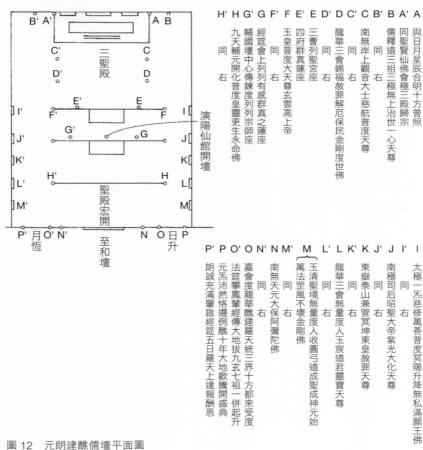

（圖內標示：三聖殿、演陽仙館開壇、聖殿宏開、至和壇、月恆、日升）

H' H G' G F' F E' E D' D C' B' B A' A

A 與日月星辰合明十方普照
A' 同
B 聖賢仙佛會極三殿歸宗
B' 同
C' 儒釋道三祖三極無上治世一心天尊
D 南無岸上觀音大士慈航普度天尊
D' 同
E 龍華三會錫福赦罪解厄保民金剛度世佛
E' 同
F 玉皇普度大天尊玄雲高上帝
F' 四府群真蓮座
G 三曹列聖宮座
G' 經筵會上列有感群真之蓮座
H 輔國壇中心傳鍊度列列宗師座
H' 九天輔元開化普度皇靈更生永命佛

P' P O' O N' N M' M L' L K' J' J I' I

I 太極一炁慈修萬善普度冥陽升降無私滿願王佛
I' 同
J 南極司后昭聖大帝紫光大化天尊
J' 同
K' 東嶽泰山兼管冥坤東皇赦罪天尊
L 同
L' 龍華三會無量度人玉宸道君靈寶天尊
M 同
M' 萬法罡風不壞金剛佛／玉清聖境無量度人收圓弓道成聖成神元始
N 南無天元大保阿彌陀佛
N' 同
O 嘉會度龍華醮建羅天統三界十方都來受度
O' 法筵攀鳳輦經傳大地拔九玄七祖一併起升
P 元炁沛然恪遵例醮十年大地歡騰開盛典
P' 朗誠充滿肇啟經筵五日羅天上達報酬恩

圖 12　元朗建醮儒壇平面圖

照片 23　元朗建醮儒壇

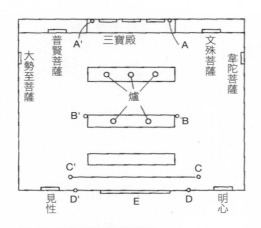

圖 13　元朗建醮佛壇平面圖

照片 24　元朗建醮佛壇

　　拜禮諸天朝科二堂，三元朝科全堂，七真朝科全堂，太乙朝科全堂，呂祖朝科全堂，武帝朝科全堂，暨玄科開位攝召關燈散花先天斛食濟煉幽科大放三清各全堂。

　　一般情況下，廣東系道士通常只做三元朝科和先天斛食濟煉幽科，其他都是全真教系。由於儒壇已以道教儀禮為主，所以這個道壇也就屬於附隨性的了。

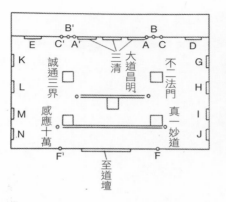

皇輿境內五老星君資治資生大天尊 — A
同　右 — A'
大羅三清三境三寶天尊 — B
同　右 — B'
太乙救苦天尊青玄上帝 — C
同　右 — C'
東極上宮護法度人太乙救苦天尊青玄上帝 — D
當年掌管雷部驚遠懼遍慈恩闡教天尊 — E
玉版牒啟玄機三洞秘文通碧海 — F
金爐傳道決九宮瑞氣鬱黃庭 — F'
九天玄女慈悲廣大救災救難民水火老姊佛 — G
摩利支天巨光姥金輪解結天尊 — H
當年掌管風部順物佈氣慈恩示教天尊 — I
金闕敕封鎮將軍靈護道將軍 — J
玄天真武催口上普度烝民成聖成神蕩磨王佛 — K
無極輔斗顯正化宏仁普濟天妃太極元君 — L
大智大聖保國祐民龍母元君 — M
金闕救封監壇大神靈威護道天尊 — N

圖 14　元朗建醮道壇平面圖

照片 25　元朗建醮道壇

以下是結文：

呈燃諸天寶燭雙輝，列聖寶燭雙輝，土皇御燭雙輝，萬年龍燭雙輝。敬獻香花燈水果茶食寶珠衣，春茗、素供滿筵，酒醴肴饌全盞。但以俗美風淳，固藉慈光之照陰，民安物阜，端資聖德之栽培。（齋信）謹備寶帛楮財，虔奉所供諸神，懇祈賞納。

壇外豎立聖幡一首，焚施上皇利幽戒牒一萬張，賑濟法食四筵。燃

113

點通幽香燭各三十六支，聚煉金銀錢山三座，罩孤路傘三十六柄，漂燈放焰三十六盞。以此微因，上叩玉清宮座，陰陰陽揚；下祈人壽年豐，雨暘時若。茲當齋筵大啟，榜示宣申。謹錄鄙悃，恭呈慧鑒。懇祈五祀尊神，各宮仙佛，三曹列聖，四府群真宮下，輪轉鑒臨，從容保奏。（齋信）等不勝，翹首以待。

伏維，龍華三會玄嗣梯航純陽演正普度金剛文尼真佛蓮座下。

伏冀，元神一炁，常開四季之春花；朗耀周天，恆結三多之福果。街談巷議，話酬恩歡騰處處；坊誼鄉情，歌聖德相語喁喁。十載承恩，阡陌連綿資秀苗；年華正盛，寶花燦爛慶典隆。例案率由乎舊案，遵禮常規；醮壇主用於儒壇，典儀不廢。勝地日隆，堪羨駿才多展佈；會銜榜上，從今鴻運更亨嘉。

仰懇，宮座彰靈，昭茲酬庸之鄙悃；仙真憫念，納此報德之微忱。佇見塵氛頓息，海宇清平，百福駢臻，千祥雲集也矣。下情不勝，瞻天仰地，俟恩惶汗。叩懇之至，謹榜以聞。

恭叩玉清內相仙館主人度人無量天尊蓮下，主盟酬報。

右榜通知。

這裡主要是宣佈在外壇進行孤魂超度儀禮（放焰口）。該儀禮雖被定為三壇共通的儀禮，但念誦的仍是儒科的利幽科全堂、釋科的瑜伽焰口甘露法食全堂、道科的先天斛食濟煉幽科。外壇的佈置極其華美，念誦時間卻很短，下午五點開始，八點結束。晚九點為孤魂燒衣，至此，醮事全部完成。最後一天的內容是送神和謝幡。

綜觀全過程，執行這一儒佛道三科醮事的男女禮生、僧尼、男女道士人數逾百，各壇的佈置繽紛精美，供物場面豐盛，但與至今仍堅守農村地區的廣東道士所行醮事相比，每一儀禮所用時間都很短促。加之儀禮內容僅為念誦經懺，缺乏職業道士遵循的科範，幾乎沒有躍動感。全部活動於每天午後八點就告結束，根本看不到廣東道士午夜至黎明的長時間儀禮。總之，圓玄學院的醮事，符合都市生活的節奏，修訂了舊有的儀禮，將其改造為簡略化了的道教儀禮。外觀雖然華美，但內容則趨於退化。在這裡表現出的可以說是一種"墟"醮的特色。

第三節　祭祀演劇

在四天五夜的建醮活動期間，由於戲棚被用作醮棚，所以無法上演大規模的演劇。只是在第三天正醮之日，在神棚前向神靈奉獻廣東木偶戲（亦稱木頭公仔戲、木頭戲）。這是新界地區農村建醮活動中一個古老的慣例。然而，目前這種廣東手動木偶劇團只有市政局主辦的漢華年劇團一個，只在正醮日演出一天。因此，在醮事結束之後，用作醮棚的那一半戲棚，被重新改建為一

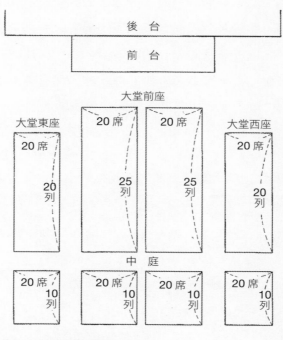

圖 15　元朗建醮戲棚平面圖

個可容納約一千八百人的大型坐席戲棚，主要的演劇活動是從農曆十一月初六起演出粵劇。

　　近年來，劇團聘到受人歡迎的大型劇團"雛鳳鳴劇團"，承擔四天五夜的公演。演出劇碼見表10。

　　該劇團幾乎獨攬了香港、九龍、新界一帶墟市的演劇活動，因賣座率極高，故票價也昂貴，四天五夜的演出收入可高達二十五萬元之巨。該劇團之所以受人歡迎，固然是因為劇團擁有梅雪詩（花旦）、龍劍笙（女小生）、言雪芬（花旦）、朱劍丹（女小生）四紅伶這樣聲貌兼備的演員；但也是因為劇團實行由劇作家、藝術家和音樂、舞台效果等方面的專家組成的現代化協作體制，而且演出的劇碼，也是將古代才子佳人故事改編成的近代戀愛劇，從而使生活在市鎮墟市中的現代觀眾產生共鳴。上表標有 * 號的為主要演員演出的劇碼，全是根據舊作改編成的傾向於心理表現的新式現代戀愛悲劇，與基本上都是出自舊套的古戲的日場演出劇碼形成了鮮明的對照。儘管這個劇團在市場中受歡迎已逾十年，而且由於其劇碼最多不超過十種，因而常常反復演出同樣的劇碼，但對觀眾的吸引力依然不減。之所以能如此，就是因為它能夠打動市場地觀眾孤寂的心理。在這個意義上，該劇團的演員、演出、劇碼，可說是最典型的一種市場地演劇。

表10　元朗街坊十年例醮粵劇演出劇碼表

日期（農曆）	日場	夜場
十一月初六		《七彩六國大封相》《俏潘安》*
十一月初七	《金釵引凰鳳》	《李後主》*
十一月初八	《仙姬賀壽大送子》《獅吼記》*	《紫釵記》*
十一月初九	《魚腸劍》	《再世紅梅記》*
十一月初十	《雙珠鳳》	《帝女花》*

第四節　小結

　　以上論述了元朗墟祭祀組織的變遷。元朗墟的創立者錦田光裕堂鄧氏，是一個比前述上水廖氏和大埔頭鄧氏具有大得多的政治力量的本地地主。因為墟市是光裕堂之祖鄧文蔚設立的，商店的鋪租成了光裕堂的公產，所以光裕堂作為墟主，掌握了該墟的經濟控制權。實際上，不僅僅是光裕堂派，整個錦田鄧氏，作為支配元朗舊墟以及屬於該墟貿易圈的十八鄉的地主，都將舊墟本身視為維持鄧氏權益的要地。比如在元朗舊墟大王廟左壁，就刻有記錄著審理乾隆四十一年（1776）、五十一年（1786）及錦田鄧氏與十八鄉佃戶之間，因租斗大小而引起的糾紛一案判決公文。糾紛原委見乾隆四十一年（1776）碑文：

　　攝理新安縣事，南雄總捕水利分府加三級紀錄五次舒□為奉憲勒石永遠遵行事。乾隆四十二年三月十七日，奉欽命廣東等處承宣布政使司布政使紀錄六次姚□憲牌，四十二年三月初七日，奉巡撫廣東部院李□批，本司呈詳。查得新安縣業戶鄧期昌、鄧懿與佃戶鄧鼎成等互爭租斗大小一案。緣鄧鼎成等業務耕農。附近各鄉俱佃耕鄧期昌、鄧懿等族內租田，歲輸租穀數千餘石，父祖相接耕數代。新邑收租，斗有墟斗、官斗、租斗各名目，大小不一。依例相循行使，本無爭執。查墟斗大倉斗五合，官斗小倉斗一升八合，租斗大倉斗四升七合。鄧姓收租，批載租斗者居多，墟斗、官斗者尚少。然俱按田之肥瘠，議斗定租。斗大則租額少，斗小則租額多。總在承耕時，批內注載斗名，出自主佃兩相情願。惟因雍正四年，縣民鄧金發等，曾以大斗收租赴控。前司較烙倉斗一個，飭令與田主原批租斗較量，伸算加參，各佃遵照挑運交收，歷久相安。近因鄧鼎成等，妄冀吞租，唆慫各鄉佃戶在縣府呈控。而鄧鼎成等不候斷，將原頒倉斗一個，捏稱原頒倉斗八個，遂藉前頒倉斗，混作租斗，塗改批約，希圖短租，不照加參伸折。赴控。前憲批行查訊。當經查明，雍正四、五兩年給斗原案，分晰飭行。訊詳去後，隨據前縣曾令訊明議詳，又經駁飭覆審，取遵議覆在案。茲據該署縣舒令訊供詳覆，前來本司。查新邑行用鄉斗，既據訊明，名目不同，大小不一。主佃各按田肥瘠議斗定租，前司較烙倉斗，實止一個，為該處鄉斗衡量準繩，伸折交收。今若繩以一律，倘原批注載官斗者，盡改倉斗，則佃戶不無偏枯。若原批注載墟斗、租斗者，俱照倉斗，則業主未免虧折。應如該縣所請，仍照雍正四年成案，以倉斗加參，准作租斗，令各業佃照批，租數核明，伸折挑運交收，俾主佃兩不相虧，勒石永遵。各佃所欠舊租，飭令遵照完納，以照乎允。從前所立舊批，未免塗改不一，仍著另換新批，以杜後爭。至鄧鼎成等不候縣斷，捏稱原頒倉斗八個，聯名上控，冀圖減租，實屬習頑。並應為該縣所議，均照不應重律，杖八十，折責三十板，黎聖瑞訊非鄧姓佃人，輒敢出頭幫訟，更屬滋事，照不應重律杖八十，責三十板。但事在乾隆四十一年五月初一日恩詔以前，均請照例寬免。田主鄧懿、鄧建傳、鄧昌達、鄧師旦等，及供明之佃戶胡士鳳先行省釋。未到案之田主鄧松等，佃戶鄧秉乾等，亦應如該縣所議，並免提訊。……嗣後，以倉斗加參准作租斗，令各業佃照批租數核明伸折，挑運主家交收，各佃所欠參年舊租，嚴著照數完納，並令另換新批以杜後爭。仍勒石永遵，具文通報察核，毋得徇縱，大於未便，速速須至碑者。[14]

　　從碑文的內容看，情況就是：向錦田鄧氏租田的元朗十八鄉佃戶，希望在收租時用小斗，使租米的實際數量有所減少，而作為地主的錦田鄧氏，則訴諸官府以阻止這一企圖。在這裡，錦田鄧氏希圖將收租用的斗的大小，維持在不低於墟斗，即元朗舊墟

---

14 該碑全稱〈奉督撫藩列憲定案以倉斗加參准作租斗飭令各佃戶挑運田主家交收租穀永遠遵行碑〉。見（日）田仲一成：《中國祭祀演劇研究》注 30 所引，684 頁。

中通用的商戶用斗的水準上。當時，新安縣內，作為鄉例使用三種斗，最大的租斗大於標準斗（倉斗），為一斗四升七合；其次是墟斗，即一斗五合；最小的是官斗，只有一升八合。紛爭的結果達成一個妥協，即將原來的租斗縮小一升七合，容量修正為一斗（標準斗）三升左右，使之接近於墟斗（即標準斗，相當於一點零五斗）和舊租斗（相當於一點四七斗）的中間值（一點二六斗）。它雖然比舊租斗小，但較之墟斗還是提高了不少。這是以墟市商人與商人、商人與農民的交易慣例為基準，而略微偏袒地主方面的妥協的產物。也就是說，墟斗作為地主和佃戶間關係的決定性因素之一發揮著功能，就鄧氏來講，他們不得不意識到墟市貿易是地主統治的核心內容之一。將這篇判決公文（一面聲稱以墟斗為基準，但另一面卻規定了對自己有利的比例較大的新租斗）以石碑形式保留在舊墟牆上，使之永久昭示於眾，其目的無非是想表明，要將墟市控制成為一個與整個錦田鄧氏的地主支配權有密切關係的基地，而並不是把它控制成為一個單純的由光裕堂獨家經營的商業據點。

毫無疑問，從乾隆時代開始，錦田鄧氏基於地主的權益，重視起元朗舊墟，但對舊墟祭祀組織卻無跡象說明其進行了直接而有力的支配，不如說是委託給墟市商戶實行自治。該墟遠離鄧氏的根據地錦田，而且舊墟及其南、西兩圍中幾乎沒有鄧氏居住，在這種情況下，也許不可能進行直接的支配。可以推定，鄧氏是以所謂"在外地主"的身份遙控著墟市的，從一開始他就不是從內部來掌握祭祀組織的。道、咸以後，對舊墟二廟的重修，鄧氏也很少捐款，更何況近五十年來在舊墟發展成新墟的過程中，錦田鄧氏在祭祀組織內地位的逐漸下降，這一點也可以說是一個必然趨勢。從上述事例可以引出一個推論：即使像鄧氏這樣強大的地主宗族，要始終以單獨的力量來支配膨脹起來的墟市中的祭祀組織，也是非常困難的。

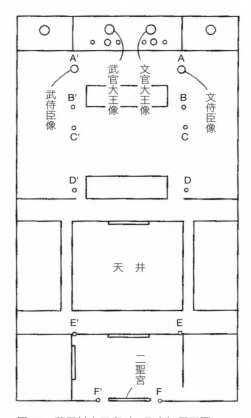

圖 16　黃屋村大王廟（二聖宮）平面圖

第三章補論　廈村鄧氏與廈村市建醮祭祀

　　與前述元朗舊墟、新墟同一系統的錦田鄧氏的分支廈村鄧氏主持的小墟市"廈村市"周邊村落聯合，每十年舉辦一次"廈村鄉約太平清醮"，與"元朗墟十年例醮"採用了相同的形式。在最初的五天裡，由道士主持醮祭儀式和木頭公仔戲，然後抽出十多天將醮壇改裝為戲棚，向神明奉獻酬神演劇（粵劇）。以錦田墟市為中心的錦田鄧氏十年建醮，也採用了相同的形式[1]。總之，以錦田鄧氏系統支配的"墟""市"為中心的十年建醮，全都採用了與"元朗墟十年例醮"相同的形式。開始是道士醮祭儀式和木頭戲，然後是十天左右的酬神大戲（粵劇）。從沿革的角度而言，錦田市最為古老，其次是元朗墟，廈村市最為晚近。不過，廈村市作為墟市雖並未達到元朗、錦田般的發達程度，但卻保留了更為古老的祭祀形態。由於 1984 年筆者獲得了一次調查機

1　雖然沒見到錦田鄧氏的十年建醮活動，但該宗族的《師儉堂家譜》中有建醮期間各棚的對聯：

泰運宏開玩好珍奇邀物色，康衢大敞瓊花寶樹發天香（泰康股）

泰運祥開草木禽魚皆潤色，康衢瑞叫圖書竹帛共增輝（同上）

永夕結瑤壇燈綵光涵紅雪燄，隆恩迎貝闕管絃曲奏紫雲迴（永隆股）

永夕月初生銀燭高燒上接蟾宮顯耀，隆恩天疊錫瑤壇暢敘咸仰鳳闕迎祥（同上）

吉水圭山後先珠璧聯輝陳其宗器，慶雲化日際會爐煙獻瑞贊我思成（吉慶股）

英氣迎人遠近集嘉賓雅士，龍光射斗精華通紫府天宮（應龍股）

水自有源好向筵前談世守，頭應共點都從席上數家珍（水頭股）

水媚山輝璧合珠聯同出色，尾明箕耀燈花燭蕊更增輝（水尾股）

另外，演戲、木頭公仔戲在戲棚對聯中也有所展示：

直道本常存到於今演武演文誰譽誰毀，古人雖已往得此筆繪聲繪影如見如聞

鑼鼓喧聲大勢洪財都在自，笙簧乍歌深情美惡總無形

神聽和平歌餘介福綏仁里，韻諧風雅曲罷遊人醉閬仙

會，因此就能以研究 "元朗建醮" 時未曾見過的 "木頭公仔戲" 這種古老演出形式為中心，對廈村市 "十年建醮" 活動進行補充性概述。

第一節　廈村鄧氏與廈村市

廈村鄧氏是錦田鄧氏的分支，由相當於錦田鄧氏十五世祖洪儀從兄弟的洪惠、洪贊兩人開創[2]。

洪惠的子孫後來分居於該地西部的西頭里，即錫降村、祥降圍、新圍、錫降圍等地，洪贊的子孫則住在東頭里，即東頭村、巷尾村、羅屋村等地，以及相距更為靠北的輞井圍。這兩派原本雖是相互獨立的分支，但於乾隆十六年（1751）建立了合祀洪惠、洪贊兩始祖的宗祠 "友恭堂"，實現了大同聯合，故被稱為 "廈村鄧氏"[3]。另外，在英國租借新界以前，廈村地區位於九龍到廣州的交通要道，物資往來流通繁盛，"廈村市" 即開在友恭堂近鄰，於是就以這個墟市為中心，形成了北至輞井、南屆屯門的村落聯合。"廈村市" 呈長方形構建，T 字形道路的居中有關帝廟，標誌著當年達到過超越元朗墟的繁榮，但隨著戰後元朗新墟的發展而趨於衰落，目前已經喪失了市場功能。不過，廈村市在戰前曾與石湖墟、大埔墟、元朗墟一樣，發揮了有力宗族支配下的墟市的功能，其影響至今尚存。

2　該世系表據《鄧琪潘族譜》編成，香港大學馮平山圖書館藏。

3　在乾隆十六年（1751）建造友恭堂以前，廈村鄧氏的東頭里洪贊派和西頭里洪惠派尚未統一。Rubie S. Watson, The Creation of a Chinese Lineage: The Teng of Ha Tsuen, 1669-1751, *Modern Asian Studies,* Vol.16, No.1 (1982) 對此有詳細分析。

表11　廈村鄧氏東西房世系表

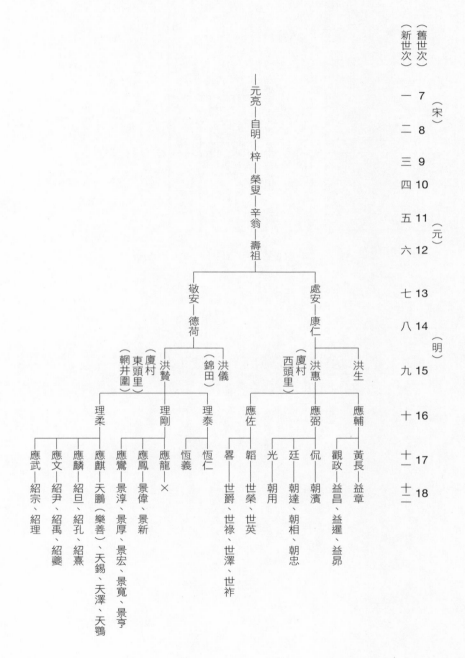

一　7　（宋）
二　8
三　9
四　10
五　11　（元）
六　12
七　13
八　14　（明）
九　15
十　16
十一　17
十二　18

第一篇
宗族設立市場的外神祭祀

123

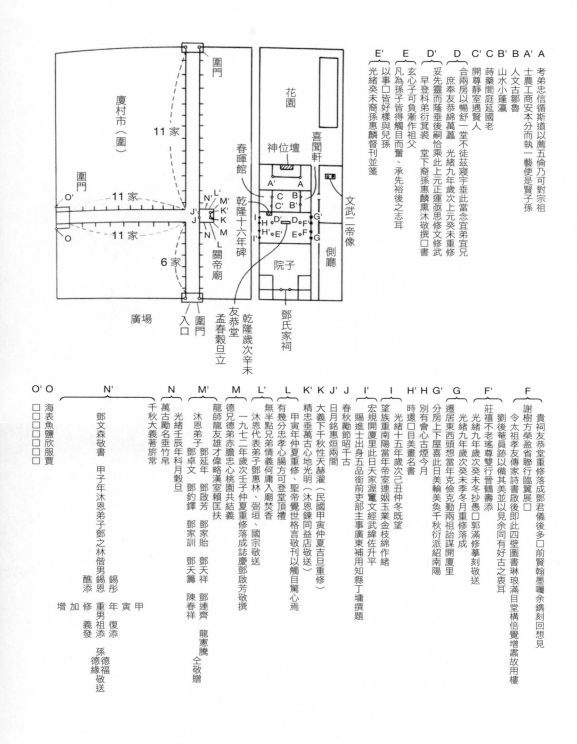

圖17　廈村市·廈村鄧氏宗祠（友恭堂）平面圖

照片 26　廈村鄧氏友恭堂宗祠

照片 27　廈村市一：圍門街路（兩側是舊店鋪，正面是關帝廟）

照片 28　廈村市二：圍郭側門（通道中央的斜廂是關帝廟）

第二節　廈村市建醮祭祀組織

廈村鄉約太平清醮祭祀組織，雖以廈村鄧氏東西兩房以及輞井圍鄧氏為主力，但並不止於本地鄧姓，而是以廈村為中心，包含了半徑六公里內的許多村落和姓氏，如廈村以北的鳳降村（胡姓），以南的李屋村（李姓）、田心（陳姓、李姓）、順風圍（梁姓）、鍾尾村（鍾姓）、泥圍（陶姓）、青磚圍（陶姓）、屯子圍（陶姓）、紫田村（鄧姓），以東的十八鄉一部、水蕉老圍（簡姓、張姓等）、水蕉新村（程姓、林姓、張姓等）、南邊圍（雜姓）等。這個範圍看上去似乎相當於廈村市的市場圈，但鄰近的屏山鄧氏及麾下各村因與廈村有競爭關係而不包括在內。組織的核心，是廈村東西房和以下十四個村落，統計如下：

廈村市鄧姓 245 人，錫降圍鄧姓 480 人，錫降村鄧姓 490 人，新圍鄧姓 885 人，羅屋村鄧姓 250 人，東頭村鄧姓 270 人，巷尾村鄧姓 105 人，祥降圍鄧姓 115 人（老圍），鳳降村胡姓 120 人，輞井圍鄧姓 480 人，西山村鄧姓 200 人，新屋村鄧姓 85 人。合計 3725 人。[4]

另外，附隨村落有：

李屋村李姓（與西山村合算），新李屋村李姓，田心李姓、陳姓 350 人，鍾屋村鍾姓 225 人，順風圍梁姓 265 人，泥圍陶姓 172 人，青磚圍陶姓 180 人，屯子圍陶姓 145 人，紫田村鄧姓 125 人，合計 1507 人（含李屋村及新李屋村兩村李姓 45 人）。

4　*A Gazetteer of Place Names in Hong Kong, Kowloon and New Territories* (Hong Kong Government Printer, 1960), pp.161-165.

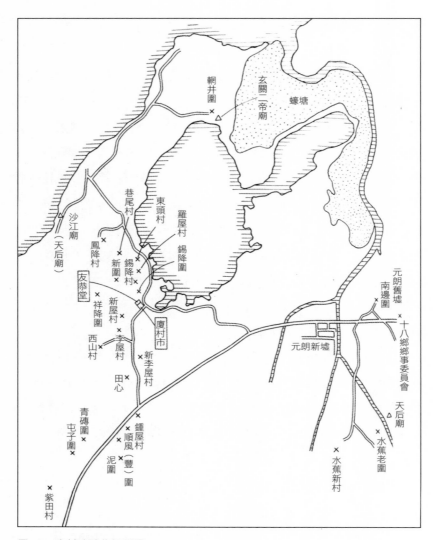

圖18　廈村建醮祭祀圈圖

　　上述十二個核心村落（幾乎全是鄧姓）與附隨外姓村落聯合組成大型的祭祀組織（全體成員約六千人，由於人口的增加，醮事大榜上記錄約八千人）。

　　另外，祭祀費用每戶六百元（戶數總計六百），每丁徵收一百二十元；鄧氏友恭堂的祖產中也支出了相當多的費用，合計承擔一百五十萬元。圖18為祭祀組織各村落分佈圖。

第三節　祭祀日程・場地・祭祀禮儀

　　1984 年，廈村鄉約十年建醮的正日是農曆十月二十日，其中有五日六夜的醮祭和木頭戲，結束後準備大約兩周，從農曆十一月十二日開始，上演五日六夜的酬神演劇。籌備工作從半年前就開始，耗時多日，程序繁多 [5]。

　　建醮儀禮和木頭戲構成了活動日程的特徵，同時，結合陽曆新年，確定酬神粵劇的演出。粵劇也有籌集資金、支持整個醮祭的意義。形式上雖與元朗街坊建醮相同，但粵劇的地位在廈村更為重要。從建醮開始到送神回位需要持續一個多月，即使作為市場地祭祀活動，這也稱得上是最大規模的了。

　　其次是關於場地的營建。在廈村市鄧氏友恭堂以東的草地上搭建神棚、醮棚、大士王棚、城隍棚、木頭戲棚、各村公廠，在友恭堂的內花園設置齋房，在同側房內設置總辦事處（醮務會），為了稍後便於將醮棚改為戲棚，所以要做得大一些。（見圖 19）

　　各村分別搭建的獨立辦事處（公廠）形成了村落聯合的特色。其中廈村市的對聯 Q 展示了新墟建設時的氣勢。圖 19 很好地展現了以鄧氏為中心的市場性村落聯合的形式。

　　在構成醮場中心的神棚裡，集中奉迎各村的社神神像，分上下兩層排列，並羅列了這些神明的名字。

（上層）

沙江廟天后像（主神）

　　天后古廟列位神祇之神位

　　　沙江古廟歷代司祝之神位

　　　　護村福德石仕大王之神位

5　譯者按：本書日文版有表 23〈廈村建醮日程表〉，略。

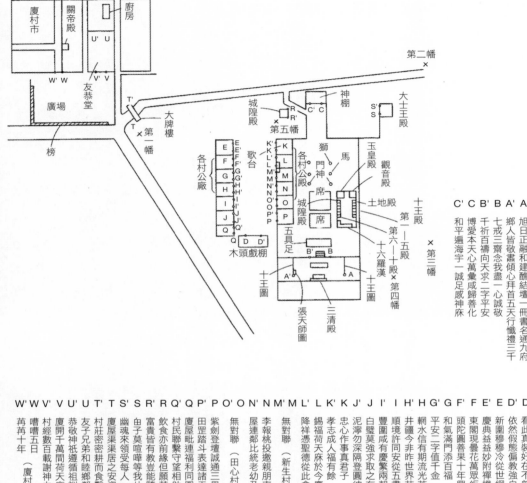

圖19　廈村建醮場地配置圖

W'W V'V U'U T'T S'S R'R Q'Q P'P O'O N'N M'M L'L K'K J'J I'I H'H G'G F'F E'E D'D

看此真裝好在不曾露腳
依然假態冷從世綱窺因果
（新慶圍同惠堂）

新圍現穆穆冷附禪機訴法壇
慶典益益妙依裝歡喜地
（新慶圍同惠堂）

東閣現曇花萬眾飯依歡喜地
慶陀圍善果十年與會太平時
（東頭三村公廠）

和氣滿門添百福
平安二字值千金
（祥降圍、鳳降村公廠）

輞水信有期流光苒苒又十年藉此良辰那計陽新陰舊
井疆今非昨世界花花通五族皆大和會奚拘歐君亞民
（輞井圍）

順境許同安從五畫鑼鼓喧闐昔年不比今年樂
豐圍咸有慶繁兩朝衣冠雖異新界猶是舊界人
（順豐圍）

白璧莫強求取之有道為君子
泥滓勿深隔登圓彼岸乃明人
（上下白泥村）

孝志成人福有餘
忠心作事真君子
（錫福圍）

錫福荷天麻於今慶兆豐年雨後有人耕綠野
降祥憑聖德從此逢盛世月明無犬吠花村
（錫福村）

無對聯
（新生村）

李報桃投邀親朋率屬偕來永成好會
屋連鄰比統老幼及時行樂共慶升平
（李屋村順興堂）

無對聯
（田心村同福堂）

紫劍登壇誠通三界
田罡踏斗表達諸天
（紫田村裕後堂）

村民聯繫守望相助同圍合力經營新市集
廈屋毗連福利同圍合力恪守舊箴規
（廈村市）

富貴皆有教豈能隨便妄食求
飲食亦前緣但願莫存作份想
（城隍棚）

子子莫喧嘩等我片時分財分寶
幽魂來領受每我一份無袓無偏
（大士王棚）

廈屋渠渠居之安食之深回溯當年難忘祖德
村莊密密耕而飲食看今日敬答神恩
（大牌樓）

恭敬神祇遵循祖訓十年建醮謝深恩
友子兄弟和睦鄉鄰五日聯歡敦夙誼
（友恭堂中陣）

廈開千萬間荷天麻而庇眾土
村經數百載謝神力以陰群黎
（友恭堂大門）

萬萬十年
嘈嘈五日
（廈村市側門）

照片 29　廈村建醮場地遠景（巨棚為醮棚，山牆及屋簷下是木頭戲棚）

照片 30　廈村建醮神棚

護村土主福德正神之神位

靈渡寺佛像

靈渡寺內列位神祇之神位

大頭山上三焦七娘之神位

廈村友恭堂列位祖先神位

輞井圍玄帝像

（玄關二帝廟）關帝像

扶圍門管土地福德真神之神位

祥降圍

扶圍庇民天后聖母之神位

神武忠毅關聖帝君之神位

欽命巡撫王大老爺之神位

扶圍神廳土地福德正神之神位

扶圍社稷感應大王之神位

扶圍井泉地脈眾神之神位

（下層）

東頭村

加封護圍天后之君之神位

東頭廟宇列位神祇之神位

護圍土地福德正神之神位

門神戶尉井龍神君之神位

本村社稷感恩大王之神位

欽命巡撫王大老爺之神位

巷尾村

列位神祇

羅屋村

車公像

扶村車公爺爺之神位

扶村橋頭土地福德鎮神之神位

扶村神武忠義關聖帝君之神位

扶村橋頭土地福德鎮神之神位

扶村井泉地脈眾神之神位

扶村社稷感應大王之神位

扶村井泉地脈眾神之神位

西山村

西山關聖帝公神位

西山文昌開山敬老神位

西山村廟文武二帝之神位

西山村護村社稷土主神位

西山圍圍門土地公神位

神廳各位大神神位

新慶圍

□神像

□□□神像

□□□神像

新慶圍神位

錫降村

孖樹社稷列位眾神之神位

土地神像

土地神像

本村石獅感應爺爺之神位

元帥像

天后像

天后元君之神位

金輪元帥之神位

社稷大王之神位

鳳降村

　　闔村神明之神位座

李屋村

　　本村社稷神位

李屋圍

　　本圍社稷神位

　　開社宿老久住神人之神位

　　舊村社稷感應大王之神位

　　護社大地福德正神之神位

李屋新村

　　開村宿老久住神人之神位

　　新村社稷感應大王之神位

　　護社土地福德正神之神位

　　井泉龍脈福德正神之神位

　　新村井泉龍脈龍神之神位

田心村

　　神廳列位大神之神位

　　橋頭土地福德正神之神位

　　開山宿老久住神人之神位

　　大頭山上行雨龍王之神位

　　加封護國玄天上帝之神位

　　護山土地福德正神之神位

　　本村社稷感應大王之神位

　　護社土地福德正神之神位

　　從上可以看出，在上層中央，作為主神的沙江廟天后像、靈渡寺佛像、廈村友恭堂神位被安置於所有神位的中心位置，輞井圍玄關二帝像、祥降圍（老圍）的武帝神位等遠古開拓時代的鄧姓村落神明，則被安置於左右兩側。在下層，中央是新慶圍、錫降村等西頭派各村諸神，左側是東頭三村諸神，左右兩端是西山村、新屋村的旁系鄧氏以及外姓各村諸神位。以西頭派為中心的序列發揮著支配作用。

醮壇前面安置了巨大的門神像和獅子像、馬像，製作了玉皇殿、觀音殿和十王殿等。三清殿設置在戲棚前台的區隔中。在為五天醮祭準備的場地的五個角落裡插上了旌幡。極為宏大的建醮場地，充分展示了廈村鄧氏雄厚的財力、廣泛的人員組織能力。由於廈村市作為墟市不能發展，所以宗族支配的形式就通過這一祭祀組織被保留了下來。

祭祀儀式的特色，是用三天時間，分三個方向，用徒步“大巡遊”（稱作“行香”）的形式，展現了這個宏大的祭祀圈。在醮祭活動期間，由於在神棚中要召請祭祀圈裡的各路神靈，如果只對神靈們行禮即可，當無巡遊進香的必要。很顯然，在各個村落的社神廟壇向廈村鄧氏擁有的金龍表達敬意，帶有政治性的意義。如果以廈村市市場功能為中心，把往北六公里、東西五公里範圍內的廣大的祭祀圈統括進來，廈村鄧氏的主幹主動問候散落各村的族人，使之牢固團結起來，就顯得非常必要。各村夾道歡迎金龍隊到來的同時，在活動當天，也組織醒獅隊、麒麟隊回訪廈村醮場。以廈村為中心的所屬各村間舉行的這類聯歡活動，具有很重要的意義。

隨後舉行祭祀禮儀，其形式是由廣東道士主持為期五天的醮祭禮儀，而不像元朗那樣，採用全真教系統的新興宗教。表演的節目與後述林村鄉太平清醮為期五天的醮祭活動基本相同，茲不贅述。不過，與林村鄉不同的是，在這裡，由於道士團、緣首團全部都要參加為期三天的“大巡遊”活動，因此不舉行每天的午朝儀式，而與晚朝儀式合併。另外，與林村鄉相比，活動全程的省略、簡化也顯得格外醒目，說明禮儀正在走向衰退。受到重視的是為村民祈福的"禮斗"等分支儀式。尤其是"禮斗"特別花哨。不難看出,這是禮儀形式向市場轉型的徵兆。

第四節　歌謠 · 木頭公仔戲 · 粵劇

廈村市太平清醮活動保留著古老的藝能形式。本來,清代新界的各個村落都有祭祀儀式,極少奉獻演劇,大多是演唱山歌或上演木頭公仔戲,但近年來,山歌的傳承漸漸消失,木偶劇團也急劇減少,各村祭祀多開始表演粵劇。在廈村建醮活動期間,演出由山歌變形而來的歌台和保留了傳統形式的木頭公仔戲,正醮活動結束後,則上演酬神粵劇這一折中形式。因此,清代的祭祀儀式以歌台和木頭戲的形式被保留下來。

(一)歌台

錫降圍邀請"櫻花歌劇團"在公廠舉辦五晚演唱會,以下為演出公告:

農曆(十月)十七(日)晚七點至十一點,由當紅歌星連演五晚。
(1)粵曲組:伊球、何淑婉、劉豔華、黃霞明、戴芷君、林錚
(2)時代曲組:張寶玲、郭美萍、盧易文、楊玲、梁叔儀、方玲玲、凌菲、海珊、梁海欣、招秀蓮、江河欣、羅麗、周佩文、彭雪竹、司徒豔丹、徐小玲、晶晶、家秀儀、李海華、金海華、小羅文、高明、鄭小強

這是一個古曲(粵曲)和流行歌曲(時代曲)的組合,之所以配置古曲,有向神明奉獻粵曲的意思,也昭示了山歌變形的餘韻。另外,正日當天要加演日場,這些粵曲就成了日場演出的主要節目,在這裡也沿襲了此前粵曲的上演形式。可以說,在所謂新形式的歌台中保留著古老的形式。

照片 31　廈村建醮歌台（錫降圍公廠）

照片 32　廈村建醮木頭公仔戲戲棚之一

照片 33　廈村建醮木頭公仔
戲戲棚之二：戲神華光大帝

（二）木頭公仔戲

　　木頭公仔戲的戲棚位於靠近各村公廠之處。這些戲棚與神棚緊鄰，正在其對面，可以清楚看到奉獻給神像群的物品。在戲棚內，前台與後台分離，前台右側是表演場面，左側是擴音裝置；後台右側是戲神華光大帝像，左側是戲箱。

　　操作者用兩根木棍支撐木偶（木頭公仔）之身，雙手和眼睛在動，表演身段和神態。戲棚中的對聯 "看此真容，妙在未曾露馬腳；依然假態，偏要自我強出頭"，就是在說公仔的演出以不露 "腳"、僅露頭為特徵。

　　這樣，演出貫穿在道士五天六夜的建醮活動中。十月十七日至二十二日的演出劇碼見表 12。

　　從劇碼的安排可以看出和現在的粵劇公演形式幾乎相同。首晚上演的是《八仙賀壽》和《六國封相》。場面內容都與粵劇演出一樣。為了方便操縱木偶，演出《六國封相》時，對出場人物

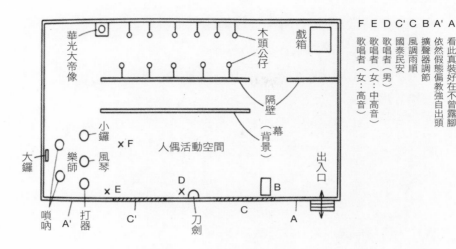

看此真裝好在不曾露腳
依然假態偏教強自出頭
擴聲器調節
風調雨順
國泰民安
歌唱者（男）
歌唱者（女：中高音）
歌唱者（女：高音）

F E D C' C B A' A

圖 20　木頭公仔戲戲棚圖

照片 34　廈村建醮木頭公仔

作了大幅度削減，"包尾車"等細節有相當精細的表現，對粵劇的模仿稱得上非常忠實。

十月二十日（建醮正日）的日場演出，沒有見到相當於開場戲的《跳加官》《天姬送子》二齣。

五天六夜演出的全部劇碼，包含了一些眼下已不再上演的粵劇古戲，如《三國演義》（《劉備通江招親》）、《精忠傳》（《岳飛大戰金兀朮》）、《西遊記》（《五淨浸女》）等。

表12　廈村建醮木頭公仔戲劇碼表

日期	日場	夜場
十月十七日		先演：《八仙賀壽》《六國封相》 後演：《柳毅傳書》
十月十八日	《大鬧雷音寺》	《旗開得勝凱旋還》
十月十九日	《雲台十八將》	《雙龍丹鳳霸皇都》
十月二十日	《劉備通江招親》	《五淨浸女》
十月二十一日	《岳飛大戰金兀朮》	《今宵重見鳳凰歸》
十月二十二日	《醉打金枝》	《三雁戰飄零》

照片 35　廈村建醮木頭戲《八仙賀壽》

照片 36　廈村建醮木頭戲《六國封相》之一：蘇秦、公孫衍、包尾車

照片 37　廈村建醮木頭戲《六國封相》之二：公孫衍、包尾車

照片 38　廈村建醮木頭戲《劉備通江招親》

　　另外，武打劇全都引人注目。木偶容易表演激烈的動作，同時也迎合了人們對舊時代鄉村武打劇碼濃厚的興趣。操縱木偶的表演者自己也擔負著一些簡單的對白和唱詞，大段的演唱則需要在前台配備一名專門的男歌手、兩名女歌手（中音和高音）。場面（樂師）還有五人，分別演奏鑼、鼓、琴等樂器，音響效果一點也不比粵劇遜色。連日看戲的觀眾很多，特別是夜場，戲棚前空地上人頭攢動，一片盛況。由此也可窺見以前（清代）的狀況。

　　以上是"元朗街坊十年例醮"表演的木頭公仔戲，這雖然只是正日當天的演出，但已能想像廈村舉行道士建醮儀式期間日夜演出時的真實面貌。

（三）粵劇

　　建醮活動結束後間隔兩周，即上演五天六夜的酬神粵劇，承演的是"國慶年粵劇團"，主要演員有新馬師曾（正印小生）、南紅（正印花旦）、新海泉、黃君林、賽麒麟、潘家碧、盧鴻光、小應麟、任冰兒、阮兆輝等。

演出劇碼以文劇為主，幾乎沒有武打戲。這是為了迎合以婦女為主體的新型觀眾的口味，此為市場化演出的一大特色。

以前在五日六夜的正規建醮活動期間，奉獻眾神的都是"木頭公仔戲"，並不一定非要有這種酬神粵劇，所以舊時代是沒有這類安排的。如今之所以要增添這種粵劇，當然是為了把儀式搞得熱火朝天，但更主要的，則是為了對捐款者有所交代。前文提及建醮捐資涉及所屬各村六百戶、八千人，按每戶六百元、每丁一百二十元計，每戶須承擔約一千至一千五百元，僅此一筆就是巨額資金。作為主辦方，為了把促成演劇的捐款回報給各戶，就需要向各戶分配戲票；反過來說，如各戶都能看到演出，也就能籌到更多的資金。所以實際上，這是在通過出售高價戲票來籌集建醮資金。這樣一來，酬神演出對於建醮活動就成了不可或缺的項目。之所以需要能容納兩千人的巨大戲棚，也是為了能讓各捐款戶和他們的客人一起看戲。"木頭戲"等宗教儀式所必需的規模，市場地性質的演出是無法承受的，極度的膨脹化，應該是原因之一。元朗街坊建醮活動的演劇費用為三百至一千元，這是根據大致相同的經濟基礎所作的推斷。

第四章　南頭黃氏與長洲墟建醮祭祀

序節　南頭黃氏與長洲墟

　　本章討論的是獨佔著墟市鋪屋與土地的地主宗族卻與墟市祭祀組織全然無關的情況，廣東省新安縣南頭的黃氏與香港海上墟市及長洲墟之間的關係就是一例。

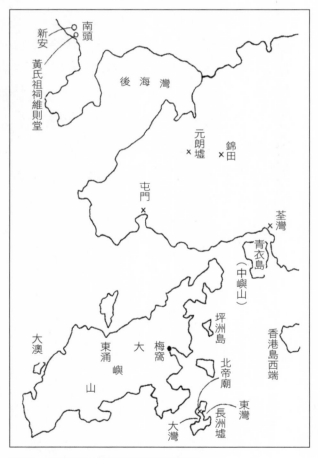

圖 21　南頭黃氏維則堂與長洲墟位置圖

圖 22　乾隆—嘉慶時代的長洲墟（載《東粵寶安南頭黃氏族譜》）

先看黃氏與長洲的關係。

　　位於香港島以西、大嶼山以東海面的小島長洲，作為漁船群的海上補給地，逐步發展成為一個商店密集的墟市。在嘉慶《新安縣志》中，已稱其為"長洲墟"。在東灣和大灣之間的中部狹長低地地帶，墟區（商業區）尤為發達，海陸豐系商人和廣州商人，分別在北部的北帝廟附近和南部的洪聖廟附近，劃定了各自的聚居區。

　　不過，沿大灣形成的居民密集地，從前一直是在新安縣南頭建有宗祠（維則堂）的廣東本地人黃氏宗族的所有地，黃氏向該區的商店徵收地租。同治《東粵寶安南頭黃氏族譜》特別將長洲全島中沿大灣、西灣的山田、魚埗記為黃氏族產，並附有地圖和執照，明確其支配權。根據這些紀錄，能夠追溯居住於長洲的黃氏擴張其權利的過程，但作為出發點，我們首先要考察一下目前居住於長洲的黃氏宗族情況。

南宋初年，南頭黃氏離開故地福建莆田，經江西南昌進入廣東惠州海豐縣，元末繼續南下，定居於寶安縣（新安縣）南頭。可能是在明初八世祖慶祥公（名精）時，開挖魚塘，漸成大族。此後，黃氏將八世祖慶祥公的五個兒子作為第一房至第五房的房祖，將出自八世祖慶聯公（名智明）兩個兒子的後裔作為第六房房祖，全族分為六房。目前，六房子孫中的男子約有四百人，其中住在長洲的是第一、二、三房三派，約有一百人。長洲黃氏以前一直無祠堂，僅在老家南頭有座黃維則堂，到了 1982 年，第二房在大新街新建了二房分祠黃俊英堂，1983 年，黃氏又在此新建了本宗宗祠黃維則堂。（南頭黃氏世系表見表 13 [1]）。

近年來，第二十四世孫黃維壽（字承業）成了長洲黃氏的核心人物。為紀念其父慶膺（字俊英），他興建黃俊英堂，並影印出版黃氏族譜，對全族的團結貢獻很大。筆者關於黃氏的材料幾乎全得之於他。

在黃維壽影印的黃氏族譜中，有關清初以來黃氏對長洲的控制的情況記載得很多，其年代最早的見於族譜卷上的公產目錄記事：

> 土名外長洲周圍等處魚埗及牽灣一帶課米，載在黃保戶內。雍正十二年八月初一日，祠備價，與馮立異贖回，有印契一張存。通州魚埗牽灣盡歸祠管。[2]

根據記事，黃氏於雍正十二年（1734）從馮立異手裡贖回長

---

1 據《東粵寶安南頭黃氏族譜‧世系表》（1976 年香港長洲黃氏維則堂影印同治甲戌年刊本）及香港長洲黃俊英堂系圖。

2 同注 1 引族譜，卷上。

表13　南頭黃氏世系表（兄弟排名按昭穆順序）

第一篇　宗族設立市場的外神祭祀

世系表（世代：始祖　一　二　三　四　五　六　七　八　九　十　十一　十二　十三　十四　十五　十六　十七　十八　十九　二十　廿一　廿二　廿三　廿四）

朝代：（宋）（元）（明）（清）（民國）

始祖剛

譜（道南）— 璣（榜）著 — 遜 — 以立（俊興）遂

世性 — 智明（慶聯）清、靖
亮明（慶祥）衲、全、鼎

三性 — 祖 — 遒（四房）
精（慶祥）（長房）
敬（二房）
觀清（三房）
觀能（五房）
祐 — 觀安

遒 — 世常（四房）
世用（二房）
世文（長房）

國恆 — 朝越
國寧·邦遠 — 朝爵·兆雄·土玄
國泰
國宗
國雅

文會 — 英邁
衛國 — 英略
甸會 — 英翽·大傑 — 祖根 — 世鶴 — 繩琳·慶霄（俊英）— 維坤、維就、維全、維卓、維祥、維壽（承業）
會會 — 英拔
有國 — 繩彬 — 維能、維合
繩琦 — 維乾

147

洲周圍的漁業設備，並使之成為南頭黃維則堂的財產，這一點就說明，在此之前黃氏曾擁有過所有權（有關黃保戶的問題見後述）。

乾隆二十四年（1759）、二十八年（1763）、二十九年（1764），發生了確保長洲島內土地權利的事件，我們從〈高太爺給發黃禮金長洲稅地執照〉中，可以大體了解事件的原委：

署廣州府新安縣正堂加三級紀錄五次高□，為遵批聲明呈結叩電給照事。本年三月初三日，據黃禮金稟前事稱：蟻舊年十月初五日夜，被竊衣物印契及典券，揭數經稟前夏壹飭緝一案。因久無弋獲，恐失契憑，有滋事端。前月十三，以急緝無獲等事，叩奉批，候勒飭緝。至土名長洲稅地，開明丘段四至，邀同保鄰，具結以憑給照在案。深沐鴻恩。茲案內黃有起與黃德恭俱書回契數交執，無庸根究。至長洲稅地在二都七圖十甲黃保的名黃慶祥稅四十九畝零，又的名黃慶聯，乾隆廿四年買黃金進稅五拾五畝，同共生落土名外長洲，俱載黃保戶內。鋪戶李德珍等，廿八年將該稅地赴各上憲呈請造鋪，蒙批回，前楊憲行查，業蒙查係蟻祖稅業，著戶地主生員黃贊元具結，廿九年蒙楊憲將該處稅地共一百零五畝具結通詳。各憲俱蒙如詳，案存確鑿。但地方乃屬孤洲，東西南北四至皆海，並無別姓田園夾雜，內有莆地，僅堪栽種雜糧，未成丘段，無從開列，合遵聲明，同保鄰張振德等具結，叩乞賜給印照。並懇飭差嚴緝。世世沾恩等情，到縣當批准給照，結存在案。合行給照。為此照給黃禮金收執。所有二都七圖十甲黃保的名黃慶祥、黃慶聯二戶內所管土名，外長洲稅地共一百零五畝，憑照管業。毋得藉照冒佔別姓地段，致滋爭端，毋違須照。乾隆四十四年三月　日給。[3]

據上文所說，黃氏於雍正十二年（1734）從馮氏手中贖回魚

3　同注1引族譜，卷上。

坵等權利，乾隆二十四年（1759），向該島開拓地主黃金進買入五十五畝土地，從而鞏固了對島內土地的控制基礎。雖然在此後的乾隆二十八年（1763）因鋪戶李德珍等人就店鋪房屋及土地權利問題提起訴訟，控制權有所動搖，但當時黃氏仰仗縣府審判，依靠生員黃贊元的政治勢力，仍然保住了獨佔權。乾隆四十四年（1779），由於印契、典卷被盜，黃氏擔心權利關係會發生變動，便買通府、縣、督、撫，重新拿到印契，擺脫了危機。可以說，黃氏就是始終用與縣府官衙串通、使發生的問題轉而對自己有利這樣一種大地主式的手法來實現其控制權的。在隨後的乾隆五十四年（1789），黃氏通過從官府手裡取得對荒地的開墾權，又增加了九十七畝土地。黃氏族譜記載了此事：

　　廣東等處承宣布政使司，為請定報墾等事。據廣州府申詳，新安縣業戶黃剛業係二都七圖十甲黃保戶丁，報墾土名長洲山嶺仔。第一丘，東北至山邊，西至黃璣地邊，南至墾塋，長一百三十弓，東廣六十五弓，西廣七十弓，中廣六十八弓，又中廣六十三弓，稅三十五畝八分四釐。第二丘，東西南至山邊，北至自墾塋，長一百二十五弓，東廣六十弓，西廣六十二弓，中廣六十弓，稅三十一畝五分一釐零四系。第三丘，東西北至山邊，南至路，長一百二十弓，東廣五十五弓，西廣六十五弓，中廣六十弓，稅三十畝以上，共稅九十七畝三分五釐零四系。造具圖冊，結詳。請給照升科等由，到司據此業經詳，奉院憲批准，升科在案。合就給照，為此照給業戶黃剛業收執，即便遵照原承土名丘段四至稅地，實力墾耕，依限於乾隆戊午年起徵輸糧，毋得藉照影佔官荒及他人稅業，致於察究，須照。乾隆五十四年二月　日。[4]

　　通過這一事件，黃氏對長洲的控制日益擴大，幾乎包括了全

4　同注1引族譜，卷上，〈布政司給發黃剛業承墾長洲田莆執照〉。

島的土地。

　　然而，由上述文獻表現出來的作為“戶”（總戶、甲的名義上的納稅人）的黃保，與作為“的名”（事實上的土地所有者、納稅人）的黃慶聯、黃慶祥，以及作為“丁”的黃剛業之間的關係，是以廣東圖甲制這一納糧制度為背景的。根據第一位將圖甲制解釋清楚的片山剛氏的看法[5]，在廣東，每圖分為十甲，每甲由一名作為各甲納稅代理人的總戶和數目不定的子戶構成。自圖甲制於明初開始實行以來直到清代的數百年間，總戶的戶名始終不變，世代相承，許多子戶的戶名也代代沿襲。在上文有關長洲土地的案件中，作為第七圖第十甲總戶的黃保，族譜中不見其名，他是否為雍正、乾隆時代的真實人物並不清楚（比如黃承業，就是為躲避重稅而虛構的假名）。但由於他在嘉慶二十三年（1818年，乾隆四十年代之後又過了四十年）仍以總戶身份出現，所以可以肯定，他就是這個第十甲不變的總戶名（名義上的稅糧繳納人）。另外，前文中作為“的名”出現的黃慶聯、黃慶祥，都是黃氏明初八世祖之名，他們同樣也不是清代的真實人物。因此，黃慶聯、黃慶祥在這裡只是“祖產名”，也就是說，長洲土地就屬於這兩份祖產。不過，這兩份祖產是否與以黃保為總戶的第十甲“子戶”有關，尤其是否與居於底層的“丁”有關，目前尚不清楚。乾隆五十四年（1789），取得長洲九十七畝土地開墾權，並將此作為稅地的黃剛業是一真實人物（未見於族譜，“剛業”恐其字），他在這裡被明確記為黃保戶之“丁”。族譜卷上另載有一份二都七圖十甲內實際負擔稅糧的黃氏“的名”（名義上的土地所有者）的清單：

5　（日）片山剛：〈清末廣東省珠江三角洲的圖甲表及其相關諸問題——稅糧·戶籍·同族〉，載《史學雜誌》，第 91 編 4 號（1982）。

表14　新安縣第二都圖甲表

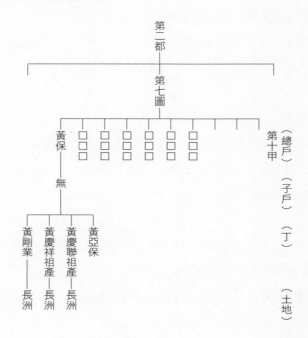

舊遺管業二都七圖十甲，正供銀米的名辦納開列：

亞保供銀伍錢叁分八釐，色米七升三合。

慶聯供銀壹兩零壹分九釐，色米貳斗七升。

慶祥供銀柒兩六錢四分壹釐，色米二石零二升四分。

剛業糧銀四錢五分貳釐。

據此清單，在黃保任總戶的第十甲中，總戶黃保之下，黃亞保、黃慶聯、黃慶祥、黃剛業四個名號為現實的土地所有者。但由於上文說過，"剛業為黃保戶之丁"，故黃亞保、黃慶聯、黃慶祥三個名號也就居於"丁"的位置。其關係如表14所示。

根據道光二十二年（1842）至二十九年（1849）的黃氏公產清單，長洲土地的佈局和數量如下：

一、承土名外長洲大灣周圍田地、嶺莆、沙壩一帶，共載下。則民稅玖拾玖畝零陸釐玖毫，錢糧歸於黃堡戶內的名慶祥辦納。

二、承土名外長洲中灣周圍山場、田地、嶺莆、沙壩一帶，共載下。則民稅玖拾柒畝玖分陸釐壹毫伍系，錢糧歸於黃堡戶內的名慶祥辦納。

三、承土名外長洲巽寮灣周圍山地、田嶺、沙壩一帶，載下。則民稅柒拾柒畝，又大小西灣嶺地，田莆、沙壩，載下。則民稅壹拾陸畝捌分伍釐貳毫捌系，共載下。則民稅玖拾三畝捌分伍釐貳毫捌系，錢糧歸於黃堡戶內的名慶祥辦納。

據此可知，黃氏掌握了長洲大灣、中灣、西灣（巽寮灣）全部土地和砂浜，由於其中大灣、中灣是商鋪密集的墟市，經濟發達，就成為黃氏巨大的收入來源。其族譜卷上所載乾隆前舊族規中，有將取自長洲大灣墟市鋪戶的收入作為族長及族內長老公用的專門規定：

議長洲大灣下列□字□號鋪地一間，及大灣尾海旁鋪地一間，每年所得租銀歸於族長收用。至於新當族長，祠給袍帽銀陸元。倘歸壽，祠給銀捌元。若房長歸壽，祠給棺銀陸元。族內年屆六十以上歸壽，祠給棺銀四元。[6]

可見墟市鋪戶的租銀是一筆重要支出的資金來源。在續增的規約中，也明示了長洲租銀的用途：

一、長洲租歸族眾收理，須正路與捐班，功名及族長房長往收。如營伍及軍功與賞給頂戴功名不得往收。以循舊章，免臨時多論。

---

6 《東粵寶安南頭黃氏族譜》卷上，〈族規〉。

二、長洲租歸各房公舉殷實紳衿包收。其各房應兌租銀，必須先妥兌交眾，方得往收。若不先兌妥，租銀即別房殷實人頂往，免臨時爭論。如歸房份，輪年值收，即由該房份舉派公正人往收。其應兌租銀，尤當先妥兌交眾，方得往收。若不先兌妥租銀，即下輪房份頂往收，理毋得執拗。[7]

在這份續增規約中，之所以只提長洲租銀的問題，是因為隨著長洲的繁榮，取自鋪戶的租銀也增加了。族人間、有關各房支間甚至同一房支的各家庭間，常因分配問題發生糾紛。由於房支分為六派，因此就有必要按以下兩種方式處理租銀收入：或將租銀平均分為六份，或按某一定額各房輪番收值（詳見後述）。至於事實上黃氏是根據何種契約向大灣墟市鋪戶徵收租銀的，有一份光緒二十九年（1903）的租契樣本可供參考：

維則堂黃　祖慶聯慶祥遺下稅地坐落土名外長洲，疊奉各大憲查勘明確：該洲周圍地段盡屬本堂稅業。批准，任由本堂建造鋪屋耕種田園給照在案。曾經本堂自用工料，築固地基，以備起造。今有羅亞同係惠州府海豐長人氏，自來洲內貿易入甲列洲。攜全約保林帶，前到本堂批承大灣尾屋地壹間。坐東向西，深貳丈八尺，闊壹丈貳尺，編列□字第□號，蓋造瓦屋壹間，言定每年預期花邊租銀柒毛，俱以春冬二季清交。若有延欠，同即將此鋪退出與本堂，另賃別人抵租項，毋得搘踞。倘同另有他圖，將屋頂授與人，須帶其人兼同約保親到本堂，識認對明有無拖欠舊租，務須一概清完，方許換立新批。不得執前舊批，私相頂手。如有擅行私頂者，一經查出，定即指名送究，所欠舊租，仍著承頂者完納。凡遞年所收租項，必須認明本堂圖記印單，方可納交。至本堂內子姓繁衍，其有與同私自賒借，係同只向經手者討取，不許混將屋租扣抵。或將屋轉賃與

7　同注 6 引族譜，卷上，〈眾議新續例款〉。

人，定須查明其人，委係殷實良善，方可租賃。本堂之批限依五年一換，倘有怠期，即屬偽混，雖執舊批，亦為故紙。承批之後，稔宜守分營生，毋得買賣違禁貨物，窩賭聚匪不良等。如有干犯，定行送究驅逐。發批存照。光緒廿九年十二月初九日發批，族長黃喜勝等。[8]

　　大灣尾是北部街區的一部分，為長洲墟心臟，海陸豐商人雲集於此。上面這份租約也是針對海豐縣人的。就是到了光緒末年，該墟土地名義上的所有者，如前所述，還是作為八世祖的黃慶聯、黃慶祥，土地是作為這兩個祖先的祖產來處理的。這一法律性質的關係，自清初以來一直維持著。光緒二十九年（1896）即英國租借新界地區前兩年，黃氏看出了這些形勢，認為有必要在租契中明確規定自己作為土地主人的權利，於是就採取了制定以上租約的形式。

　　到了長洲墟歸英國管轄以後，借地人和借房人中（多數為海陸豐居民）對黃維則堂的地租、鋪租徵收額提出了異議。1905年，香港市政廳審理了這一糾紛，最終認定了黃氏的地主地位，至今未變[9]。因此，今天除南北山地之外，中部平地全為黃氏維則堂所有，黃氏每年將所徵收地租的一半左右上繳香港政府，另一半則歸維則堂所有。土地買、賣（實際上是土地租借權的轉讓）除了按照規約向香港政府登記外，依然須徵得黃維則堂的同意。

　　戰後同戰前情況一樣，長洲黃氏一族仍舊以維則堂祖先黃慶祥、黃慶聯祖產的名義，掌握著長洲墟的土地和鋪屋，他們作為"長洲業主"，一直進行商業活動，並將祖產收入分配給各房子孫。據黃維則堂 1958 年度的賬目，鋪租收入五千元，地租

8　該項資料由 Hayes 博士提供。

9　James W. Hayes, *Hong Kong Region 1850-1911* (London: Oxford University Press, 1977), pp.60-61.

收入三千三百元，西灣土地和中灣砂浜方面也有租銀收入 [10]。在支出上，因為有向香港政府繳納約一半地租的義務，故當年從三千三百元中繳納了一千一百二十九元（近四成），餘下的大部分收入都作為人丁銀分給了各房子孫。其中長房六十四人，二房七十人，三房一百零八人（譯者按：可能包括四房在內），五房三十六人，六房五人，每人平均約二十五元。由於全族男子號稱四百人，所以以上二百八十三人佔了百分之七十左右。這只是一份男子的名單，如果加上女性，就將形成一個數倍於此的、人數為一千五百至兩千的龐大的地主集團。可以說，它是由大地主控制墟市的典型。即使在今天，作為"長洲業主"的黃維則堂的地位也是相當穩固的。例如，在 1982 年新建的黃維則堂柯堂（坐落於大新街）內，就有如下告示：

開收地稅：本堂由本年七月一日起至八月卅一日止，開收今年地稅，仰各批戶，依期繳交，逾期恕不展期。

期滿轉批：本堂地段批與各戶，係承批性質，五年一換，仰各批戶，期滿換批，切勿延誤，免招業權損失。

此致本堂各批戶一體知照。

長洲業主黃維則堂啟

1982 年 6 月 18 日

黃氏作為地主的控制權在這裡可謂表露無遺，其內容自光緒末年以來幾乎沒有更變。

南頭黃氏雖然在長洲墟擁有上述支配權，但因為戰前該族很少有人住在長洲墟，所以有一種觀點認為，他們始終是"在外地

---

10 該項資料由 Hayes 博士提供。又見於氏著 *Hong Kong Region 1850-1911*, p.60。譯者按：本書日文版有表 27〈黃維則堂收支表（1958 年度）〉，略。

主"。在本地大廟北帝廟中，雖有一口由南頭黃氏一位官僚於乾隆末年建廟時捐獻的鑄鐘[11]，但沒有跡象表明該族是寺廟的經濟支柱。黃氏一族的祠堂建在南頭，雖說在戰後有很多人遷往長洲，但長洲在相當長的時間內連分祠都沒有，只是到了近年，才修建了分祠黃俊英堂，後又建了黃氏本祠黃維則堂的分堂。也就是說，到了近年黃氏才逐漸有了成為長洲土著居民的傾向，但黃氏一族對長洲的方針，從根本上說，還是堅持著"不在地主"的立場。以下，我們將通過祭祀組織的組成和職能，對這個問題作進一步的討論。

第一節　北帝廟建醮祭祀組織

每年農曆四月上旬，為迎請北帝廟的玄天上帝，要在長洲墟連續舉行三晝夜的太平清醮活動。在廣東農村，太平清醮一般是十年舉行一次，最短也要五年一次，而在長洲墟卻是每年一次，這是因為該墟有經濟實力作為後盾。

值得觀察的是，在長洲太平清醮祭祀組織"建醮值理會中，南頭黃氏這個地主宗族參與到何種程度？

1979年"己未年建醮值理會"的構成情況如下：

總理：馮尚文；副總理：許成林；

值理：共103名，其中商號30名，個人70名，工廠3名。[12]

11　大鐘上有乾隆四十九年（1784）的銘文，上書："風調雨順。廣東廣州府番禺縣沙灣司沐恩弟子黃開勝，虔具洪鐘壹口，敬在玄天上帝殿前，永遠供奉。時乾隆四十九年孟秋吉旦，萬明爐造。國泰民安。"

12　錄自1979年《長洲玄天上帝己未年太平清醮會景巡遊特刊》。譯者按：本書日文版錄有值理名單，略。

可見這個 "值理會" 是商號與墟市居民的聯合體，而當地強宗族黃氏黃維則堂的成員卻只有黃承業一人。主辦祭祀中重要活動"會景巡遊" 的 "長洲鄉事委員會" 的構成情況也有同一傾向。1979 年度的委員是：

主席：鄺炳有；副主席：馮北泰△、鄭金貴；

委員：馮玉書△、何炳釗、劉榮桂△、鄭植華、方平△、陳廣英、王來敬△、許觀錦△、何潤林、劉玲、袁文、袁壽、葉壽、黃頌凱。[13]

主席以下十六名成員中，出自南頭黃氏的只有黃頌凱一人，而且他還居於末位。

"建醮值理會" 和 "鄉事委員會" 這兩個組織中的主流派，都是惠潮府成員（有△記號者），這就是說，在長洲墟，向土地所有者南頭黃氏租地借鋪屋居住下來並經營商業的潮州・惠海陸豐系居民，以自治的形式組成了祭祀組織，而作為地主的南頭黃氏成員僅在末位列一名字而已。黃維則堂成員目前在長洲墟內住有百餘人，這是自中華人民共和國成立、大部分南頭黃氏族人移居香港之後發生的現象。從清代至第二次世界大戰前，黃氏就是長洲的在外地主，在島內甚至連祠堂都沒有。因此，黃氏一開始就沒有掌握墟市居民以自治形式組成的太平清醮祭祀組織，現在的狀況可以說是這一歷史現象的延續。前述石湖墟的上水廖氏、大埔舊墟的大埔頭鄧氏、元朗舊墟的錦田鄧氏，都是在外地主，但在初期，他們都在某種程度上掌握了墟市祭祀組織，長洲墟黃氏的地位與之相比，區別甚為顯著。原因之一就是，在長洲墟組成祭祀組織的墟市商戶是 Hoklo（河洛）系，而地主黃氏則是廣東系，族群系統全然不同。關於這一點下文還要進行分析，這裡

---

13 同注 12。

157

只是指出南頭黃氏不可能掌握長洲墟祭祀組織的事實。

第二節　祭祀日程·場地·祭祀禮儀

　　如前所述，由於整個祭祀組織（包括"建醮值理會""鄉事委員會"）的構成，是以惠潮府系集團為核心，沒有受到墟市土地所有者南頭黃氏宗族的掣肘，因此，祭祀本身就按照海陸豐的習俗進行，並且在祭祀過程中，又使墟市特有的絢麗色彩得以自由發展。雖然筆者在另一部研究報告《中國祭祀演劇研究》中對這個輪廓作了概述，但在這裡，還需要通過整個祭祀過程來詳細介紹其市場特色。

　　祭祀於每年農曆四月上旬舉行，正式日程為三晝夜，事先準備與事後整理各一天，總共需時五天。祭祀禮儀的細節幾乎每年不變。這裡有一份 1983 年實際進行的長洲建醮日程表：

前一日，四月初四（5 月 16 日）

禮儀：揚幡竿、迎神、鋪壇、請神、開光，

演戲：粵劇第一夜。

第一日，四月初五（5 月 17 日）

禮儀：發表、早朝、揚幡、三官經；午朝、上元寶懺、中元寶懺、放榜；晚朝、下元寶懺、晚參科。

演戲：粵劇第一日、粵劇第二夜。

第二日，四月初六（5 月 18 日）

禮儀：早朝；走午朝、北斗經；晚朝、晚朝科、祭水幽。

演戲：粵劇第二日、粵劇第三夜。

第三日，四月初七（5 月 19 日）

禮儀：星晨寶懺；早朝、謝幡、北斗經、遣船科、頒符、放生、巡遊、超幽、燒大士王。

演戲：粵劇第三日、粵劇第四夜。

後一日，四月初八（5月20日）

禮儀：送神、回鑾。

演戲：惠劇第一夜（5月21日、5月22日惠劇續演兩晝夜）[14]

祭祀場地以北帝廟前廣場為中心，範圍包括北至北社街、南至中興街，整個區域立幡為標。（見圖23）

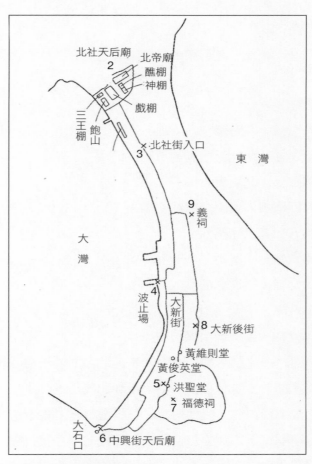

圖23　長洲建醮場地圖

<hr />

14　譯者按：本書日文版有表28〈一九八三年度長洲建醮日程表〉，略。

1. 神棚：建於北帝廟正面階梯左牆之左端。為了奉迎北帝以及島內諸神像，裡面有長長的神棚，前置香爐。

2. 醮棚：位於北帝廟正面階梯左牆之右側，設有海陸豐道士團的道壇（三清殿）。

3. 三王棚：建於北帝廟廣場西北角，祭祀大士王、山神、土地神三王。

4. 戲棚：建於北帝廟前，背廟南向。

5. 飽山：廣場西側，面向北帝廟，並列著大飽山三座、小飽山三十六座。

6. 幡：在南部、北部和中央碼頭九處，立有撫慰孤魂的幡，共九處。

地點如下：

1. 第一幡，北帝廟正面入口。

2. 第二幡，北社天后廟前。

3. 第三幡，北社街入口。

4. 第四幡，大新街大灣波止場。

5. 第五幡，洪聖廟前。

6. 第六幡，中興街天后廟前。

7. 第七幡，福德祠前。

8. 第八幡，大新後街。

9. 第九幡，新興後街義祠前。

幡竿圈定了建醮活動涉及的範圍。北部四幡屬海陸豐系。南部四幡屬廣東系，中心在包括了北帝廟北部，尤其是在立有第九幡的新興後街義祠前，特地樹起了三根幡竹，隆重祭祀海陸豐英靈。雖然在本質上如此強烈地保留了傳統的海陸豐特色，但在形式上，卻在北部的海陸豐系居民與南部的廣東系居民之間實現了平衡。可以說，長洲成為一種由複數族群構成的市場祭所特有的多元化的祭祀場地。

照片 39　長洲建醮 "幡"（洪聖廟前第五幡）

照片 40　長洲海陸豐人義祠

照片 41　長洲海陸豐人義祠的朝拜

祭祀禮儀由海陸豐道士團擔任，依海陸豐道教禮儀進行。近來一直由新莆崗魏氏廣德祖壇主持。這些禮儀基本上是在適合村落宗族社會的觀念下構成的，但也有一部分，比如華麗的演劇化表演，則是受到了長洲墟市場經濟條件的影響，顯示市場化了的道教禮儀的一種傾向。

一、建醮前一天的禮儀

（一）迎神

是日早晨，在前文所述的九處樹起幡，北帝廟前的醮壇、神棚、三王棚、戲棚，全部架設完畢。午後開始舉行迎神儀式，將島內各廟的神像迎入神棚。此儀式分三個程序：第一個程序，十二時四十五分至十三時十分，分別請出北帝廟中的北帝本像、香港太平山中由北帝廟寄存的北帝像、北社天后廟中的天后爐及天后小像，用神轎抬至神棚。第二個程序，十三時十分至十四時十分，分兩隊迎神。一隊赴大新街的洪聖廟、中興街的天后廟，用神轎抬回各自的神像。另一隊去南氹的觀音廟和天后廟，以及山頂中部的關帝廟（忠義亭），迎出各自神像。第三個程序，十四時三十分至十五時三十五分，道士一人，吹手一人，自大灣碼頭乘船到西灣碼頭，登岸後赴西灣天后廟，以神轎抬神像，照原路乘船（神轎也載於船中）返回大灣碼頭，迎入神棚。至此，"迎神"儀式完畢。

（二）大鋪壇

當天下午五時起，在醮壇內舉行俗稱"大鋪壇"的啟壇儀式。這是啟用醮壇、驅除邪惡污穢的"淨壇"儀式，為建醮活動的第一個禮儀。首先，由三名道士在左壇宣讀以下牒文，以召請"破穢將軍"：

照片 42　長洲建醮神棚

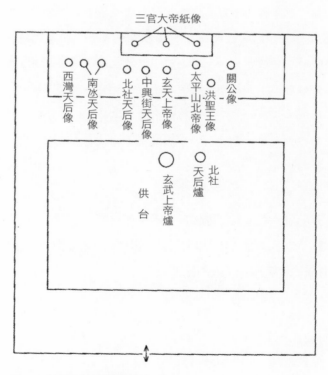

圖 24　神棚內諸神像配置圖

靈寶大法司：本司取今月初五日，恭依道典，肅建玄壇。必先蕩
滌妖氛，將格真靈，掀揚清波，欲彰神功。合行移文者，右牒上南方九
鳳破穢大將軍位前，請速揚雲□，散百和之真，灑五星之法水，天無厭
穢，地絕妖氛，四旡□□，萬神降格。謹請南方九鳳破穢大將軍，照驗
施行。天運癸亥年四月初四日亥時發牒。主科科事，魏正炘承誥奉行。
恭請祖師正一明靜天師張真君證盟。[15]

接著，三名道士離壇繞巡場內各棚（神棚、三王棚、飽山
等）、歸壇，由高功焚符敕水之後，向來到左壇的 "破穢將軍"
發表如下牒文：

靈寶大法司：本司准為廣東省寶安縣香港長洲等處，謹取本月初五
日，修建太上正一靈寶太平清醮，三晝連宵，上奉高真，恭祈安泰。本
司備據投誠，理難抑退，降奏申外，依科建造無上生天法壇九如妙座，
祈候天真駐蹕，九鳳破穢大金剛，謹敕青龍東去，朱雀南行，白虎西
去，玄武北行，勾陳正方，上通南門，下達九壘，中及十方。如有妖氛
等煞，並行魁罡之下，毋令動作，以俟福祥。仰行司授事神符，各遵乃
職，只奉廣筵，不得阻滯，毋違壇律，須至牒者。
右劄符守壇神將，准此施行。天運癸亥年四月初六日辰時發牒。定
限卯時回壇鈞銷。[16]

午後，高功走罡步，焚破穢符，向四方敕水。接著，三名道士復
出，撒鹽、米等淨壇，再次離壇繞巡場內各棚，歸壇後高功念畢
咒語。下午六時結束，整個儀式約需一小時。

---

15 引自科儀書《晚參科》。
16 引自科儀書《晚參科》，另參見（日）大淵忍爾：〈三奶派道士的建醮禮儀〉，
　　載《中國人的宗教禮儀》（東京：福武書店，1983），814-815頁。

（三）開光

　　下午八時至八時三十分，作為"灑水淨壇"的延續，五姓道士繞巡各棚，清掃街道，迎神至神壇。十時十分至十一時，舉行"開光"儀式。先在神棚前置一供桌，上立觀音像。一名道士持鏡而舞，鏡對神像群。鏡上畫十個紅點。用這種給鏡中神像點紅的簡易辦法來代替直接在神像上點紅。

　　接著，在神棚內的三官大帝紙像和金童玉女紙像上直接點紅。最後去三王棚，同樣置供桌，立觀音，鏡照三王，鏡面點紅。整個過程鼓樂吹奏。直至將近午夜的十一時結束。至此，各醮全部淨潔，各神像均已入魂。

照片 43　長洲建醮開光

二、建醮第一天的禮儀

（一）發表

首先舉行"發表"儀式。以往這個儀式都在黎明時舉行，近年來大部分從前一天午夜開始，延續到第二天下午一時至二時。這是一個在前一天鋪設好的醮壇上，迎請天、地、水三界諸神的儀式。醮壇置於三清殿前，面向入口處擺設供桌，桌前置三界亭，亭的兩旁有傳令用的功曹馬各一匹。高功以下道士三人，先由高功發符，召集龍神、天兵、五靈，再召解穢官來淨壇。隨後，呼喚雷聲普化天尊、正一天師真君、靈寶五師真君、三聖真君、玄天上帝、歷代宗師等呪術系諸神之名，召集上、中、下三界符吏、功曹及本地里社正神、土地神等，向其宣讀致玉皇大帝的文表，接著宣讀關文。其次，通過黃紙疏文，乞求以下三十一位主神群光臨：

昊天金闕玉皇上帝，南無十方三世諸佛，靈感觀世音菩薩，玉虛師相天元上帝，義勇伏魔關聖帝君，五顯靈官華光大帝，醫靈長生大帝，勾漏洞主七聖娘娘，三壇尊聖六部宗師，文昌梓潼帝君，天后聖母娘娘，金花娘娘，靈寶教主五師天師真君，南泉法院普庵祖師，沃蕉山面燃大士，五嶽朝天大帝，雷公電母風伯雨師，衛壇將吏苟畢元帥，土司禁忌百靈官將，山神土地里域真官，譚公仙聖爺爺，虛空過往糾察真仙，值年太歲至德尊神，安城內外各廟尊神，注生娘花公花婆，九天玄女仙娘，九龍宮菩薩爺爺，巍巍天京仙聖，冥冥地府朝王，滔滔水閣真仙，列列陽間聖造。

黃紙疏文如下：

今據廣東省寶安縣香港長洲等處，奉道宣經，迎祥集福，祈安。總

168

理凌佑⋯⋯暨合境男婦老幼，生逢盛世，住在中華，戴高履厚，常叨化
育之功。日照月臨，共沾晉被之恩。欲求貞吉，須藉恩麻。爰取本月初
五日，仗道於境，修設清醮道場，三晝連宵，茲以道場初啟，具疏申上
昊天金闕玉皇上帝位下。伏願神功遐臨，鑒納微忱，保人物而安康，俾
士庶以和平。下情無任，瞻仰聖威，激切屏營之至，謹疏以聞。天運癸
亥四月初五日，申上。[17]

　　這篇疏文被裝入寫有各神神名的信封內，由高功交給緣首。
疏文所邀請的諸神，並不一定限於長洲和香港範圍，而是包括了
三界諸神，但主要的還是廣東系地方神。也許他們設想將支配長
洲四周各區域的各路神靈全部請來。接著，發出牒文，召集與該
醮有關的下界鬼神群，主要是以下六種鬼神：本縣城隍正直太老
爺、本境社主列座威靈、雷霆天將法部吏兵、醮信香火有感明
神、掌醮童子瞻完典者、山岸水陸男女孤魂。
　　牒文每鬼一篇，共六篇，其中一篇牒文是這樣的：

　　靈寶大法司：本司為修建太平清醮事，今據廣東省寶安縣香港長洲
等處，奉道宣經，建醮祈安。總理凌佑、暨合境眾信等，誠涓本月初五
日，修建太上正一靈寶清醮，三晝連宵，上奉高真，恭祈安泰。以今醮
事方行，理合通請，為此文移本縣城隍正直太老爺位下，伏願神光丕臨
道場，證盟修奉，俯鑒微忱，俾令男女吉慶，人口均安。須至文者。天
運癸亥年四月初五日，給文。恭請祖師正一明靜天師張真君證盟。[18]

　　牒文讀罷，交給緣首。最後，牽出兩匹功曹馬，餵飽草料；
將上述表文、關文、疏文、牒文，連同馬上的使者一起焚化，送

17 引自科儀書《晚參科》，及大淵忍爾上引書，814頁有文字樣式。
18 同注17，815頁。

169

照片 44　長洲建醮大鋪壇

往天界。至此，對全部有關神鬼的邀請書都已發出。下午二時，儀式結束。把本來應該是凌晨三時至四時舉行的這個儀式移到午夜，的確省卻了早起的勞累。

（二）揚幡、早朝

上午九時，舉行"揚幡"儀式，其目的是通過在島內九處正式懸掛起幡旗，召請孤魂群來島。幡竹雖已於頭一天立妥，但幡的功能經此儀式方才顯現。同時"揚幡巡行"還兼有正禮第一天首輪"走早朝"的意義。三名道士、兩名吹手、兩名供物台挑夫，另有幾名拿著小竹和鑼的少年，他們編成一隊，從第一幡開始，巡行到第九幡。他們在各幡前獻上供物，並由一名道士念經。第九幡是海陸豐人的義祠，這裡立有三根幡竹，是祭祀海陸豐人英靈的聖地，念經也更為鄭重其事。惟有這裡的幡掛著紙鳥。

照片 45　長洲建醮早朝

（三）放榜

九時二十分，放榜。榜文放在桌上，由兩人前後抬著，三名道士、兩名吹手作先導，運至大新街，交給緣首。這篇榜文由緣首親手張貼在大灣沿岸的圍牆上。貼榜文是這個儀式中最重要的部分，本來應該是由海陸豐人和道士一起進行的，而現在則由緣首（並不一定是海陸豐人，在這裡就是廣州人）負責。榜文以善信的名義向天帝通報善信之名。內容如下：

伏以：金闕居高，臨下土而照鑒，玉皇聽卑，容與志以陳情。

今據廣東省寶安縣香港長洲等處，奉道宣經，修建太平清醮，保境迎祥，植福祈安。正總理凌佑、楊永暉、副總理楊木盛……值理馮玉書……暨合境男婦老幼，即日誠心百拜，冒於天聰光中，具陳意者。

伏惟：眾等同感兩儀之攸分，並育並行，感覆載之大德，資生資始，共沐神聖之恩功。用四時仁，覆照乎萬載，神通彰而災氛遠遁，人事修而福履長綿。眾等質荷三綱，性稟五常，快浩浩之化育，樂蕩蕩之堯天。然建清醮植福，其來（有自），擇取本月初四日，迎神鋪壇，行香灑淨。

初五早，清晨鳴金擊玉，頓首發表進章。抒方才之微誠，迓聖駕以臨軒。蕩蕩乎焚香寶鼎，飄飄乎幡懸琅玕。暢宣真言，朝禮至尊。晚刻，平空朝參行道，焚符召將，初宵告退。

（初六早，）重朝三元寶懺，紅輪當午，匯供齋宴，啟師晚朝，鋪橋迎鑾接聖，跪進朱表，拜奏青詞，呈獻什貢，鶴駕漸停。

初七早，重朝玉京金闕，迎師敕頒符命，普降千祥。告安地境清平，掃除妖氛。押上花船，遣送洛陽之處，以淨境界。贖放飛潛物命，蓮燈波照。啟請慈悲教主，陳設外壇，賑濟男女孤魂滯魄，均沾善果，託化人天。巍巍功德至於此雲周，煌煌醮事，於斯告成。初八早，虔修香燭茶果牲醴凡儀，酬謝天地列聖鴻恩，鑒納微忱，祈庇家家吉慶，戶戶禎祥，千災殄滅，百福並臨。須至榜者，右榜通知。天運癸亥年四月初五日，榜。

主行科事臣魏正沂承詰奉行。恭請祖師三天輔教扶玄體道大法天師張真君證盟。[19]

雖然目的是將緣首以下的醮信之名向天帝報告，但因為醮信太多，故名單上只列舉了幾個代表。這也是墟市的特色。榜文中提到的敬天科儀是按日程順序排列的，這與實際情況大致相符。

（四）午朝、晚朝、禮懺

根據日程安排，下一步是在醮壇上念誦三官經和三元寶懺。在此期間，正午和下午四時，分別以和早朝同樣的形式繞巡九幡，並敬獻供物，舉行"走朝"儀式。

（五）晚參

從晚間八時起，在醮壇上舉行歷時三小時的"晚參"禮儀。在建醮期間，這個教團總是在醮壇（三清殿）上張貼"仗劍登壇誠通三界，步罡踏斗表奏諸天"的對聯。前句指的是"晚參"，後句指的是"晚朝"。以這兩個禮儀為中心，就構成了整個禮儀體系。其中的"晚參"是向天、地、水三界的支配者三官大帝（天官、地官、水官）頂禮膜拜、乞求賜福贖罪的禮儀。首先，是發出破穢牒，呼喚九鳳破穢將軍；接著，勒命青龍、白虎、朱雀、玄武，加固醮壇；又命雷聲普化天尊、屏魔攝穢天尊、常清常淨天尊禁淨醮壇。然後，宣讀記有善信之名的意文：

臣等身當令臣，向來所啟所奏之忱，速達徑御至真無極大慈無上玄尊七寶大天帝，天地水府三元三品三帝，金闕玉陛御前。臣某與同奉

---

19 引自科儀書《晚參科》。

道，酬恩建醮，保安醮前，某與在壇官眾等，謹同誠上啟。[20]

以下，動員十方諸神（諸神之名已見上文）；再分別向管理天、地、水三官的三齋獻香祝詞。對上元天官大帝的祝詞如下：

願此香煙繞空，徑上上元天官宮，供養上元一品賜福天官大帝，三宮九千百二十曹，天界一切咸靈。臣等，皈神皈身，皈命大道，願以是念香功德，上祝當今皇帝陛下，伏願宴景紫微，傳麻丹禁，納群生於大道，延寶祚於無疆。慶流九天，惠垂萬乘，黎民昭泰，人物咸安。今故燒香，自皈依無上道，至真道德。得道之後，國泰民安，與道合真。[21]

祝詞中有"上祝當今皇帝陛下"一句，雖然是照搬清代的科書，但有一點是明確的，這個禮儀的基本觀念，是為了調和政府體制的權威。

以下是對中元地官大帝的唱文：

願此香煙繞空，徑上中元地官宮，供養中元二品赦罪地官大帝，三宮九千百二十曹，地界一切咸靈。臣等皈神皈身，皈命大道，願以是念香功德，皈流醮主九玄七祖幽冥魂靈位下。伏願祀藉南宮，邊神北府，聞經德□，超有品之仙階，悟道登真，達無疆之聖境。安閒自在，快樂逍遙，慶□現存，福留後裔，今故燒香，自皈依太上經，至真之德。聞經之後，□入無形，與道合真。[22]

"皈流醮主九玄七祖幽冥魂靈"和"福留後裔"之類祝詞，

---

20 同注 19 引書。
21 同注 19 引書。
22 同注 19 引書。

174

明顯地表現了先祖群與子孫群緊密相連的強烈的宗族意識。

接著是對下元水官大帝的唱文：

> 願此香煙繞空，徑上下元水官宮，供養下元三品解厄水官大帝，三宮九千百二十曹，水界一切威靈。臣等皈神皈身，皈命大道，願以是念香功德，皈流醮主各家眷屬，當生本命元辰星君位下。伏願茂延五福，永息三災，百靈薦祉於五臟，聚聖垂庥於門宇。泊平乾坤之內，安乎造化之中。戶戶沾恩，家家蒙福。今故燒香，自皈依玄上師，至真之德，存師之後，永保康寧，與道合真。[23]

其中也有 "皈流醮主各家眷屬" "眾聖垂庥於門宇" "戶戶沾恩，家家蒙福" 等以家門、宗族為前提的祈禱。總之，是以宗族為單位向直接與人類相關的天、地、水三帝乞求 "禳災祈福"。唱文結束後，向三帝獻上香、花、燈、茶、酒、祝香，最後，向三官大帝呈上文表。文表黃紙朱書，由高功跪坐宣讀，並託功曹使者送往三界。為了使功曹使者旅途不致耽擱，還給他帶上關文。文表全文如下：

> 伏以：□□□□依吾三元三品之尊，□□威容，權院五星五耀之上，□□□□□□秦明，今據廣東省寶安縣長洲等處，奉道宣經，保境建醮祈安。總理凌佑暨眾信即日誠心，百拜冒干天聰光中，具陳意者。伏惟：男女生居中土，恭在人倫，蒙坤覆載，沐三光照臨，知悉錫福，報答未由。言念，信等各方□業，欲求貞吉，涓取今月初五日，啟建太上正一靈寶太平清醮，三晝連宵，上奉高真，恭祈安泰。今則初宵，朝參行道，恭迎帝馭光臨。端坐道場，呈獻什貢，修具文表，百拜申上三元三品三官大帝位下，伏乞啟恩遙臨，□□，證盟修奉，……之愆，

---

23 同注 19 引書。

照片 46　長洲建醮晚參

賜以方來□□之福。使臣干冒聖威,下情無任,激切屏營之至。凡在光
中,全叨巨德,謹表以聞。天運癸亥年四月初五日具表申上。[24]

　　文表與關文繫在乘功曹馬的使者身上,焚化上天。晚參的最
後節目,是拿著"符頌科"到神棚前,對三官大帝念誦、起舞。
隨後,又回到醮壇,焚金寶,舉笏迴旋。在歷時三小時的冗長禮
儀中,鼓樂、舞蹈不斷,直至午夜十一時才漸漸停止。

24　同注 19 引書。

三、建醮第二天的禮儀

（一）早朝

上午九時，早朝，道士繞巡九幡而歸。

（二）午朝（走午朝）

上午十時四十分，在戲棚客席舉行"走午朝"（五朝祭神之儀）。這是向五方眾神獻供的禮儀。

壇前置五桌，每桌上都有供物。壇側還有一個裝了衣物的籃筐。在跳過舞後，五名道士和主壇宣讀名為"玉京仙班"的眾神名表，接著，再宣讀疏文：

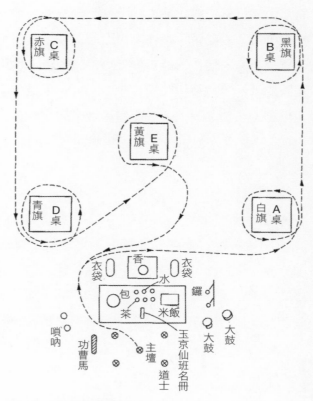

圖 25　走午朝儀桌配置圖

今據廣東省寶安縣香港長洲等處，奉道宣經，迎祥集福祈安。總理朱啟明等暨合境男婦老幼，生逢盛世，住在中華，戴高履厚，常叼化育之功，日照月臨，共沾普被之恩。欲求貞吉，須藉恩庥。爰取本月初六日，仗道於境，修設清醮道場，三晝連宵。茲以道場，當午陳供，具疏申上天地三界，四府高真位下，伏願神功遙臨，納微忱，保人物而安康，俾士庶以和平。下情無任，瞻仰聖威，激切屏營之至。謹疏以聞。天運壬戌年四月初七日，申上。[25]

讀畢，五道士在鼓樂吹打聲中，按 A → B → C → D → E 桌的桌號順序，將五張供桌上的供品全部裝入筐內，然後，挑筐快步繞巡。最後，挑起桌旁裝有衣物的籃筐急步繞巡。結束。

這個儀式中所用的供品，都是居民中的信徒奉獻的。特別是衣物，全是由信徒自己在這一天的上午帶到醮壇，由道士給他們蓋上"玄天上帝"的印鑒，再作上自己的記號包裝起來，一併裝入籃筐，置於桌旁。信徒可能事先就付錢給道士，也可能是先拿到寫有記號的半券，然後，在"走午朝"禮結束後，憑此半券領衣付錢。桌上的食物上也插著寫有供者姓名的旗幟。由此可知"走午朝"表達了這樣一個想法：贖回捐獻給眾神的神物，就能蒙受神靈的護祐。

（三）晚朝

晚上八時開始舉行"晚朝科"禮儀。這是與前述對聯"仗劍登壇誠通三界，步罡踏斗表奏諸天"相應的迎聖禮。五名道士首先發表牒文召請九鳳破穢大將軍和五方解穢官，加固醮壇。然後，向東南西北四個方向不停地踏罡，接著懸掛長布為門，按序

---

25 引自科儀書《靈寶清醮晚朝科》。"玉京仙班"神名，又見大淵上引書，798-199頁。

迎接以下十帝：

> 先天天宮萬帝之主，互靈顯祐元天聖后。
>
> 絳闕天宮萬地之主，承天效法土皇地祇。
>
> 妙嚴天宮萬教之主，東極宮中青華大帝。
>
> 太微天宮萬壽之主，南極太微長生大帝。
>
> 紫微天宮萬星之主，中天星主紫微大帝。
>
> 真元天宮萬法之主，勾陳上宮天皇大帝。
>
> 彌羅天宮萬帝之主，昊天至尊玉皇上帝。
>
> 太赤天宮萬仙之主，太清仙境道德天尊。
>
> 禹餘天宮萬真之主，上清真境靈寶天尊。
>
> 清微天宮萬道之主，玉清聖境元始天尊。[26]

照片 47　長洲建醮晚朝一：迎聖

26　引自科儀書《靈寶清醮晚朝科》。

除了最後的贊語外，迎請十帝奏文的文字相同。以下是迎玉皇奏文：

　　臣門下奏受某與同醮首來信人等，謹羅列香花，遙望天階，誠惶誠恐，稽首頓首，不避斧鉞之誅，冒瀆高穹之聰，昧罪奏請彌羅天宮萬帝之主，昊天至尊玉皇上帝玉陛下，恭望天慈，垂光下降。九重深邃，敲開虎豹之關，萬象森羅，只衛龍鸞之駕。[27]

　　迎十帝畢，獻上香、花、燈、茶、果、食、水、寶、珠、酒十種供物。在獻燈時，還要由高功給其他道士分燈，每人持兩支燈火，迴旋禮拜。這是"分燈"禮[28]。獻畢供物，高功跪坐於壇前，向玉皇以下七大帝奉誦青紙金書的"青詞"：

　　維天運癸亥年四月初六日，今據廣東省寶安縣香港長洲等處，奉道修建太平清醮，保境集福祈安。總理凌佑等，暨善男信女，即日誠心，謹香花燈燭凡牲之儀，修建靈寶清醮，三晝連宵。列真二十四分位，上奉高真，恭祈安泰。以今朝真行道法事，謹沐投詞。臣誠惶誠恐，稽首頓首，百拜奏啟太上無形無名虛無自然至真無極大道無上玄尊七寶大天帝金闕玉陛下，恭望天慈洞鑒。伏以：芝蘭肅敞，蕊荄飛華，天風從八會之音，寶雲森五音之座，極帝鄉而望幸，啟齊範以輸誠。羽葆瑤旌，繽紛而來下，金書玉字，開度於無窮。賜回道德之光，少答人天之望。但臣干冒聖威，無任瞻望，激切屏營之至。謹詞。天運癸亥年四月初六日，具詞百拜申上。[29]

27　同注 26 引書。

28　關於"分燈"禮儀，詳見第二篇第二章。

29　晚朝青詞原文。另參見大淵上引書，816-817 頁。

照片 48　長洲建醮晚朝二：分燈

接著，再讀上呈四相溫元帥的關文（白紙墨書）：（見照片 49）

靈寶大法司：本司取今月初六日，修建太平清醮，三晝連宵。上奉高真，恭祈安泰。今則拜奏青詞一函，上詣百拜，端進無上玄尊七寶大天帝金闕御前投遞。誠恐天道高遠，難以達上。本司得此眾詞，合就備關，咨移四相真君溫元帥麾下，伏乞，與同青詞童子，火速賚捧，徑詣上天，福敷下民。雲程有限，時刻毋違，須至關者。右關上四相真君溫元帥，與同青詞童子，准此施行。

關主行科事魏正妌承詣奉行。恭請祖師正一明靜天師張真君證盟。[30]

兩文讀畢，牽出青鸞（綠紙製成），餵以蔬菜，使其口銜青詞、關文，焚化後送上天府。這時，又向玉皇上帝、紫微大帝等

---

30 青詞關文原文。文書格式參見大淵上引書，817 頁。

181

照片 49　長洲建醮晚朝三：關文

獻上金、銀寶錢（金、銀紙做成，後焚化）。最後，高功向玉帝宣讀崇敬感恩之文表和白紙墨書的關文。文表黃紙朱書，文字如下：

　　伏以：乾坤大德。玉女金童，捧擎恭詣，素達上蒼。今據廣東省寶安縣香港長洲等處，總理凌佑……等暨善男信女，即日誠心齋戒百拜，冒干天聽光中，具申意者。伏惟，各家男女，欲求境內福澤之處，須誠俯禱天真之佑，集眾潔肅齋戒，掃淨塵宇。四月初六日，仗道於境，修建靈寶太平清醮，以今朝真行道，奉申遞詣於二班，鋪橋迎聖，鑒款醮筵，端座道場，證盟修奉，今則功果克皆告竣，列真回駢，齊特明彰，理合糾彈，既列司存，合遵儀範，謹表奏達太上開天執符御歷含真體道金闕雲宮，九穹御歷萬道無為通明大殿，昊天金闕五皇大天帝，玄尊高上帝，伏願高真垂憫，天恩施福，但臣百拜，下情無任，穆祝之至，凡在光中，全叨巨德，謹表以聞。天運癸亥年四月初六日，申上。[31]

　　讀畢，再讀白紙墨書的關文[32]，然後把文表、關文載於功曹馬背，焚化升天。至此，正醮完畢，以後所進行的都是附屬性禮儀。

31　大淵氏前引書，第 816 頁有文表格式。

32　關文如下："靈寶大法司：本司取今月初六日，修設太平清醮，三晝連宵，上奉高真，恭祈安泰，以今朝真行道，拜奏文表一函，上詣百拜，端進昊天金闕玉皇大天帝御前投遞，重封印全，誠恐天道高邈，難以達悃，合就備關，仰仗三界符吏，四值功曹使者，火速賫捧，徑詣上天，福敷下民，雲程有限，時刻毋違，須至關者，右仰准此。天運癸亥年四月初六日發關。主行科事魏正炘承諾奉行，恭請祖師正一明靜天師張真君證盟。"（大淵氏前引書，816頁）

照片 50　長洲建醮晚朝四：青鸞

照片 51　長洲建醮晚朝五：文表

照片 52　長洲建醮晚朝六：功曹馬

（四）放水燈

在晚朝科禮儀進行期間，一名道士自大石口乘船巡遊於大灣內，並祭奠水幽。他一面向海中投入供物，一面念誦經文。午夜十二時，該項儀式與晚朝科同時結束。

四、建醮第三天的禮儀

（一）禮懺

凌晨（實際上是午夜零時五分），一名道士登壇宣讀"晨星寶懺"。

（二）謝幡

上午七時五分，由於正醮全部結束，所以各處降幡，道士三人、吹手二人排成早朝佇列，到各幡處取下懸掛於幡竿上的燈，在幡下焚燒紙屋。約一小時後回到醮壇。

（三）禮斗

從八時始，一名主壇在醮壇上宣讀北斗經。這一儀式是將要進行的"頒符赦書"禮的前奏。九時二十分結束。

（四）遣船

九時四十分，在戲棚舞台上設儀壇，舉行"遣船"禮。該禮與福建系道教禮儀"王船"為同一系統，是一個用船將導致災禍的瘟神遣送出境的儀式。戲台下放一小型的紙花船（船首為船頭大王，船尾為船尾小王，中間為船主大王），邊上是鬼面押船大使（同船押送瘟神的鬼神）像。

高功立於舞台上的儀桌前，左手握笏，右手持扇，口中念誦灑淨咒語，乞求眾神來臨，分別是：

照片 53　長洲建醮遣船一：花船鬼王

宇宙□□吼不動尊王，天符都天總管元帥，法王匡阜真人，文學高宗昭明皇帝，忠靖靈祐英濟王，祐聖顯烈仁聖濟王，成德聖仁英顯康濟王，五顯靈寶大帝，生身打卦胡靖總管，神闕思祐嘉應使者，金雞天狗，騰蛇相公，主瘟拔頭，善利靈應王，慈悲勸善大禪師，地府押瘟元帥，太府列侯舍人，今年歲份行化神主，五瘟大使，十洞魔王，十二年王，十二月將，二十四炁，七十二候，十二時辰，行滿鬼王，□□善惡二尊大判官，女瘟行化諸位女□□，右精相姍□，主執文武官僚，巡遊地□使者，四孟四仲四季行化神主，行素行毒使者，天符天府地符地府使者，天府地府判官，五方行瘟封祀娘，□達娘，化生娘，諸乳娘，花九娘，花八娘，勸善郭三郎，天牢魔小姑，地牢魔小姑，嬌小娘，天符部從主執神明，當境廟祝祀典神祇，三教淨神，天曹使者，四值功曹，善惡二簿童子。[33]

這些都是驅除瘟神的諸神。接著叫出將要被驅除的眾瘟神名，它們是：

五方五道傷神，五方男女傷神，三界差來行災行瘟傷神，五瘟五瘴五疫五癆五魅五□傷神，疫疠瘵子赤眼鴻痢傷神，春瘟夏瘟冬瘟使者，軍前陣後走馬登山溺水蛇傷虎咬無顏無足無名無姓行寒行熱奪拿天命一切傷神，廟瘟社瘟土瘟□瘟牛瘟豬瘟神君。[34]

隨即，又呼喚負責和協助花船開航的諸位功曹神祇之名，分別是：

押船大使者，船頭大王，船尾小王，左不達兒郎，牽弓放箭拿劍搖

---

33 引自科儀書《靈寶清醮遣船玄科》。

34 同注33。

旗打櫓鳴鑼擊鼓艄公水手，屈原相公，吼叫呼風大神，遊行使者，船上打花一切神祇，本境社君主者土地等神，護救伽藍值年太歲尊神，傳教宗師，今年今月今日今時行病鬼王，上至溪源下至河海，東叫西應南鄰北舍過往過筵一切神眾。[35]

　　叫出以上眾神眾鬼、諸功曹並獻酒之後，即召鬼王上台，置於嗩吶手之前。高功來到鬼王對面，一面對話，一面舞蹈。嗩吶手用足尖支住鬼王像背後最下端進行操縱，使整像上下活動，就像和高功對話一般。

　　高功取出酒壺，將壺中的酒從台上潑向地面，算為瘟神敬酒。待給鬼王灌酒後，就催促它們上船出發。此時，高功以歌送行：

　　玉皇有敕遣邪神，帥將兵馬不容情。敢有不尊我敕令，須置羅網下重城。眾神裝得好新舟，畫彩經年不記秋。船上精專齊整畫，一彎新月掛帆鉤。船中美貌凡無比，任邪內面解千愁。逍遙快樂開船去，遊談歌話向他洲。是日今時來遣送，送除災厄去陽州。眾位神祇請上船，不可晉停久住筵。敢有不遵我遣者，一揮寶劍斬千精。太上親傳我敕令，敕到奉行不敢延。此時不堪神久住，艄公水手速開船。（先要舟頭向外，後要船頭請轉。）魯班打造一龍船，遞送諸神在裡頭。船上許多端正女，兒郎相送不相晉。紅旗揚焰中心起，水手艄公急轉頭。此處不堪神久住，洛陽大地任遨遊。[36]

　　歌詞內容主要是向眾瘟神表明備製了彩船，並命它們盡快乘船去洛陽。同時，歌中也玩弄了一些誘惑性的言辭，如說船中有

35　同注33。
36　同注33。

190

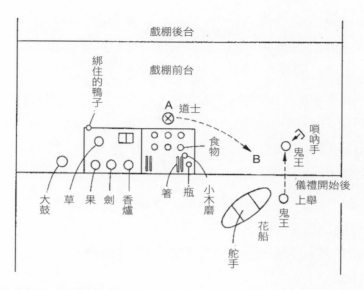

圖 26　遣船科儀桌配置圖

照片 54　長洲建醮遣船二：問答

美女、船往花都去云云。可見，這些瘟神還是一批頑固的、不易
對付的對手。歌罷，口誦以下命令：

今則酒筵散，設法鼓樂齊鳴。備有花船一隻，撐棹俱全。篷瓦三
間，更贈軍糧馬料，食用錢財酒饌，汝等前程度日，各各上船，齊齊而
去，唱歌唱舞，採槳棹，扐長江，鳴鑼響鼓，開旌旗，扐海面。風生浪
裡，逍遙直到陽州，月落樓台，遊遍百川海島，汝等休來此地，大起慈
心，各宜諦聽，此去，若是南山崩裂，北海乾枯，汝等回轉。[37]

讀罷稍等片刻，高功又有歌唱。最後是宣讀白紙墨書的花船
行駛關文：

靈寶大法司：本司取今月初四日，修建太上正一靈寶太平清醮，三
晝連宵，上奉高真，恭祈安泰，以今啟告宗師，欽依玄科，命匠彩造花
船，遣送潛境，一切疫癘，妖氣百怪，押上花船，送還洛陽處所，本司
得此來詞，合就備關，咨移地祇太歲殷元帥麾下，伏乞統率法部諸司，
即使除妖氣，務庇地境清吉，人物咸安。顯明神化，星火奉行。須至關
者。右關上地祇太歲至德武光殷元帥，照驗施行。天運癸亥年四月初六
日，發關，主科事魏正圻承誥奉行。恭請祖師正一明靜天師張真君證盟。[38]

讀畢，花船搬上舞台。此時，抓出一隻在儀桌下結紮著的大
白鵝，用劍割頸，灑血於花船內。高功先以左手提鵝，右手掄劍
（劍尖挑符），接著，劍尖挑符，點火掄轉。最後，將鬼王和鵝一
起扔進花船中，由台下人扛著向大石口方向疾走，主壇目送其遠
去。花船在大石口放下海。十時三十分，儀式結束。整個儀式完

---

37 同注 33。
38 遣船關文，大淵氏前引書，817 頁。

全以演戲的形式進行，其中鬼王與高功對話等片斷極富演劇性。由於驅除致病的瘟神是長洲墟太平清醮活動的根本目的，因此這個活動被視為最重要的一個禮儀，直至今日，它還一直是居民們最為關心的禮儀。

（五）頌符

十時四十分，舉行"頌符"禮。醮壇前廣場放一供桌，周圍堆滿了護符，有道士三人。高功對三官大帝宣讀開經偈文，向九方噴水，先後宣讀〈上元天官寶誥〉〈中元地官寶誥〉和〈下元水官寶誥〉。先宣讀〈上元天官寶誥〉：

志心皈命禮：玄都元陽紫微宮中部三十六曹，偕九千萬眾，考較大三千世界之內，錄籍十方國土之中。福被萬靈，主眾生善惡之籍，恩覃三界，致諸仙升降之私。除無妄之災，解釋宿殃，脫生死之趣，救拔幽苦。群生是賴，蠢動咸康。大悲大願，大聖大慈，上元九炁賜福天官，曜靈元陽大帝，紫微帝君。[39]

其次宣讀〈中元地官寶誥〉：

志心皈命禮，青靈洞陽北都宮中，部四十二曹，偕九千萬眾，主管三界十方九地，掌握五嶽八極四雄，吐納陰陽，覆男女善惡青黑之籍，慈育天地，考眾生錄籍禍福之名，法源浩大，而能離九幽，浩劫垂光，而能消萬罪。群生父母，存歿沾恩，大悲大願，大聖大慈，中元七炁，赦罪地官，洞靈青虛大帝，青靈帝君。[40]

39 引自科儀書《頒赦科》。
40 同注39。

再讀〈下元水官寶誥〉:

志心皈命禮,暘穀洞炁青華宮中,部四十二曹,偕九千萬眾,掌管江河水帝萬靈之事。□□水災大會劫數之期,正一法王,掌長夜死魂鬼神之籍,無為教主,錄眾生功過罪福之由,上解天災,追業滿之靈,下濟幽爽,分人鬼之道,存亡皆恭,力濟無窮,大悲大願,大聖大慈,下元五炁解厄水官金靈洞陰大帝,暘穀帝君。[41]

此時,高功吸水取劍,向壇上和周圍的符紙噴水。用劍擊打。左壇道士在符上蓋印,高功往符上撒鹽。高功抓雞,用劍切下雞冠,灑血於符上。左壇道士用鴨重複以上動作。接著,高功取一令牌,一面轉圈,一面在空中劃寫咒語,並用令牌拍打符紙。最後,向空中噴水,結印。三名道士向前後兩面拜揖,儀式結束。在此過程中,三名道士始終在快速轉圈。作為伴奏的西秦音樂壯烈急迫,這是一個情緒緊張的禮儀。十一時十七分,禮儀完畢;緣首將洗淨的符紙拿回,分配給居民善信。居民將其貼在門上,作為祈求一年平安的護符。

(六)放生

午後,舉行"放生"禮。二時,將神棚內諸神像放上各自的神轎,列隊巡遊島內九幡之地,此謂"會景"。三名道士、兩名吹手立於隊首,拿著三界亭和城隍神紙像行進,至大石口,在海岸邊放"龜"(早先飼養在南丞觀音廟內),在山側放"鳥"。其時,又發靈寶大法司的"放生牌"。午後三時三十分結束,會景隊也於此時通過街區回到醮場。

---

41 同注 39。

（七）大幽

是日夜，在外壇舉行“祭大幽”禮。在這之前，即當天下午，已在三王棚的城隍像和大士王像兩處向孤魂冤鬼發佈意在“超幽”的文告。先在三王棚內的城隍像下，張貼針對孤魂的〈正直堂示諭〉：

> 正直堂示：為曉諭肅靜以清醮境事。照得人間設醮，誠為報賽之念。今據廣東省寶安縣香港長洲等處眾，誠謹於本月初五日，啟建太上正一靈寶太平清醮，三晝連宵，上報高厚之大德，下祝境土以安寧，得此來詞，除已嚴飭潔肅，掃淨之外，合行揭榜曉諭，陰陽知悉，醮境之所，敦迎聖馭，往來務宜潔肅，下道各類，切須迴避靜候，於初七晚，設無遮法筵，普度孤魂，早登樂園，至期相邀齊赴，依科分明，別為薦度，法令威嚴，一體欽遵，毋得輒擾，干咎不貸，事無虛設，福有攸歸，須至諭者，右諭通知。天運癸亥年四月初七日，給示諭。發貼壇外張掛。[42]

這是正直堂也就是海豐縣城隍對轄境內亡魂發佈的不要干擾醮事進行的示諭。同時，也是命令趕赴普度的告示。另外，在大士像下，又對孤魂貼了一張〈施食榜〉：

> 靈寶大法司：本司取今月初五日，依科修建太上正一靈寶太平清醮，三晝連宵，上奉高真，恭祈安泰，以今是晚，醮事典成，眾信廣施惻隱之心，虔備甘露法味，仗道瑜伽焰口，普度孤魂，誠恐遠近由子，未知事由，不及赴會，為此合就揭榜曉諭，是晚齊赴法筵，聞經受度，早得逍遙，各宜規矩，男東女西，毋得混亂喧嘩，強弱相凌，功果云隆，各歸快樂世界，務庇醮境清平，眾信獲福，事無虛設，福有攸歸，

42　大淵氏前引書，818頁。

須至榜者，右榜通知。天運癸亥年四月初七日給榜，發寒林處張掛。[43]

　　傍晚，在醮場大灣的海邊，設外壇，於此相隔二十米設置大士王像、城隍像和捕吏像，壇、像之間置有三十六張幽桌，由北社街製作的三十六座小包山拆毀後被配置在幽桌上。晚八時開始"超幽"。三名道士脫去道服，穿上黑衣黑冠的佛衣，行佛門禮儀。先迎觀音菩薩於醮壇，然後，三人又同兩名吹手一起到外壇，面朝大士王像和城隍像念經。不久，高功等進入外壇。高功戴冠念誦"蒙山施食科"，其中列舉了如下幾類可以超度的"孤魂幽鬼"：

　　一心召請：九州才子，百群賢良，三年清正為官，一片丹心報主，南州北縣，久謹桑梓之邦，海角天涯，遠葬蓬萊之島，嗚呼，精魂悠悠逝水，滯魄杳杳隔陽關，惟願承三寶力，仗秘蜜言，此夜今時，來受此無遮甘露法食。

　　一心召請：螢燈學士，雪案名儒，胸藏百斛珠璣，志吐一天風雲，磨穿鐵硯望騰蛟，閱盡經書貪起鳳，嗚呼，七尺紅羅書姓字，一堆黃土盡文章。惟願承三寶力，仗秘蜜言，此夜今時，來受此無遮甘露法食。

　　一心召請：英雄戰士，漢將良兵，紅旗展日月無光，白刃揮乾坤失色。長鎗刺腹，三魂直往陰司，短劍分屍，七魄喪於泉路。嗚呼，漠漠黃泉多鬼哭，茫茫白骨少人收，惟願承三寶力，仗秘蜜言，此夜今時，來受此無遮甘露法食。

　　一心召請：經商旅客，南北交流，輾轉萬里經營，珍寶千般無價。徑探虎穴，須臾命送羊腸，撥掉龍門，頃刻身歸魚腹，嗚呼，旅魄南山雲黯黯，客魂東逝水悠悠。惟願承三寶力，仗秘蜜言，此夜今時，來受此無遮甘露法食。

43　大淵氏前引書，818-819頁。

　　一心召請：文臣拜將，武士封侯。金盂鐵鉢之僧伽，鶴氅羽衣之仙客。九流藝術，談天論理之高流。漂蕩江湖，採柳貪花之浪子。走馬駕車伶俐漢，行船舉櫓慕財人。江邊敗陣以身亡，虎咬蛇傷而喪命。自縊投河並落井，車碾馬踏及誅刑。倚草附木及精魂，魑魅魍魎，滯魄幽魂，嗚呼，颯颯悲風多鬼哭，淒淒愁雲亂鴉啼。惟願承三寶力，仗秘蜜言，今夜此時，來受此無遮甘露法食。[44]

　　以上舉出九州才子、百群賢良、螢燈學士、雪案名儒、英雄戰士、漢將良兵、經商旅客、文臣拜將、武士封侯、僧侶、道士、遊說者、江湖遊子等離鄉未歸的亡魂。更有橫死者、自殺者與刑死者等等。之所以如此，是人們認為，這些幽鬼冤魂附著於草木成為精魂和魑魅魍魎，會帶來災禍。對於這些孤魂冤鬼，更多地把它們設想為是離開故鄉謀生的士商、將卒，而不是固著於鄉土生活的農民，這一點，使得這種"超幽"的前提，不是建立在農村式的狹小生活圈上，而是立足於以城市為中心的包括了全部農工商階層的寬廣的生活圈之上。另外，從離鄉背井的士商以宗族的榮耀為目的而到處流浪這一點來看，對於死於異鄉、不能回歸故里的士商幽魂，深感有必要獻上特別虔敬的超度，在這裡，也強烈地體現了出自地主宗族的宗教觀念。

　　在對孤魂幽鬼唱名並誦念經文之後，高功起立，向黃紙墨書的"中天教主釋迦牟尼佛"奉念超度孤魂的文表：

　　伏以：佛法無邊，放常光而接引。救苦真人以判超升。一泗天下娑婆世界，南贍部州，廣東省寶安縣香港長洲等處，奉道宣經，建醮迎祥，植福祈安。總理朱啟明暨男女，誠心百拜，冒干聖聰光中，具申意者。伏惟：眾信男婦老幼欣求平安，賴神佛扶持之恩，是以奉遵修建太

44　引自科儀書《蒙山施食科》。大淵氏前引書，807頁，但有異文。

平清醮，歲歲普度水陸孤幽。謹取本月初六日，仗道於境，修建靈寶太平清醮，三晝連宵，上奉高真，恭祈安泰，以今功果成就。是晚，陳設外壇，虔備財寶，普度水陸男女孤魂，修具文表，百拜申上中天教主釋迦牟尼尊佛蓮前，伏乞婆心大歡，廣伸到地，孤魂等離苦海。務庇家家吉慶，戶戶平安，謹表以聞。天運壬戌年四月初八日，具奏申文。[45]

　　念畢，將文表與騎著黑色功曹馬的功曹使者紙像繫在一起，焚化後遣送西天。接著，念誦科書，結束印咒，九時四十分念罷。九時四十五分，焚化大士王像、城隍像和捕吏像。十時，焚畢。"超幽"結束。在剛才八時五十分焚化文表時，善信追到三十六桌合搶桌上的包果。按以往的傳統做法，誦經已近十二時，結束的時候善信合搶三十六桌包果，接著在大士王像焚化後的午夜十二時，善信合搶立在海岸邊的大包山包果，進行"搶包山"儀式，但現在這一活動已不再進行。對孤魂幽鬼的施食至此結束，居民們也在此時結束了三天的齋戒，儀禮全部完成。粵劇演出也於當夜結束。

五、建醮後一天的禮儀

　　天亮時（實際上是凌晨零時五分）舉行"送神"禮。因為大士王、城隍已於頭天晚上送走，故此刻所送者為其餘諸神。從三王棚（尚存山神、土地二像）前的神棚中，請出三官大帝像和金童玉女像，移至棚前香桌上，配置功曹馬一匹。高功道士一名跪坐壇前，兩名緣首在其後。高功扔卜杯占吉凶，將寫有諸神姓名的黃紙，連同功曹馬一起焚化，接著焚化三官大帝像和其他神器。最後，搬出土地、山神兩巨像，付炬升空。零時二十分，"送神"結束。這些本來應該在黎明時舉行的儀式全部提前進行完畢。

45　引自〈超幽文表〉原文，大淵氏前引書 818 頁所錄有異文。

198

通觀上述，由於道士團所行禮儀完全是海陸豐式的，廣東系黃維則堂因此絲毫沒有干預的餘地，只是在三天正醮的早、中、晚進行的走朝儀式上，才把黃氏居住區大新街包括進禮儀的對象區域中。黃氏本身也只是作為大新街居民，在放榜、頌符等與居民有關的場合下，才與祭祀發生某種關係。事實上，黃氏作為地主，在整個長洲墟所擁有的強大的經濟影響力，至少對海陸豐系的禮儀，是不起什麼作用的。

以上所述為道士團儀禮；在居民進行的重要祭祀活動中，有建醮第三天、建醮後一天的第一次和第二次"會景巡遊"。第一次會景發生在建醮第三天、重要的內壇醮事完成後的階段，內容是島內諸神以玄天上帝為中心環遊全島，鎮撫惡煞。第二次會景安排在外壇醮事結束、全部儀禮告終後，接送諸神像回歸各本廟。會景活動的主要負責人，是南北各街坊（北社街、興隆街、新興街、大新街、中興街）；原來是從北面的海陸豐集團的商戶開始，現在則出自廣東系的大新街、中興街。南面的黃氏維則堂屬於大新街。關於會景巡遊的編成和組織，在討論墟市祭祀特色時已有詳論，不再贅述。

第三節　祭祀演劇

太平清醮中的演劇活動，分兩個階段進行：粵劇三天四夜，自建醮前一天至第三天；惠劇（海陸豐劇）三天三夜，自建醮後一天至後三天。由於醮棚內道士團的禮儀是海陸豐系的，照理說，在日程上與此一致的第一階段三天四夜的演劇演出，也應該是海陸豐劇，但目前長洲居民大部分是廣州系，懂海陸豐方言的居民相對來說不多，是少數派，因此，第一階段中最重要的演出日程至今仍為粵劇所佔。從建醮禮儀結束後一天開始連演三天三夜的海陸豐劇，是由北部海陸豐人籌辦的，該劇後來轉化成一種酬謝神恩的演劇——主要是慰勞出駕至太平清醮的海陸豐人的守護神"北帝廟玄天上帝"。

以下,分別考察 1983 年的粵劇和惠劇演出情況。

一、粵劇

粵劇演出是對迎進神棚的諸神及孤魂的奉獻。1983 年,聘清新中華粵劇團作了三天四夜的公演。劇碼見表 15。

表15 1983年長洲建醮粵劇劇碼表

日期	日場	夜場
		(1)《碧天賀壽小送子》 　　(簡稱《小送子》) (2)《鳳閣恩仇未了情》
祭祀第一天農曆四月初五	(1)《賀壽加官小送子》 　　(簡稱《小送子》) (2)《全家福》	《刁蠻元帥莽將軍》
祭祀第二天農曆四月初六	(1)《賀壽加官小送子》 (2)《春風帶口歸來燕》	《桃花湖畔鳳求凰》
祭祀第三天農曆四月初七	(1)《賀壽加官小送子》 (2)《萬家錦繡帝皇家》	《英雄碧血染情仇》

表中劇碼以古裝戲為主,避開了武打戲,偏重於才子佳人戲,迎合了墟市居民的都市趣味。尤其值得注意的是,原來只應在祭祀第三天演出的《小送子》一劇,現在改為每天(包括第一夜)演出,第一夜原定演出的《七彩六國大封相》,由於演員不足,換成《小送子》。第三天日場演出的《小送子》是正戲,雖然劇團按照慣例上演這些戲,但是第二天、第四天演出的《小送子》卻是由個人捐款而進行的"加演"。為個人演出吉慶戲,只要這個人給戲班發賞金,戲班就可以演出任意回,這種習俗是演劇從公眾性向私人性演化過程中的產物,它雖普遍存在於東南亞華僑社會,但在香港地區卻難以見到。長洲粵劇劇碼中加演《小送子》一劇,

體現了上述演劇的私人化傾向。這一傾向也是在所謂的 "墟市" 這種個人社會化的環境中產生的，反映了墟市演劇的特色。

二、海陸豐劇

海陸豐劇是建醮結束後，亦即粵劇演畢後，由海陸豐人奉獻於玄天上帝的。奉迎於神棚的諸神，在建醮期間，已經接受了粵劇的敬獻，"返宮" 以後，就不再居於某一場所。只有主神玄天上帝從神棚回駕本廟，重鎮本廟（北帝廟）神壇。在這一條件下，作為玄天上帝直系信徒的海陸豐人，在向出駕至太平清醮的主神獻演感恩劇的同時，也就有機會以集團的形式，進行神前聯歡活動。

1983 年，聘請了 "惠僑劇團" 演出海陸豐劇。劇碼見表 16。

表16　惠劇劇碼表

日期	日場	夜場
農曆四月初八	《八仙》《加官》《送子》	（1）《攻打燕山連奪之》（西秦戲） （2）《王雙福》（白字戲）
農曆四月初九	《福物競投》	（1）《許英傑》（正字戲） （2）《崔鳴鳳》（白字戲）
農曆四月初十		（1）《雙賽花救駕》（正字戲） （2）《蔣英哥》（正字戲）

第一天演出前（下午六時）向北帝獻演《八仙》《加官》《送子》，由於仍然使用前幾天的粵劇戲棚，戲台不對著北帝廟，所以形式上不太符合酬神演劇的要求。

演員抱著 "送子" 木偶走下戲台，進入北帝廟，向神禮拜。以後，從每天晚上八時起，先演西秦戲或正字戲，到半夜時分接演白字戲，最後一天徹夜演出正字戲《蔣英哥》。作為劇碼安排的慣例，武打戲（西秦戲《攻打燕山連奪之》）總是放在第一夜的首場，而其他日程的劇碼則避開了激烈的西秦武戲，還是演出

照片 55　長洲建醮海陸豐劇團開台拜神

照片 56　長洲建醮海陸豐白字戲（《王雙福》）

202

了溫柔的正字戲、白字戲中的才子佳人戲（文戲）。如前所述，這一點迎合了墟市居民的審美情趣。

第四節　小結

最後，對南頭黃氏干預太平清醮的形態問題作一總結。

已如前述，南頭黃氏維則堂自清初以來，儘管作為土地所有者控制了長洲墟的商戶，但對該墟重要的祀神祭祀——北帝太平清醮中的祭祀組織幾乎沒有影響力。其原因有兩點值得考慮。

第一，由於南頭黃氏維則堂的根據地是新安縣南頭，與長洲墟之間相隔遙遠的海路，而且，黃氏宗族在長洲墟的居民不多，是標準的在外地主，因此，就游離了本地的祭祀組織。據說，北帝廟由海陸豐人祀奉於長洲，是乾隆三十八年（1773）的事，當時，南頭黃氏也捐獻過一口洪鐘，這說明北帝廟創建之初，黃氏在某種程度上也是與北帝祭祀組織有關係的。只不過由於其在外地主的性質，才使他們逐漸喪失了在組織內的實質性地位。

第二，南頭黃氏與墟市居民在族群系統上的差異，妨礙了兩者在同一組織內的共存。長洲北邊、北帝廟附近的商戶密集區，自清代以來，是作為海陸豐人與潮州人聚居的 Hoklo 區發達起來的。黃氏等廣府系無法進入這個 Hoklo 區，於是不得不在南邊另立聚落。這一局面形成於清初，直到近代基本未變。比如 1911 年香港政府市政廳編制的人口統計中，有一個不同族群間的方言人口構成表。（見表 17）

在總數約四千人中，海陸豐人佔四分之一，約一千人。由於這一千人是長洲島的開拓者和開墟者，好幾代人都集居於狹窄的北部一帶，其他的廣東系與客家系居民，當然就不得不尊重他們的集團性。尤其是因為海陸豐人的集團內部團結得非常牢固，所以，自清中期以後，即使北帝祭祀組織內加進了廣東人，廣府

203

表17　長洲各方言人口構成表

	男	女	合計
本地人	1421	1022	2443
客家人	348	216	564
海陸豐人	621	336	957
合計	2390	1574	3964

系、蛋家系、客家系的眾神也被迎進了神棚，參加到會景之中，但祭祀組織的核心仍由海陸豐獨佔。因此，北帝建醮中的祭禮，遵循海陸豐傳統，廣東道士沒有插足的餘地。反過來，對南頭黃氏來說，只要能確保土地所有者的租課徵收權，他們也就容忍了不同族群的風俗和宗教，未必會產生對抗的情緒。海陸豐商人經常抨擊南頭黃氏，稱其"只知向商戶收取鋪租和地租，對本地卻毫無貢獻"，可以說是從反面表明了上述關係。

　　根據以上兩個理由，就得出了南頭黃氏對於祭祀組織幾乎無力行使其地主宗族所應當具有的影響力這一結論。可以說，商業性徵租關係的建立，並不在乎隔地遙遠或是族群迥異，在這種徵租關係中，地主宗族容易確立對墟市的控制，但同時卻又很難完全掌握它。

　　於是，在長洲墟，祭祀禮僅與祭祀演劇相關，就以海陸豐習俗為基礎，不受保守的地主宗族制約，實現了較為自由的墟市風格。當然，由於海陸豐禮儀的產生基礎也是宗族村落，故而無法從宗族秩序中完全脫離出來。儘管如此，正因為不存在來自上面的制約，就使得它能夠自由地適應墟市的現實而形成一種新的形式。單就禮儀而言，自由選定緣首；大榜上不列居民姓名，只記值理；省略啟榜儀式；只以捐款者為對象分發午供的護符等等，將原先應該面對墟市全體成員的公眾性禮儀，分解為適應個

照片 57　長洲建醮會景飄色一：古典劇

照片 58　長洲建醮會景飄色二：現代風俗

人需求的形式。另外，引人注目的是，晚參、晚朝、午供、遣船等各種禮儀，都以華麗的演劇性演出來刺激墟市信徒的好奇心。相反的，每個禮儀中單調的部分被省略了，時間縮短了，編排緊湊了，使得整個祭禮更加適應都市生活的節奏。特別是將深夜及凌晨的一些禮儀，盡可能調整到半夜十二時前後進行，正好與粵劇的結束時間相符。還有，商戶推出的"飄色"節目，其題材也擺脫了傳統的古典演劇的舊俗套，增加了以現代時事為主題的內容。粵劇、海陸豐劇的內容也趨於注重現代風俗的戀愛劇。這種"柔軟性"，只有在不受地主宗族的保守性制約的自由墟市祭祀環境中，才得以展開。長洲墟太平清醮活動的實例，鮮明地表現了這一特點。

結章　從廣東型向江南型發展的方向

　　本章將對上述幾個與序章所提問題有關的實例，作一整理和總結。在序章中，曾就設立了墟市的地主宗族或其聯合體支配或參與墟市祭祀組織的形態，設想了三種類型：

　　（一）作為墟市設立者的地主宗族或其聯合體，不借助墟市商人的力量，單憑地主宗族本身的實力維持和經營墟市祭祀組織；

　　（二）作為墟市設立者的地主宗族或其聯合體，與墟市商人合作，共同維持和經營墟市祭祀組織；

　　（三）作為墟市設立者的地主宗族或其聯合體，將墟市祭祀組織全部委託給墟市商人，自己不參加維持和經營事務。

　　本篇已分別探討了類型（一）的實例——石湖墟周王二院神誕祭祀、類型（二）的實例——大埔舊墟天后神誕祭祀與元朗舊墟大王廟建醮祭祀以及廈村市建醮祭祀、類型（三）的實例——長洲墟北帝廟建醮祭祀。

　　探討的結果使我們能夠大體上把握住這樣幾個特徵：類型（一）中，作為墟主的地主宗族或其聯合體，雖能保持對祭祀組織的獨立支配，但祭祀的範圍過於狹窄，阻止了祭祀向演劇的發展；類型（二）中，作為墟主的地主宗族或其聯合體，不論原來是弱小的（如大埔），還是強大的（如元朗），隨著墟市的擴大，祭祀組織內墟市商人力量的增強，其墟主地位都在步步下跌（反之，墟市若不擴大，地主宗族的地位則可保持，如廈村市）；類型（三）中，作為墟主的地主宗族或其聯合體，儘管因為被排擠出祭祀組織，故而組織內部的爭端不再出現，但是墟主和墟市商人之間的對立關係卻依然潛伏著，而墟市祭祀的規模在這種情況下還在擴大。

　　就“墟主”身份這一點而言，可以說地主宗族是很難在與墟市商人和諧相處的狀態下去控制擴大了的墟市祭祀組織的，這似乎要比同一地主宗族在與農村佃戶處於權力關係的狀態下去支配農村祭祀組織，更為困難。如果像類型（一）的石湖墟周王二院的上水廖氏那樣，將祭祀組織的成員全限定為地主宗族，那麼，雖然有可能保住支配權，但由於參與祭祀的社會階層過於狹窄，所以反而不能實現通過祭祀組織來控制整個墟市這一墟主的本來目的。只有在控制了墟市商人所信仰的俗廟中的祭祀組織之後，才能達到控制墟市的目的；類型（二）、（三）的實例，可以說是顯示了墟主在這一方面的努力難以成功的事實。

反而思之，統治著農村的有實力的地主宗族，到底將以多大的熱情來支配和維持墟市呢？這個問題很值得玩味。上述四個墟市雖然在今天全都發展成了大市鎮，但在清初，它們只不過是溝通周圍宗族村落間小規模貿易的小墟。每十天或每三天開墟一次，商戶很少，四周也沒有直接的防禦牆。只有元朗舊墟和廈村市，儘管在其兩側築有完整的使之變得狹小的圍牆，也不過是一種形式上的防禦。周圍的宗族村落基本上都有圍牆，尤其是作為墟主的地主宗族，比如上水廖氏的水圍，大埔頭鄧氏的老圍，錦田鄧氏（光裕堂派）的永隆圍、吉慶圍、泰康圍等，幾乎都把自己的根據地圈在厚實的圍牆之內。相反，上述墟市卻都無圍牆，即使考慮過這樣將便利於貿易，但對地主宗族（墟主）來說，維持這樣的狀態，可能是出於可以隨時將該地放棄掉的緣故吧。墟主之所以不住在墟市中，或者就是居住，人數也極少，正因為墟市是一種危險的場所，它不知什麼時候會被放棄。對墟主來說，墟市的利用價值，就在於修建鋪屋、整理街區、招徠商戶，從而徵租收稅，然而這些活動，看上去也不過是地主固有的經濟行為——出租土地給佃戶耕作，爾後收取佃租——的一種附屬物。例如，本篇第三章提到的錦田鄧氏，其在東莞城內擁有大宗祠"都慶堂"，這是明末時以東莞、新安兩縣為中心，散居於廣東各縣的鄧氏宗族的統一的祠堂，都慶堂以"新安墟業"為其祠產，但在明末清初的政治動亂中，都慶堂大宗祠成為廢墟，作為祠產的新安墟業也喪失殆盡，故而到了清代，錦田鄧氏進士鄧文蔚再建祠堂，其子世勳又於康熙四十七年（1708）重修；到了康熙五十七年（1718），對祠產重新進行了整頓[1]。此時，對於失去了的新安墟產業，他們是這樣認識的：

> 本祠供祀，先年原有新安墟業。鼎革後，已不可問。因集謀置實田，庶垂永久。[2]

很顯然，他們在這裡視墟市中的商業性資產（店鋪、土地）為"墟"（虛），即"虛無之物"，並將它與"實"有的土地相比較。墟業與實田之所以會成為對立之詞，雖然其根子在於以商為虛、以農為實的農本主義思想，但所擁有過的墟市產業曾在政治動亂中輕易喪盡這種事，也使人們體會到"墟市"不過為"虛物"，與此相反，"土地"才是真正的"實物"。總而言之，對於地主宗族來說，墟市雖是其獲利的財源之一，但這是一種經不起政治與社會風浪的、缺乏安定性和永久性的財產。因此，與其將財富積聚在墟市內引起危險，還不如選擇把資金投入土地更為安全，這種傾向相當強烈。已如前面各章所說，地主宗族往往把取自墟

---

1 《寶安錦田鄧氏族譜・東莞城都慶堂五大房同派宗祠重修碑記》："萬曆戊戌，復有進士諱雲霄者追念宗盟，謀建大宗祖祠於莞之城南隅，百有餘年矣。風雨飄搖兼經兵燹，榱題朽壞，四壁傾頹，豹生（鄧文蔚）登第達，需次服官，告於五屬，願捐祿賜，倡修之……不願出宰龍丘，遂而捐館，弗竟其志……豹生之次嗣世勳承先人之命，董督修之……告成於戊子（康熙四十七年）季冬。"（民國初年抄本，大英圖書館 Baker Collection 新界族譜之一，香港中文大學縮微資料。）

2 參閱本篇第三章。

210

市的商租之類的收入，充入宗祠、鄉賢祠的祠產中。大埔舊墟的孝子祠、石湖墟周王二公書院是鄉賢祠，元朗舊墟的鄧光裕堂、長洲墟的黃維則堂是宗祠。作為各自的祠產，上述墟市中的商租肯定是佔著一定比例的。然而，就祠產的主要構成要素而言，其中還包括了田產，較之田租，商租只不過起到輔助性的作用。租賃鋪屋的商戶，大部分是外姓人，允承期很短。以長洲墟為例，每期僅為五年。地主宗族經常調換租屋者，以致形成一種旨在謀取投機性利潤的制度。況且，作為墟主的地主宗族，本身並不住在墟市，而是居於農村老家，所以其對墟市的安全問題也無強烈的責任感。綜上所述，墟主宗族對維持墟市的經營，是抱有自信心、責任感，並注入了熱情的。他們認為，如能從外姓、雜姓的墟市居民身上，在盡量短的時間內，取到盡可能大的利益，當然最為理想；但一旦出現危險，他們也準備隨時放棄墟市，抽出資本。這種消極的、短視的經營方針，當然就使作為墟主的地主宗族對墟市的地緣組織——墟廟祭祀組織不感興趣。上面提到的墟主鄧氏在元朗舊墟大王廟重修過程中表現出的冷淡反應，也是出於這樣一種狀況。概言之，墟主只要能確保自己對墟市商戶的徵租權就感到滿足了，他們並不希望涉足於祭祀組織有關的活動。長洲墟墟主南頭黃氏之所以對北帝廟建醮組織漠不關心，其中族群系統迥異當然是一個原因，但把墟市看作是單純的、短期內生利的工具這一墟主宗族最一般的行為模式，也是起因之一。

　　倘若我們把視野再稍微擴大一些，以上論點也就與農村市場經濟的成熟度問題聯繫了起來。也就是說，當農村的市場經濟處於以小墟市為核心，進行發散性貿易這一階段時，統治著農村的有實力的地主宗族，始終固守農村據點，對墟市只是進行遙控，絕不會遷居於墟市。其結果就是堅持實行所謂"在鄉地主"的立場。對於墟市來說，由於墟主是"在外地主"，祭墟組織所受到的地主壓力不是很大，所以在組織經營、祭祀禮儀、祭祀演劇方面，就能擺脫地主的制約，而以新的趣味、新的方式，獲得自由的發展。廣東墟市貿易圈內產生的市場地演劇，特別是當地的粵劇，就是在這一條件下得到發展的。

以上，論述了作為"小墟市階段"的典型——廣東新安縣這一實例中得出的結論，下面有必要再進一步了解，隨著市場貿易的深化，墟市發展成為市鎮以後的"市鎮階段"情況。這樣的例子並不在廣東這樣的中、後進地區，而必須到江蘇、浙江等先進地區中去尋找。其特徵在於，這種地區的與市鎮祭祀組織有關連的地主宗族居住在市鎮內，他們作為所謂的"城居地主"，控制著周圍村落中的雜姓宗族。地主宗族達到城居階段可有兩個途徑，或是自己拋棄原居的村落，移居市鎮，或是靠原居村落附近的市鎮發展、擴大，形成與村落一體化的市鎮，最後使鄉居的地主轉化成市鎮居民。一般說來，兩者中以後者居多（在本篇中，石湖墟和上水廖氏的關係與此近似。不過，廖氏的根據地上水和石湖墟雖然鄰接，但並未達到一體化，只能說在將來有接近與合併的可能性）。下面，我們來看一下作為其實例的浙江省奉化縣西塢鎮的鄔氏。西塢鎮鄔氏元老鄔烈梓是這樣敘述鄔氏及該鎮情況的：

> 家鄉西塢是奉化縣一大鎮，鄔姓聚族而居，約有三五千家，在奉城東二十五里。（中略）寧波西塢間水路九十華里，約三至四小時可到。每天對開各往返一次。……遇過年有廟會時，各對開二船。在鄞奉公路未建築前，奉化半數以上鄉民及鄞縣南鄉鄉民都須依賴這條航路。西塢就成為交通要道，沿途各叉江有駁船接駁，如鄞江橋、江口蕭王廟、方橋、後顧、張俞、花園、虎嘯周、陸壘橋、南渡大橋、走馬塘、埔口王、前隍山、董家跳、蔡橋等。西塢有兩家轎行，備有近二十頂轎子，供雇客坐至十里二十里外。所以西塢算得起一個大鎮。[3]

3　鄔烈梓：〈談談家鄉稻花會〉，載《寧波同鄉》，第 96 期（1976）。

西塢鎮是奉化縣的水上門戶，鄔氏宗族控制了這個要衝，據說當地僅鄔氏就有五千戶、三萬人以上。西塢鎮有許多廟，而其中最有名的是郊外的聖姑廟，每年正月與八月，要舉行兩次盛大的演劇奉演。特別是正月元宵的"上燈會"更為隆重。關於其祭祀組織，同為鄔氏元老的鄔良生有以下記述：

> 玉女聖姑廟奉祀三尊娘娘，坐在中間一位神畫前寫的是"宋室襃封"四字，下轄十堡。東首一位神龕前寫的是"浮石呈靈"四字，下轄八堡。西首一位神龕前寫的是"日嶺顯跡"四字，下轄六堡。每堡由一村或數村湊合。逐年挨次輪流當辦正月十三上燈至十八日落燈、演戲祭神的廟頭。所以有十八年輪到一次，也有二十四年挨到一屆，也有每隔三十年一回輪當。屬於聖姑界下的村莊，有西塢、廟山、虎嘯劉、顧家墺、李師橋、應江岸、金竹園、東陳、虞家墺、團橋頭王張二姓、下陳、泰橋、魯婆橋、前俞、後俞、張江岸、朱家塘、唐家墺、俞夾墺、謝任墺等二十餘村。應值當辦的村莊自十三日起，日夜演戲。六天十二場，供菜三桌，另加五牲豬羊。紅燭高燒，香煙裊裊，祭菜豐儉，陳列品新奇，視當辦的村莊財力而定。西塢鄔氏財丁兩旺，為附近村莊之冠，二十四年一屆的廟頭，由祠眾負責辦理。好勇鬥強是人之常情，輪當的一年，當然要比其他的村莊辦理得更熱鬧，祭菜陳設，更力求精美新奇。採辦各地特產，無遠勿屆。關於財力方面，經二十三年滋息積聚，又可向下幾代財產較豐的祠眾攤派，故可盡力以赴。[4]

從以上紀錄中我們推想一下"上燈會"的祭祀組織。據說聖姑系有八堡二十餘村，假設每村二十四年輪到一回，那麼按每堡三村計，該系就由二十四村組成；石首神系據說為十堡，以每堡三村計，為三十村，三十年輪一回；日嶺夫人系為六堡，按每

4　鄔良生：〈家鄉的拜拜〉，載《寧波同鄉》，第 71 期（1973）。

堡三村，共計十八村，十八年輪一回。一村為一堡時，其內部也許已一分為三。由於從三個系統中，每年各推一村作為各堡的代表，這樣，每年總有三個村子共同經營這個"上燈會"。因此，為期六天的演戲活動，就很有可能由各村各分擔兩天。村落的總數達七十二個。

西塢鄔氏雖是聖姑系二十四村之一，但從以上列舉的二十餘村的名稱看，其中包括了許多控制著單姓宗族村落的宗族，如顧家墅的顧氏，東陳、下陳的陳氏，團橋頭的王、張二氏，前俞、後俞的俞氏，朱家塘的朱氏，唐家墅的唐氏，俞夾墅的俞、夾二氏，謝任墅的謝、任二氏。而西塢鄔氏作為聖姑系這一宗族聯合組織的領袖，負責該廟會的演劇演出。

總之，市鎮祭祀組織與墟市的情況不同。在市鎮內部，城居地主是其核心。為了使周圍村落在經濟上從屬於它，就要造成一種周圍村落的多數地主宗族作為成員加入進組織的狀態。由於形成不了廣東墟市中那種由少數宗族控制祭祀組織的局面（事實上也不大可能維持長久），最後不得不採用以市鎮宗族為核心，聯合周圍村落的宗族共同控制祭祀組織的形式。可能就是因為這樣的經濟關係，才導致了祭祀組織的複雜化。不過，像這樣有許多地主宗族參加的聯合組織中，連其核心宗族都只能二十多年才輪值一次，就必然會在客觀上鬆弛地主宗族對祭祀組織的控制力。

與墟市祭祀組織不同的市鎮祭祀組織，在這裡有著它特有的弱點。例如，每當二十四年一回的輪值來到之時，西塢鄔氏組織的演劇和雜技活動，都有超越地主標準的傾向。關於這一點，鄔良生的論文裡有如下紀錄：

除聖姑廟演戲祭神外，西埠本地也有五處祠堂祭神演戲，各種不同的陳設：同一日有四五場戲，這樣熱鬧，連跑江湖的也趕來湊熱鬧賺錢。有馬戲團、跑馬、空中飛人、穿火圈、穿刀圈、車缸、車梯、疊羅漢、釘山打石，各項驚險玩意兒，跑西洋鏡（拉洋片）、猴戲、小熱昏（一人獨角戲，說說講講唱唱）、四明南詞（是一種說書，有三人檔、五人檔、七人檔，同蘇州彈詞差不多，俗叫文書，彈彈唱唱說說，內容多是才子佳人一類韻事，"小姐私託終身後花園，落難書生中狀元"。武書，一人或二人，有說有表演，一種民間玩意兒。內容如"五鼠鬧東京""五虎平西""打擂台"等，武打熱鬧場面）。（見前引論文）

上元和元宵燈會，本來應該是富於農村節日意味的活動，但這裡顯示出來的，卻是一種產生於城鎮市場環境中的、極為華美的、集中了演員和藝人的、典型的市場地演劇。尤其是江湖藝人的加入，更說明鄔氏作為地主宗族控制能力出現了漏洞。江浙先進地區的大市鎮中的祭祀組織，已成為一種過於臃腫化和多樣化的、成員結構複雜的聯合體，地主控制的機能因之而喪失。

以上，通過廣東諸實例考察了小墟市祭祀組織中地主支配力的空洞化傾向，並且大致說明了江浙大市鎮祭祀組織中地主支配力出現破綻的傾向。無論哪種場合，要在市場地演劇組織內部，徹底實現地主宗族的保守性統治都是困難的。這一困難，隨著市場由小墟市階段向市鎮階段發展，其程度也在不斷增強。這就是本篇的結論。與市場有關的商人、工人，以及佃農、貧農等，正是利用了這一個空隙，擴大了各自獨立的市場地演劇風格。

附：民國二十四年寧波鄞縣市場地演劇表

為了比較廣東與浙江的市場地演劇，特製〈民國二十四年（1935）寧波鄞縣（今寧波市鄞州區）市場地演劇表〉。

表18　民國二十四年寧波鄞縣市場地演劇表

廟名	祀神	地址	建修	祭祀演劇	祭祀組織	戶口	宗族
1 崇福廟	唐白居易	櫟社鎮、崇福橋東	宋紹興年間	正月二十日為神誕期，演戲。	十堡（何張、吳蔣華、江沿李、老沈、新沈、東沈、新豐橋、陳沈張、上市、吳平屠）	一千二百餘戶	何姓、張姓、吳姓、蔣姓、蔡姓、李姓、沈姓、陳姓、華姓、平姓、屠姓
2 太白廟	唐杜雍	天童鎮、太白山麓	清嘉慶二年	正月演燈戲，九月十六日迎賽。全村演戲敬神。	五堡（蔡姓、王姓、徐姓、謝姓、應姓）	五百餘戶	蔡姓、王姓、徐姓、謝姓、應姓
3 櫟木廟	宋鄞令張峋	櫟木鎮櫟木巷	明時建	二月十二日為神誕期，致祭，演戲。	十八堡（潛龍漕、仇畢、舟孟橋、後盛屠、邵鬱、矮柳、荷花莊、外河沿、周齊、王雙橋、章家橋、洞橋、聞家岸、高地陸姓、金殷沈羅姓、新庵漕、任葉盛、顧家漕）	數千戶	仇姓、畢姓、盛姓、屠姓、邵姓、鬱姓、周姓、齊姓、陸姓、金姓、殷姓、沈姓、羅姓、任姓、葉姓

216

廟名	祀神	地址	建修	祭祀演劇	祭祀組織	戶口	宗族
4 西莊廟	唐齊閣、林家	都橋鎮、林家	清康熙四十二年重修	二月十三日為神誕期，由華封會演戲、敬神。	三堡：東堡（林家）、西堡（大河沿、小董家）、客堡（三橋）	四百四十五戶	林姓、董姓
5 大樸木廟	晉鮑蓋	泗港鄉（泗港市）、前後漕東	未詳	舊曆二月演戲敬神，俗稱"後燈頭"。	十四堡：首堡（姜家、水漕童王）、二堡（陸家圈、周東橋）、三堡（漕頭孝四房）、四堡（柴家）、五堡（中步漕、泗港、林家畈）；六堡（錢家）、七堡（嶴里土馬橋）、八堡（低田下、沐馬漕、石公橋、新葛家）、九堡（楊家漕、天井莊）、十堡（上橋、丁家衕）、十一堡（妙勝橋）、十二堡（前後漕）、十三堡（東頭花園）、十四堡（段橋頭）、又客堡（曹隘）	一千二百餘戶	姜姓、童姓、王姓、陸姓、柴姓、林姓、錢姓、葛姓、楊姓、丁姓

廟名	祀神	地址	建修	祭祀演劇	祭祀組織	戶口	宗族
6 新安王廟	宋吳璘	石家鄉（陳源渡市）石路頭	清嘉慶十四年重建	舊曆三月十日演戲	五堡（東石、西石、中石、石路頭、後王）	約千餘戶	石姓、王姓
7 烏樓廟	晉鮑蓋	舊城內家風鎮、英烈街	清乾隆五十八年建	舊例四月十日由王姓、鄭二姓值祀、演戲、敬神。九月九日演戲、敬神。	二堡（王、鄭）	約二百數十戶	王姓、鄭姓
8 齊君廟	齊關	桃江西鄉桃江市內		四月二十四日為神誕期，演戲、致敬。	兩堡（張、傅）	八百二十餘戶	張姓、傅姓
9 新水仙廟	水仙淵靈侯	舊城內惠政鎮、偃月街	宋時	八月十五日為神誕期，演戲、致敬。今全部停止。	五堡（周、韓、林、江、施姓）	一千四百餘戶、六千人	周姓、韓姓、林姓、江姓、施姓
10 毛府君廟	未詳	北林鎮青林里保生橋北	缺	舊曆八月三日，為神誕期，連演三天戲。	六堡（陳姓、雷姓、杜姓、孔姓）	約二百餘戶	陳姓、雷姓、杜姓、孔姓
11 金仙廟	東漢劉植	北林鎮青林里石道地西北	未詳	舊曆八月二十一至二十八日，演戲、敬神。	八堡（石道地、圓塊、馬郎橋、泗港口、王家灣、荷葉地、馬家）	約四百餘戶	王姓、馬姓
12 岩官廟	漢梅福	前徐鎮、廟後村東南	宋大中祥符間	夏、秋兩季演戲、敬神，八月十七、十八日為會期。	二堡：東堡三千八百餘戶、西堡八百餘戶	四千六百餘戶	徐姓
13 薛將軍廟	唐薛仁貴	高橋鎮、高橋東北、吳港岸	宋南渡時	十二月十四日演出神誕戲	五堡（橫河、蘇家、吳港岸）	一百戶、四百七十四人	蘇姓、吳姓

第二篇

複姓村落聯合
體的外神祭祀

序章　村落聯合祭祀演劇中的宗族統制機構

上一篇研究了市場演劇，本篇將探討具有漫長的演變史，並且在農村社會中分佈得最為廣泛的村落聯合演劇的組織結構問題。首先，作為序論，概述一下村落聯合演劇的歷史意義、存在的問題、資料範圍，以及論述的順序。

一、村落聯合演劇在中國演劇史上的地位

正如第一篇序章所說，中國的祭祀演劇，最早是以市場演劇的形式發生、發展起來的，這種在市場中尤其是在小墟市中形成的演劇，涉及到由並存於墟市貿易圈內的、若干個村落聯合而成的祭祀組織。一般說來，在中國農村社會，特別是在形成了農村市場的宋代以後，很少有個別村落孤立獨存的現象，它們或多或少總與鄰近的村落聯合共存。市場本身就是貿易圈內村落的大聯合，而更多的是比其規模小的、由幾個村落組成的緊密的聯合。最普遍的類型，就是沿著同一條河流的幾個村落，基於相通的利害關係而形成的"水利共同體"的村落聯合。但並不一定局限於水利，從共同利用山林、共同照看農田之類保護農業生產基礎的需要出發，幾個村落組成聯合組織的實例是非常多的。在農村，當危及農作物的水、旱、蝗災發生的時候，為此而進行的祈雨祭祀、青苗祭祀等儀式，通常都以這些平時共同管理水利、山林、農田的村落聯合組織為主體而進行。這種村落聯合體，為了積累對付自然災害的經驗和驅除災害的祭祀，即使現實中並沒有發生災害，仍然幾年一次，舉行旨在鎮撫被認為是災害之源的幽魂、孤魂的建醮祭祀，這一狀況極為盛行。如前一篇中所說的市場建醮祭祀（元朗墟、長洲墟），它們本來就是農村村落聯合所形成的祭祀習慣推廣到市場後的產物。就這一點而言，可以說，市場祭祀也是與共同體式的村落聯合的祭祀及其基礎有聯繫的。

不過，共同體式的村落聯合，與市場的貿易圈不同。村落聯合的目的，是維繫共同體的根基，並且由於受到的限制，它的範圍也比市場貿易圈狹小，所以，內部的控制很嚴，對外亦處於封閉和防禦的狀態。而為了實現這一點，很多聯合體都擁有一定數量的武裝組織。這一特點，據官僚看來，就可以被利用來作為保甲與團練的基本單位，或者也可以組成配合基層村落管理的"鄉約"組織。

建立在共同體基礎之上的村落聯合體，是兼有經濟組織、行政組織、祭祀組織三要素的農村基本權力組織，它以當地具有代表性的俗廟為中心，建立聯合祭祀組織。由於其祭祀活動比孤立村落的祭祀規模大且又開放，所以，它繼市場之後，很快地容納了演劇演出。當然，與市場不同，這類組織內沒有商人階層，人員也分散在各村中，因此它無法進行如同市場那樣頻繁和大規模的演劇演出。不過，不少聯合組織都有向寺廟奉演相當規模的演劇的慣例（至少幾年一次）。如以縣為單位，村落聯合組織的數目遠高於墟市市鎮（通常數十倍於後者），即使個別村落聯合體不能像市場那樣每年舉行演劇演出活動，但一年中最少也應有百分之二十至百分之三十的聯合體舉行演出。所以，無論何時，村落聯合演劇的數量都要大於市場演劇。中國農村的祭祀演劇活動，尤其是規模比較大的演劇活動，這類村落聯合演劇就這樣經常佔了其一半以上。必須指出，村落聯合演劇在中國祭祀演劇史上，具有與市場演劇相同，或者高於它的重要意義。

二、問題之所在 —— 地主宗族在村落聯合祭祀組織中的地位

村落聯合祭祀組織，因為是以村落為構成單位的，所以，像華南這樣每個村落都由單一宗族，或者是由少數強宗組成的情況，這種祭祀組織就必然表現為區域內複數宗族的聯合體。那麼，這種複數宗族聯合體，在組織上具有什麼特徵呢？儘管各宗族結合的形態可以是多樣化的，但作為以共同體規約為其宗旨的這一組織特徵，至少可以考慮以下兩點。

第一，我們可以作這樣的推測：在這種複數宗族聯合體中，由於需要維持共同體的強制力，因此很容易在比較強大的宗族與弱小的宗族之間形成支配與服從的關係。以強大的地主宗族作為聯合體的核心，弱小宗族緊緊地聚集在其周圍，之所以採取這一形式，是因為它有效地維持和實現了整體的組織能力。我們再作進一步的推測：這種共同體式的宗族聯合，不僅要對內部實行控制，由於它很容易與相鄰的同樣類型的其他宗族聯合體，在勢力範圍和水利灌溉等有利害關係的問題上發生衝突，因此勢必要維持一支相當規模的自衛、自治性的武裝組織，這樣，就很容易導致由聯合體內部戶口較眾、財力較盛的大宗族控制其他小宗族的局面。這一點，正與以市場為核心，僅憑貿易關係結合起來的村落宗族聯合體的情況——即使在上下關係疏遠、控制力很弱的條件下也能夠成立形成對照。

第二，各村宗族間族群系統的差異是否相同？或者雖有差異，但其程度尚不明顯，就這一點而言，上述共同體式的村落宗族聯合組織也能夠形成。在族群系統完全不同的村落及宗族間，難以形成建立在緊密的共同關係基礎上的聯合，尤其是作為這一聯合的中介的祭祀風俗，它是族群系統自身的直接表現，在這個基本層次上存在差異感的不同的族群間，無法維持共同體式的聯合關係。至少在族群系統上要具有一種無論在何處都能相合的"同系性"，才具備了建立聯合關係的必要條件。因此，即使是在水利、山林、農田等生產環境中互為緊鄰的村落和宗族，只要族群系統相異，也聯合不起來；相反，孤立的村落與宗族，當其尋求聯合的對象時，縱使遠隔兩地，也能與那些具有共同或類似的族群系統的其他村落與宗族攜起手來。這一點，可說與以墟市和市鎮為中心的複數宗族允許多樣化的族群系統共存於一體的特徵，完全不同。

　　以上，是筆者推測的共同體式村落（宗族）聯合祭祀組織的表現傾向，這些傾向，是由聯合體的規模、祭祀圈的範圍或構成祭祀組織的宗族數目等因素決定的。祭祀圈狹小，作為成員的宗族數目寥寥，以上兩個特徵就表現得強烈；相反，祭祀圈廣大，宗族數目眾多，上述特徵就顯得平淡，而接近於墟市祭祀組織的特徵。這是因為祭祀圈的廣狹，規定了對異姓、異族成員的容納範圍。有鑒於此，本篇將就共同體式的村落聯合祭祀組織，提出以下三種類型來加以分析：

　　（一）在由少量村落（宗族）構成的共同體式村落（宗族）聯合體的基礎上，再次進行複數結合，最後產生出由大量村落形成的地域寬廣的積層複合性村落（宗族）聯合祭祀組織。

　　（二）大量的村落（宗族）在其共同體的基礎上，直接聯合成區域比較大的村落聯合祭祀組織。

　　（三）少量的村落（宗族）在其共同體的基礎上，直接聯合成區域狹窄的小規模村落聯合祭祀組織。

　　筆者在這三種類型中，將類型（二）設定為最標準的共同體式村落（宗族）聯合的基本類型，類型（一）是它進行了複合、積層和擴大之後形成的"廣域聯合型"（最後接近於"墟市型聯合"），而類型（三）則尚處於沒有達到標準型發展水準的未成熟階段。筆者將分別對這三種類型的宗族統制狀況和祭祀形態的特徵進行探討。

三、實地調查、實例資料的範圍

　　為討論上述問題所用的地域性資料與第一篇的相同，都是用的舊清時代廣東省新安縣官富司管轄（香港新界）的鄉村地區的村落宗族聯合實例。因為我們已經在第一篇中討論了該地區墟市演劇組織的情況，在這裡要著重關注它們之間的關係。雖然我不認為這種水準的演劇組織，在江蘇、浙江等先進地區和江西、福建、廣東等中、後進地區之間有很大的差異，但我還是想在討論了後進地區中比較單純的實例後，再論及先進地區的實例，並由此得出結論。另外，我還打算利用在香港新界農村中直接進行實地調查所得到的寶貴資料，來闡明宗族間複雜的複合關係。

針對上述三個類型，本篇分三章論述香港新界的村落宗族聯合祭祀演劇的一些實例。

類型（一）之實例：新界、平源六約、陳氏等所管坪峯天后廟神誕祭祀。（第一章）

類型（二）之實例：新界、林村約、林氏等所管放馬莆天后廟建醮祭祀。（第二章）

類型（三）之實例：新界、碗窰鄉、馬氏等所管樊仙宮・關帝殿聯合神誕祭祀。（第三章）

在討論這些實例的時候，將分析各祭祀組織的內部統制力、作為該組織族群系統象徵的祭祀禮儀的特徵和祭祀演劇的地位等問題。

第一章　坪洋陳氏等和坪輋天后神誕祭祀

序節　平源六約的宗族構成與坪輋天后廟

作為由幾個共同體式村落聯合聚集成的"廣域積層複合性"村落聯合組織中的一個實例，我們首先討論新界東北打鼓嶺平源六約與坪輋天后神誕祭祀的關係。

這個複合性村落聯合，是從該地區六個"約"（各約均為若干個村落組成的共同體式的聯合組織，發展起來的廣域組織，它們以坪輋天后廟為結合的中心。

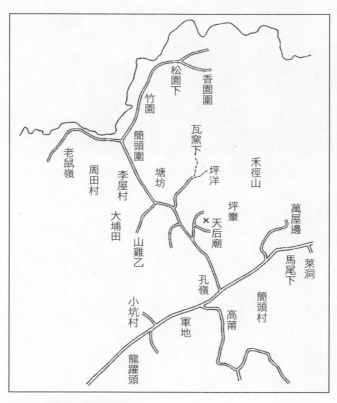

圖 27　坪輋天后廟祭祀圈

天后廟創建之初〔可能是在雍正五年（1727）以前〕位於今坪峯以南的流水坑，據說是在乾隆二十一年（1756）遷至此地的。當時，該地強宗香園圍萬氏、坪洋陳氏、坪峯曾氏三姓，見坪峯"山林茂盛，草木扶疏，加以清溪流暢，泉水成圍"，是一個理想的廟址，就將天后廟從流水坑移至此處。從一開始，就以宗族聯合的形式維持著廟務。（坪峯天后廟平面圖見圖 28）

照片 59　坪峯天后廟

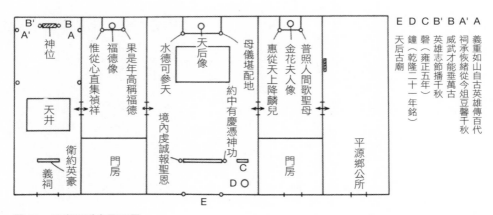

圖 28　坪峯天后廟平面圖

226

以下是廟內一口鑴有紀年的磬上的銘文：

日月，天后宮□□□□□奉酬，沐恩萬門黃氏，信庠（萬）君球、伯男（萬）君龍、（萬）君瑞，孫（萬）晚善、（萬）北龍、（萬）屏吉、（萬）升吉、（萬）天歸，契男（萬）天保。雍正五年丁未歲季春吉日大敬。萬名老爐造。

據此，可知這口磬是雍正五年（1727）時由萬氏一族奉獻的。萬氏屬客家系，住在坪輋以北、深圳河沿岸的香園圍。我們再看看表19。

表19　坪輋天后廟義祠神位表

朝學侯公	水發侯公	戊福萬公	日富萬公	水淼萬公	官福萬公	護國總鎮諱眾友例授英雄履考之神位	振英姚公	拔英姚公	齊大鄒公	榮周鄧公	成周鄧公	添良鄧公
	阿牛劉公	煥朝羅公	正保葉公	兆有蔡公	定邦周公		英祖李公	積壽李公	兆德李公	秉亮陳公	楊存陳公	容昭陳公

表中香園圍萬氏、馬尾下鄧氏、竹園姚氏、坪洋陳氏、李屋村李氏，都出於單姓同族村落。因此，以天后廟為中心的平源鄉，至少是香園圍、竹園、坪洋、馬尾下、李屋村和坪輋（雜姓）六個村的同族村落的聯合體。在清代，因平源河之名，該鄉或稱平源鄉，或稱平源約。比如廟內乾隆二十一年（1756）的古鐘銘文中說：

風調雨順。沐恩平源合鄉眾信弟子，虔鑄鳴鐘一口，敬酬天后娘娘案前，永遠供奉、福有攸歸。時乾隆二十一年歲次丙子季春吉旦立。萬聲爐造。國泰民安。

銘文中有"平源合鄉"一詞，而天后廟對聯卻稱"約中有慶憑神功"，義祠匾額稱"衛約英豪"，都稱為"約"。清代前期，新安縣境內的村落聯合體被稱為"約"者甚為常見，即使在鄰近地區，也有被稱為"約"的，如龍躍頭約、粉嶺約等。又如前篇

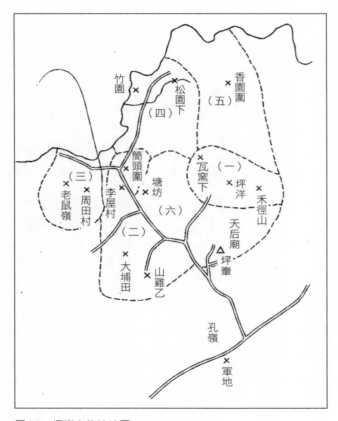

圖 29　坪輋六約地址圖

第二章中所提到的"大埔七約",也是"約"的集團。清代以來,坪輋地區共成立了六個約,這六個約最初可能都是獨立的,到了清代中葉,因為要與坪輋以南諸村相對抗,就以坪輋為中心,實現了六約聯合。

根據 1898 年的《駱克報告》、1911 年的香港《人口普查報告》和 1960 年的《香港地名志》的記載,坪洋陳氏、竹園姚氏、香園圍萬氏這些"開拓者"集團,都屬客家系。《駱克報告》中列為"本地"的村落,在 1960 年的《香港地名志》中很多都被作為本地與客家的混合村落。這些村落的人口,如果按《香港地名志》中本地村落和客家混合村落各佔一半這樣的比例計算,在全部兩千六百人中,客家為一千六百六十人,佔百分之六十四左右,這個數字比《駱克報告》顯示的客家勢力要強。由於這裡本來就是由客家集團開發的地區,因此,流入該地的人口也以客家人為多數,而目前客家人佔著人口的優勢也是很自然的。(見表 20)

順便指出,坪洋陳氏作為六約的核心宗族,擁有本宗宗祠。坪洋村為一客家式村落,共有三排橫列式住宅群,陳氏宗祠位於第一排中央,為一門面單間的小型宗祠,內部結構為內外兩進,中間夾有天井。外進有照牆,懸掛著對聯。天井後面的內進,中央祭有陳氏堂上始高曾祖考妣神位,右側祭有觀音像。雖然各處都掛著對聯,但完全沒有其他醒目的裝飾。

這種樸素的佈置,屬於新界地區客家宗祠的典型。如上所說,坪洋陳氏是作為最早的開拓者來到本地的,其他客家系宗族聚居在其周圍,從而使坪輋繁榮起來。在這個意義上,坪洋陳氏宗祠就成為自開拓時代以來形成的六約的中心建築物。

表20 坪輋六約人口統計表

約	村落	《駱克報告》1898年（人）		人口普查報告 1911年（人）		《香港地名志》1960年（人）		
第一約	禾徑山			男 27 女 32	59	客家	95	傅姓
	坪洋	客家	160	男 162 女 132	294	客家	655	陳姓
	瓦窯下			男 31 女 27	58			
第二約	山雞乙上村	本地	60	男 94 女 110	204	本地	140	
	山雞乙下村					本地	140	
	簡頭圍			男 42 女 41	83	本地 客家	185	
	李屋村	本地	200	男 41 女 53	94	本地 客家	60	李姓
	大埔田	本地	100	男 25 女 31	56	本地 客家	85	
第三約	鳳凰湖			男 39 女 45	84	本地 客家	60	
	老鼠嶺	本地	100	男 98 女 111	209	本地 客家	390	
第四約	松園下			男 39 女 46	85	本地	105	何姓
	竹園			男 18 女 26	44	客家	100	姚姓
	羅坊							
第五約	香園圍	本地	120		168	客家	255	萬姓
	蓮塘							
	凹下							
	橫江廈							
第六約	坪輋	本地	160			本地 客家	270	
	塘坊			男 17 女 12	29	本地 客家	60	
	酉嶺下							

照片 60　坪洋陳氏宗祠一：遠景

照片 61　坪洋陳氏宗祠二：近景

照片 62　坪洋陳氏宗祠三：祖壇

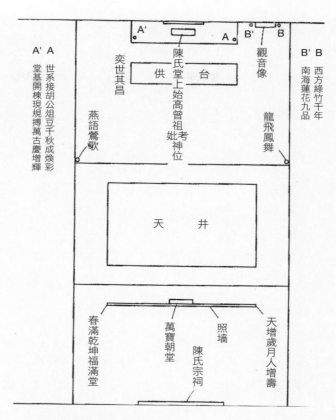

圖30　坪洋陳氏宗祠平面圖

第一節　天后神誕祭祀組織

坪峯諸村在天后神誕之時，即聯合舉行奉祭坪峯天后廟的活動。其祭祀組織以舊平源六約為主，近年來又吸收了南部諸村，發展成一個規模龐大的村落宗族聯合體。

祭祀經辦機構稱"打鼓嶺區平源演戲值理會"，是負責資金籌措、花炮會和演戲的經辦等所有祭祀業務的核心機構。1984年度的成員名單如下：

榮譽會長：陳友才；

名譽會長：杜、譚、麥、朱、李、陳、葉、姜、鄧、萬十姓各一名，鄭姓二名；

會長：陳友才、梁湛；

首席總理：陳任發；

總理：陳姓四名，萬、歐、黃姓各一名；

總務：李姓一名、萬姓二名；

財務：何姓一名；

稽核：李姓一名；

劇務：蔣、傅、劉姓各一名；

票務：胡、譚姓各一名；

文書：尹、葉姓各一名；

交通：陳、葉姓各一名；

理事：陳姓六名，萬姓五名，姚、杜、張、李姓各三名，林、楊姓各二名，鄧、傅、鄭、羅、曾、彭、鍾、胡、黃、侯、葉、劉、馮、蕭、戴、徐十六姓各一名。

　　從這份名單可見，陳姓（坪洋）、萬姓（香園圍）、姚姓（竹園）、李姓（李屋村）、傅姓（禾徑山）等開發平源的宗族，雖然比其他姓為多，特別是陳姓所佔數量更為顯著，但其他雜姓也不少。可以這樣認為，村落聯合體中的具有代表性的姓氏集團，幾乎全部包羅在這裡了。

　　其次，在上述“演戲值理會”之下，組織了三十五個花炮會，由這些花炮會分擔祭祀費用，從而解決資金的籌措問題。下面是花炮會名稱（均用吉慶語）及其代表和所屬村落的名單：

松園下村五炮：

1. 長壽炮：何錫球；2. 並茂炮：梁滿；3. 三多炮：房漢材；4. 四喜

炮；何三；5.五福炮：徐祺；

香園圍村五炮：

6.六合炮：萬慶新；7.七喜炮：羅燦；8.八寶炮：巫佛譚；9.九如炮：歐嘉彰；10.拾美炮：招順良；

坪洋村五炮：

11.壽考炮：陳志強；12.榮華炮：江同；13.富貴炮：吳妹；14.添丁炮：蘇標記；15.發財炮：劉永祥；

萬屋邊村一炮：

16.福祿炮：鍾雲；

萊洞、馬尾下村八炮：

17.興隆炮：鄧家誠；18.昌盛炮：溫明聰；19.如意炮：余永昌；20.重慶炮：周炳基；21.開花炮：梁錫；22.萬歲炮：何財；23.千祥炮：盧敬；24.大展鴻圖炮；朱應；

瓦窰下村一炮：

25.同樂炮：陳利石；

粉嶺圍七炮：

26.快樂炮：彭武哲；27.康樂炮：葉滿堂；28.萬福炮：張夥泰；29.萬壽炮：江舞；30.萬康炮：吳禮；31.福寧炮：勞全；32.福安炮：湯偉明；

竹園村三炮：

33.寶馬炮：姚有舜；34.神馬炮：區韶；35.萬利炮：江盛。

也就是說，這裡形成了一個包括北部的竹園姚氏、松園下何氏、香園圍萬氏、瓦窰下陳氏、坪洋陳氏和南部的萬屋邊鍾氏、萊洞鄧氏、馬尾下鄧氏在內的"廣域村落聯合"。該地域範圍之廣，實際上還包括了東南部的孔嶺、軍地、高莆等雜姓村落。比如在1984年度的花炮名單中，就能確認以下地名（三十五炮炮名已見上文）：

1. 軍地北村　聯鄉堂；　　　　　　2. 軍地北村　萬勝堂；

3. 坪輋流水坑　永興堂；　　　　　4. 粉嶺　慈慶社（彭氏）；

5. 瓦窰村　英群堂（陳氏）；　　　6. 打鼓嶺　順意堂；

7. 打鼓嶺　新村；　　　　　　　　8. 打鼓嶺　佛娘堂；

9. 軍地北村　互助堂；　　　　　　10. 萊洞村　慶同堂（鄧氏）；

11. 坪輋南邊圍　聯慶堂；　　　　　12. □□□　安福堂；

13. 萊洞東村　同仁堂（鄧氏）；　　14. 小坑村　（鄧氏）；

15. 軍地村　義公堂；　　　　　　　16. 打鼓嶺　豐鄉堂；

17. 坪輋　同業堂；　　　　　　　　18. □□□　祐天堂；

19. 萬屋邊　新村（鍾氏）；　　　　20. 坪輋　聯安堂；

21. 坪輋　長勝堂；　　　　　　　　22. 坪輋　比麟體育會；

23. 打鼓嶺　大鵬花炮會；　　　　　24. 馬尾下村　聯合堂（鄧氏）；

25. 坪洋三鄉　（坪洋、瓦窰下、禾徑山）　花炮會（陳氏）；

26. 高莆北村　聯勝堂；　　　　　　27. 東莞同鄉會　東勝堂；

28. 坪輋　張清軒堂（張氏）；　　　29. 瓦窰村　義和堂（陳氏）；

30. 軍地北村　聯義堂；　　　　　　31. 軍地　鎮戚堂；

32. □□□　好景堂；　　　　　　　33. 竹園村　興富堂（姚氏）；

34. 孔嶺河瀝　聯慶堂；　　　　　　35. 粉嶺　義興堂（彭氏）。

　　以上情況表明，南部新加入的集團（如萊洞、軍地、萬屋邊、高莆、粉嶺、小坑等）所派出的花炮會，要比北部天后廟創建時的舊六約集團派出的多，僅軍地一村，就派出了六個花炮會。不過，由於南部諸村客家色彩也相當強烈，所以，對整個祭祀組織的族群系統並未產生多大的影響。南部諸村的人口構成情況見表21。

　　在全部一千三百三十五人中，客家人為四百八十五人，考慮到其他來源不明者中也可能包含相當數量的客家人口，因此客家人也許佔據了南部諸村現有人口的一半以上。

236

表21　打鼓嶺南部人口統計表

村落	《駱克報告》 1898 年（人）		人口普查報告 1911 年（人）		《香港地名志》 1960 年（人）		
軍地	本地	80	男　39 女　40	79	不明	580	雜姓
流水響			男　32 女　30	62	客家	90	李姓
高埔					不明	170	雜姓
馬尾下			男　37 女　35	72	客家	110	鄧姓
萬屋邊			男　113 女　116	229	客家	285	鍾姓
萊洞			男　107 女　84	191	本地	100	鄧姓
合計				633		1335	

　　因為由花炮會負責籌措每年的祭祀費用，故這筆錢被稱為
"炮會"。至於金額，三十五炮中，第一炮（頭炮）和第三十五炮
（尾炮）的價格要比其他炮高得多。比如 1980 年，頭、尾炮各
八百元，其餘各炮四百元；1981 年，頭、尾炮各一千元，其餘各
炮六百元；1982 年，頭、尾炮各一千二百元，普通炮各八百元；
1983 年，頭、尾炮各一千六百元，普通炮各一千元；1984 年，
頭、尾炮各一千八百元，普通炮各一千四百元；1985 年，頭、尾
炮各二千元，普通炮各一千六百元。費用之所以逐年上漲，乃為
同期物價的暴漲所致，而第一炮和最末一炮的炮金之所以高於其
他各炮，是因為這兩炮被視為特別的"福炮"。另外，各炮的雅
稱，如添丁、發財、萬壽、萬福等，大多寄託了祈求宗族繁榮的
觀念，可以說，這象徵了複合村落集團的宗族性基礎。由三十五
個花炮會提供的炮會現已達到五千元之巨，其中大半用於搭建戲
棚和花棚。以上是祭祀組織的概貌。

第二節　祭祀日程・場地・祭祀禮儀

　　天后神誕祭祀由“打鼓嶺區平源演戲值理會”主持，自農曆二十一日至二十五日，共進行五天，其間的二十三日為正誕日。在這之後，新界地區潮州同鄉會還要奉演兩天潮州劇。因此，作為全過程，從三月二十一日至二十七日或二十八日止，是一個歷時七天的大規模祭祀活動。

　　祭祀場地以坪輋天后廟前的廣場為中心。廟前置香爐，對面搭建戲棚，左側空地設花炮座。面對花炮座，另設天后棚，用以正誕之日奉迎天后廟的天后神像。（見圖 31）

　　祭祀儀式的主要內容，通常由兩部分組成：一是於正誕日由各村花炮會將花炮拿到廣場的花炮座內，此謂“還炮”；二是由值理會重新分配這些花炮，此謂“賜炮”（以前是“搶炮”），與此同時，還舉行宗教禮儀。

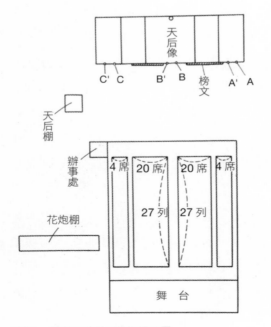

C' C B' B A' A

C'　祠承恢緒從今俎豆馨千秋
C　義重如山自古英雄傳百代
B'　功堪作后四民被澤盡歌功
B　德配彼天萬姓沾恩咸頌德
A'　所在無分中外所行無恭所言
A　公道自在人心公事期諸公辦

圖 31　坪輋天后誕辰祭祀場地圖

238

照片 63　坪峯天后誕戲棚一：遠景

照片 64　坪峯天后誕戲棚二：近景

一、佛教禮儀

　　也許是因為 1984 年這年正值新一輪干支起點的甲子年，所以在農曆二十三日的正誕日，在天后宮內舉行由尼姑主持的禮儀。尼姑團由七人組成，禮儀就在這一天（正誕日）之內舉行。禮儀的內容很簡單，白天誦讀大悲寶懺；晚間誦讀瑜伽焰口經，超度孤魂。該儀式要旨，見於當天清晨張貼於天后廟正壁的榜文中：

　　　姓名共列傳天上

　　　伏以：佛道圓融，故無求而感應。聖慈廣大，乃有感以遂通。敬熱（謁）梅壇，恭叩蓮座，乃有婆婆世界南贍部州天后廟。秉釋迦如來遺教，奉行沙尼法事，沙門和南啟曰：中華民國廣東省寶安縣香港新界平源天后廟，奉佛啟建心誠修禮大慈寶懺一天。超幽集福迎祥功德事。設供弟子遠齋、合眾弟子、各圍各村各姓各家，茲將各善信捐款芳名列左。……（人名略）……暨同合眾善信人等，是日心誠，皈命如來金相光中。恭呈文疏。伏惟：合眾弟子，生逢盛世，幸賴升平，感天地覆載沾（之）恩，荷佛聖維持之德，沾恩有自，報答未違。

　　　言念：合眾弟子誠心修禮大悲寶懺一天，上供賀誕，完隆。是晚，超幽、施食普度孤魂，咸生淨土，祈保家家迪吉，戶戶禎祥，壽如松柏，福壽雙全，心想事成，山門興旺，海眾和安。更沾大德，由是敬卜本月廿三晚，虔備蒲淨梵壇，延仗尼眾，香花會啟事。宣行其疏。三曰南無十方三寶諸佛菩薩，中天教主本釋迦牟尼佛，南無消災師延壽藥佛，南無三洲感應韋馱尊天，南無四大名山，四大菩薩，南無壇場會上無量聖賢座前，恭望鴻慈。俯垂洞鑒。伏願金星福海，常添四季之榮，玉兔流輝，永保千秋之慶。更祈家家迪吉，戶戶禎祥，老如松柏，福壽加增，和南謹疏以聞。一九八四年歲次甲子，三月廿三日開壇，文疏具（申）。富貴同登在榜中。

　　七名尼姑從當天早晨起就圍繞著天后宮神龕前的供桌，在鼓樂的伴奏下，念誦大悲寶懺。因為雲集於廟前的花炮會聲音喧雜，中午之前至下午三時，念經暫停；下午五時重新開始，六時結束。

　　晚上是＂超幽＂儀式。於天后宮內的神前設祭壇。下午八時二十五分，儀式開始，七名尼姑立於天后壇前，一名主尼著黃衣，六名從尼著黑衣。主尼在席上跪坐、叩拜，穿紅色袈裟。八時三十五分至五十分，一名從尼向天后宣讀疏文，疏文與榜文同而稍略。同時宣讀緣首姓名。讀畢，主尼戴冠，接著全體成員回繞相鄰的金花夫人壇、福德正神壇和義祠神位，並進香。至此，完成了對天后廟諸神的禮拜。

　　晚九時，主尼以下全移至設於天后壇前的外壇，開始＂超幽＂禮。觀音小像置於外壇中央，四周配有供物。左右兩側各坐三名從尼。主尼先至外壇正面，向觀音行拜禮，然後背神向門而立。

照片 65　坪峯天后誕建醮一：誦經

241

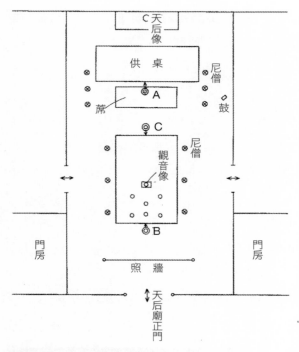

圖 32　天后誕辰祭祀建醮配置圖（天后廟內）

此後，主尼一直站著念誦《瑜伽焰口施食經》，結束印咒。九時三十五分，主尼跪坐椅上，手端念印咒時裝錢的盆子，撒錢，四周信徒爭相撿拾。十時，一名從尼對觀音或釋迦牟尼宣讀疏文，內容是陳述超幽禮的主旨並鄭重宣佈緣首姓名。讀畢，主尼由跪復起，再念。十時四十五分，開始向孤魂施食，主尼拋撒寫有文字的紙片，是為"變食禮"。十一時，結束念誦，全體成員向天后廟禮拜。

據說，戰前港九新界天后廟於天后誕辰之日，由廣東道士行醮禮，同時也進行"超幽"儀式。那時，大部分是奉演廣東木頭公仔戲（仗頭傀儡、手托傀儡）。但現在已經很少有人在天后誕辰之日以某種形式進行宗教禮儀了。上述平源天后廟舉行的佛教禮儀，是極少見的，而且確實也保留了一些古風，但不用道教禮

242

照片 66　坪峯天后誕建醮二：瑜伽焰口

儀而用佛教剳儀這一點畢竟是反常的。當然，這種佛教禮儀吸收
了道教禮儀中張貼榜文、宣讀疏文等拜天主義的形式，很帶有些
道教禮儀的色彩。這種禮儀也並非每年都舉行。在筆者 1980 年
至 1984 年連續考察過程中，只於 1984 年見到過一次。這也許是
因為此年正逢甲子的緣故。

二、居民禮儀

居民祭祀活動的中心，是花炮的酬還和天后像的出遊。已如前述，三十五個花炮會遍及傘下各村。從當天上午十時許起，各花炮會的"花炮奉返"佇列，就進入天后廟廣場。前一年天后所賜花炮（其實是抽籤所得，以前是"搶炮"所得），已經由各花炮會在本村社祠和神廳中存放了一年。蒙受神恩後，於下一年度的天后誕辰之日調換新炮，然後將其"奉還"（奉獻）天后。所謂"花炮奉還"，就基於這樣一種觀念。各會組成佇列，簇擁著新換的花炮，伴隨著醒獅、麒麟，至天后廟前進香。隨後，把花炮送入花炮棚。先到的還炮隊排在裡面，後到的依次排在他們之前。

照片 67　坪峯天后誕花
炮會一：醒獅

照片 68　坪輋天后誕花炮會二：進香

照片 69　坪輋天后誕花炮會三：排座

下午二時，當三十五炮全部集合完畢後，就搬出天后壇中的天后副像，迎入等候在門外的神轎。兩名值理安置好神像，然後領著神轎，來到花炮對面的天后棚，連像帶轎安置在棚內。按照以往的安排，此時應該點炮升空，由眾人爭奪炮芯（所謂"搶炮"），反復三十五次後，各會就將各自奪得的編號花炮帶回，作為今年天后的賜物。然而現在，因為禁止使用火藥，就由各會抽籤分配號碼，抽籤得號的會，抬著對號的花炮，向天后棚、天后廟行拜禮後直接回村。

　　這樣，大約在一個小時內，各會隊伍分別返回本村，下午三時，儀式結束。結束後，重新將天后棚內的神轎"還御"天后廟前，神像亦重返祭壇。上述花炮奉還——再賜，以及天后出遊，

照片 70　坪峯天后誕花
炮會四：謝神

照片 71　坪峯天后誕出遊一

照片 72　坪峯天后誕出遊二：
　　　　　行宮安位

247

是一整套儀式，實際上出遊的距離不過十來米，可能是一種簡化形式。原先，天后神轎要隨各花炮會的隊伍一起巡遊諸村，並在諸村接受恭賀，現在僅為十至十五米的出遊，不過是一種形式主義。但即使是這種退化了的出遊，眼下在港九新界也是極為罕見的。因此，它可以說是保存了古風的一個難得的實例。

第三節　祭祀演劇

其實，在坪輋天后神誕祭祀中佔據最重要位置的，還是正誕前後七天間連續奉演的祭祀演劇。目前，新界東北部地區舉行的天后誕辰祭祀活動中，每年都演戲的，只剩下坪輋天后廟了，這就將周圍村落吸引到坪輋祭祀組織中，從而起到了擴大組織的作用。

演劇有兩種：三月二十三日（天后正誕日）前後連續四天五夜粵劇，接著再演兩夜潮劇。潮劇不僅是由坪輋地區的潮州人，而且是由新界北部全體潮州人共同奉演的，與坪輋六約祭祀組織沒有直接的關係。"平源天后廟演戲值理會"及三十五個花炮會，只參與並負責粵劇的演出。以前上演的只是"木頭公仔戲"，近年才改為粵劇。

大部分戲票，按與前述三十五炮的炮金數額相應的比例分配給各村。如有餘票，就由辦事處作為散席出售給臨時入場者。然而百分之八十以上的戲票是通過花炮組織分配給村民，這就保存了為神奉演的戲由大家普遍分享這種神功劇的原有特點。

一、粵劇

以下三表，是 1980 年、1982 年、1984 年演出的粵劇劇碼。

這三個劇團，目前在香港基本上都屬於一流的粵劇戲班，如佳紅劇團，就擁有小生羽佳、花旦南紅等粵劇界一流演員，劇團

表22　1980年坪輋天后誕粵劇劇碼表

佳紅劇團

日期（農曆）	日場	夜場
三月二十一日		1.《七彩六國大封相》 2.《碧血情天並蒂花》
三月二十二日	《碧血英雄淚》	《林沖》
三月二十三日	1.《賀壽大送子》 2.《一把存忠劍》	《英雄兒女保江山》
三月二十四日	《虎將梟雄美人威》	《南國佳人朝漢帝》
三月二十五日	《花好月圓》	《春風吹度玉門關》

表23　1982年坪輋天后誕粵劇劇碼表

新龍鳳劇團

日期（農曆）	日場	夜場
三月二十一日		1.《七彩六國大封相》 2.《金鳳銀龍迎寶誕》
三月二十二日	《錦繡前程》	《癡鳳狂龍》
三月二十三日	1.《賀壽大送子》 2.《寶劍重揮萬丈紅》	《鳳閣恩仇未了情》
三月二十四日	《一柱擎天》	《蓋世英雄霸楚城》
三月二十五日	《花好月圓》	《虎將梟雄美人威》

表24　1984年坪輋天后誕粵劇劇碼表

勵聲劇團

日期（農曆）	日場	夜場
三月二十一日		1.《七彩六國大封相》 2.《一代天嬌》
三月二十二日	《情愛兩雙全》	《漢武帝夜夢衛夫人》
三月二十三日	1.《賀壽大送子》 2.《清官錯判香羅案》	《昭君出塞》
三月二十四日	《一柱擎天》	《金釵引鳳凰》
三月二十五日	《花好月圓》	《周瑜》

檔次很高。由於有這類名劇團演出，所以劇碼也主要是粵劇中正統的古曲劇和名劇。粵劇雖多以英雄美人為中心展開情節，但古典的主題則傾向於表現英雄的武戲。在這些節目表中，1980 年的《碧血英雄淚》《林沖》《一把存忠劍》《英雄兒女保江山》《虎將梟雄美人威》；1982 年的《寶劍重揮萬丈紅》《一柱擎天》《蓋世英雄霸楚城》；1984 年的《周瑜》等劇碼，就屬這類武戲。這種編排也許是照顧喜愛古曲的鄉村老觀眾的興趣。不過，雖然演出的主體是這些古典英雄劇，但節目單上也點綴了一些適合女性觀眾的具有新傾向的戀愛劇。如 1980 年、1982 年、1984 年三年的粵劇演出的最後一天，都有以曹植、宓妃為題材的洛神故事《花好月圓》；又如 1980 年最後一天夜場演出的《春風吹度玉門關》，是羽佳、南紅的得意之作，這也是新創作的戀愛劇。這種近代情趣的攙合，也許反映了村落聯合組織，已經成為一種以廣域的社會圈為基礎、並包容了多種社會階層的複雜的實體，而且形成了和墟市祭祀組織相似的環境。這裡，表現出了觀眾私人化的跡象。

二、潮州劇

粵劇演出結束後，由潮州人演出兩天潮州劇。1982 年聘請了怡梨香潮劇團，上演的劇碼見表 25。

表25　1982年坪輋天后誕潮劇劇碼表

日期（農曆）	夜場	備考
三月二十六日	《八美圖》	前台歌會
三月二十七日	1.《十四英豪》（下集） 2.《楊文廣平十八洞》（下集）	通宵演出

當地潮州人在打鼓嶺、坪輋地區各村落中，控制著稻米的流通，各村交通要道都有潮州人開的米店；除此之外，他們還經銷

酒類和其他日用品。坪輋就是這個由各村聯結而成的流通網絡中的一個巨大的連接點。在以六約為中心形成的坪輋村落聯合組織內部，當然是抑制商品流通部門和商品供銷管道的，由於族群不同，聯合組織中的潮州人，就在六約客家集團之外，另建祭祀組織。坪輋是潮州人的流通據點，潮州人開的店鋪多集中於此，坪輋進一步接近了墟、鎮的規模。這就是當前新界東北部潮州商人集結在這裡進行天后廟祭祀活動的背景。但是，由於潮州人的祭祀不是由農田水利、地域治安這類地緣性媒介實現的結合，而是作為商業組織中的人們的結合，因此其祭祀形態就與前述客家系完全兩樣。即：從第一天下午到傍晚，將戲棚後部的坐席撤去，改置宴席。一面聽戲台上的演唱，一面行宴和福物競投，直至晚八時。然後，潮劇團登場演出。向天后廟敬奉香爐，戲棚內建有獨立的神棚，裝飾著神衣，這一切自始至終體現著潮州人的祭祀方式。這是由與前述六約客家系集團完全不同的另一種組織所進行的祭祀活動。以坪輋天后廟為中心的村落聯合體，在農業生產

照片 73　坪輋天后誕潮人歡筵（戲棚內歌台演唱）

和商業經營方面，主體不同，而且這些主體的族群系統也有差異，在這種特殊條件下，必然要導致祭祀的雙重構造和引起祭祀演劇的分裂。這一點可以說近似於以商業為媒介、包攝了若干族群在內的墟市祭祀演劇組織。

第四節　小結

　　本節對平源鄉村落聯合祭祀組織的特徵和宗族統制狀況作一概括。

　　這個村落聯合的基礎，是過去為治理平源河各支流而建立的水利共同體——"約"。"約"共有六個，每個約都是含有幾個村落的共同體式村落聯合，分別由強宗大族進行控制。這些單個"約"之所以會進一步組成以坪峯天后廟為核心的"六約聯合"，是因為需要在六約的範圍以外去調整平源河的水利；或許也和為維持境內治安而設立的保甲等行政性方面的需要有關。因為據說這個"六約聯合"與北方的橫見嶺張氏集團以及南方的孔嶺洪聖廟集團處於對抗關係，並於天后廟內設有義祠，以祭祀死於械鬥的英雄，所以，在與周圍其他集團對立的狀態下，這個"聯合"也可說是一個進行自衛的武裝組織。總之，與其說它是生產共同體性質的聯合體，還不如說它是一個具有強烈的保甲、自衛、行政色彩的聯合體，只是由於區域廣大，核心宗族對聯合體的控制才顯得軟弱，整個組織內明顯地呈現各村混雜、紊亂無章的傾向。尤其是在近代，當這個組織擴大到南部村落後，祭祀組織已不是直接由各村落的代表或各宗族的代表組成，而成為由任一團體，或由私人性質的團體花炮會構成的組織。這就近似於由商人、工人等多種集團構成的墟市祭祀組織。事實上，作為這一聯合體的中心地，坪峯已發展成潮州商人集居的、類似墟市的聚落，所以，以坪峯天后廟為核心的這一廣域的村落宗族聯合組織，雖然使農業共同體式的村落聯合這種基礎成分得以殘存下來，但已具有非常強烈的、非農業的商業行政聯合體的色彩。因此，在這種近代條件下，舊六約的強宗統制力非變弱不可。相反，近年來後加入的南部諸村卻產生出大量的花炮會，一直掌握著祭祀的主導權，祭祀儀式也隨之變得華麗，演出的演劇也增添了近代風俗的因素。由於客家人在總人口四千人中仍佔據著過半數的比例，所以客家系集團的族群系統還是保存著的。但隨著南部本地人以及以商為業的潮州人勢力的增大，這個客家系集團，說不定要轉化成一個複合集團。

從成立之初始，就不是由有關村落直接進行橫向聯結而產生出聯合組織的，而是由作為村際規模的"小聯合體約"分別存在的，以後，再由這些"約"以坪輋天后廟為中心實現大聯合，組成廣域多村落聯合體。這個過程也與前述大埔新墟文武廟七約聯合組織相似。結合的基礎是農業共同體，但組織的產生方式，在某種程度上是以商業行政為媒介的。這一點也許就是廣域積層型的多元（宗族）村落聯合體的特徵。

第二章　社山陳氏等與林村約建醮祭祀

序節　林村約的宗族構成與林村天后廟

　　本章將詳細討論第一篇第二章曾提及的大埔七約之一林村約的祭祀組織。這是一個由若干同族村落共同擁有共同體再生產條件（水利、山林等），直接進行橫向聯合所形成的標準的村落（宗族）聯合組織。林村約的祭祀組織，是由緊靠著林村河溪谷，具有水利共同體性質的二十多個客家系村落構成的。（見圖33）

　　這些村落幾乎都是單姓或複姓的宗族村落。據1960年《香港地名志》記載，該鄉共二十六村，三千四百二十人，其中除了新村、鍾屋村、放馬莆三村為本地人外（共兩百人），其餘都是

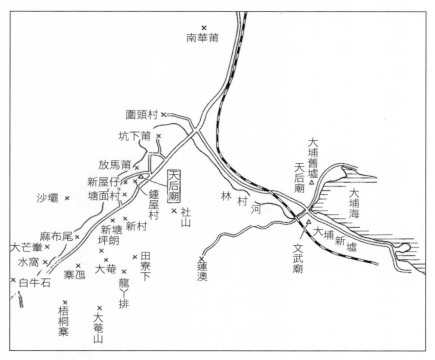

圖33　林村鄉約村落圖

客家單姓村落。而據 1898 年《駱克報告》，新村、鍾屋村和放馬莆也都是客家村，可見，他們原先確是客家，只不過在這百年間自稱起本地人而已。另外，《駱克報告》稱 1898 年時的圍頭村、塘面村是本地村落，但 1960 年的《香港地名志》則稱其為本地、客家混居村。看來，這也並非是純粹的本地村落，而是起源於客家的村落。因此，林村約的二十六村，可以說是作為客家人的村落聯合而發展起來的。與此有關的宗族有林氏、陳氏、張氏、鍾氏、梁氏、溫氏、黃氏、沈氏、丘氏、李氏等十多個。據說這些宗族的祖輩在宋代末年就遷到該地了。儘管對追溯到宋代這一點可以存疑，但據康熙《新安縣志》中所載 "林村約" 一名來看，目前村落的規模很可能於明末清初就已形成了。

在上述各宗族中，以坑下莆林氏（"林村" 即因此得名）、社山陳氏（與前者相鄰）、鍾屋村鍾氏三姓為最早的移居開拓集團。我們根據族譜記載，看一看這三族定居林村的經過。

首先介紹坑下莆林氏。據載，坑下莆林氏於晉代離開故地濟南，經下邳南渡，進入福建晉安郡；於唐貞元年間，林氏第十七世蒙公時，定居於福建莆田、仙遊縣境內。其後，又經十四代，於十四世祖永盛公時，進入新安縣官富司管轄下之林村鄉。坑下莆村林氏世系見表 26。

從唐末（公元 800 年左右）經十四代（約四百二十年），至公元 1220 年，其時當南宋末年。之所以把這塊土地的傳承關係稱作 "本鄉開發於宋代末期"，其根據就是這份族譜。但族譜中並沒有詳細記載林氏是何時、通過哪條路線自莆田遷入林村的。只知道他們從故地莆田南下至漳州平和縣，再由此出發，經惠州海豐縣進入東莞，最後離開東莞定居於新安縣林村鄉坑下莆。現在的 "林村"，或許就因這個林氏而得名。坑下莆位於林村鄉面朝大埔方向的入口處，範圍很大，村子最前處中央還有規模壯觀的林氏宗祠 "雙桂堂"。（宗祠平面圖見圖 34）

表26　坑下莆村林氏世系

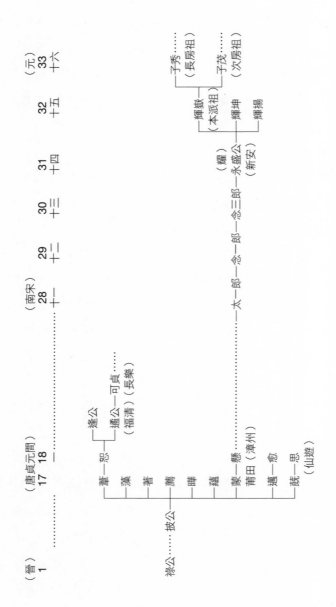

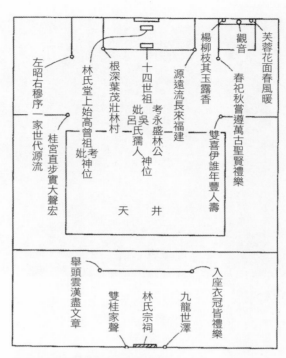

圖 34　坑下莆林氏宗祠平面圖

照片 74　坑下莆村林氏宗祠一

照片 75　坑下莆村林氏宗祠二：祖壇

　　堂內神龕正中為"林氏堂上始高曾祖考妣神位"，其前方為
新安派始祖林永盛神位，對聯中的"源遠流長來福建"則表明了
莆田漳州乃林氏故地。正門的新年對聯"九龍世澤，雙桂家聲"，
亦見出客家系對聯的特色。

　　其次介紹與坑下莆林氏毗鄰構建村落的社山陳氏。據社山陳
氏宗譜記載，陳氏於元末順帝時離開福建、汀州、寧化縣石壁村
進入廣東潮州饒平縣；後於明代中期遷移至長樂縣，到了明末清
初，進一步移居到現在的新安縣林村鄉社山。但是，被稱為寧化
派的各房支的遷移，在元末明初歷經周折，十分複雜，因而族譜
記載中費解之處頗多。這裡只能略述一下寧化派始祖陳百五郎以
下的世系。（見表 27）

　　由此世系表可知，始祖陳百五郎時，陳氏居於饒平縣；第
七世祖景旺公時（時值明代前半期）移居梅州長樂縣，一直住到
五代以後的陳德明時（明末萬曆年間）。也許是因為明末大動亂
的緣故，第六世的普教率眾離長樂西進，輾轉於廣東省各地。不

表27　社山村陳氏世系表

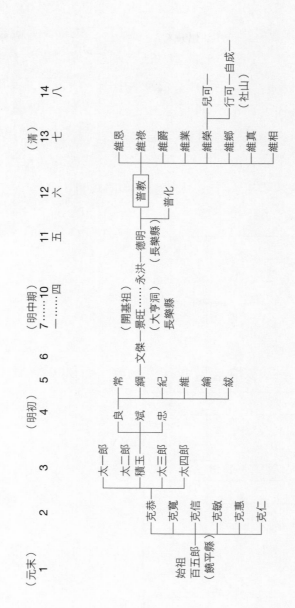

久，他的八個兒子一起進入新安，至第八世祖行可（普教第五子維榮之子）時，陳氏陸續到達社山現住地。進入社山的時間，如果從明末以下三代算起，最早也要在清初的順治到康熙年間。康熙二十七年（1688）刊印的《新安縣志》第六都村落名中已有"林村村"，而"社山村"之名尚未出現。一直要到嘉慶二十四年（1819）刊印的《新安縣志》中，作為"官富司管屬客籍村莊"之一，才首次出現"社山村"。綜而觀之，陳氏進入社山的時間，可能性最大的是在康熙中期"遷海令"解除之後。社山村村口正中現立有堅固的陳氏宗祠。（宗祠平面圖見圖 35）

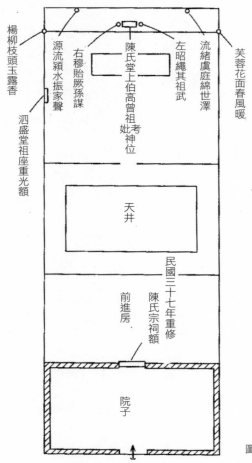

楊柳枝頭玉露香
泗盛堂祖座重光額
源流穎水振家聲
右穆貽厥孫謀
陳氏堂上伯高曾祖妣考神位
左昭繩其祖武
流緒虞庭綿世澤
芙蓉花面春風暖

天井

民國三十七年重修
陳氏宗祠額
前進房

院子

圖 35　社山村陳氏宗祠平面圖

照片 76　社山村陳氏宗祠

　　該祠保存著客家式宗祠特有的形式，即配置歷代祖先的總神位和觀音像，而不設表示某一特定始祖的神位。但在族譜中，還是列出了應該給予特別奉祀的幾位祖先，如陳伯七十一郎、七十二郎、七十三郎、七十四郎、七十五郎、七十六郎、七十七郎；陳伯四十一郎、四十二郎、四十三郎、四十四郎、四十五郎；太公陳普教；太婆張妙真仙、承都五郎、太婆黃氏仙娘。這裡，陳氏族人將離開長樂縣、開始遷往新安的十二世祖普教及妻張氏孺人（出家後稱妙真），尊為“太公”“太婆”。毫無疑問，這位普教公已被視為事實上的始祖。可見，就是在族人的觀念中，社山陳氏定居於林村，也是在明末清初。

　　最後談談關於在很多村落都有分支的強宗鍾氏一族定居林村約的經過。林村的鍾氏散居在鍾屋村、新村、田寮下村、大菴山村、大菴村、坪朗村、寨凷村等村，各村都是單姓村落。其中鍾屋村是最大的鍾氏聚落，村民雖然自稱為本地人，實則為客家人。坪朗村鍾氏世系見表28。

261

表28　坪朗村鍾氏世系表

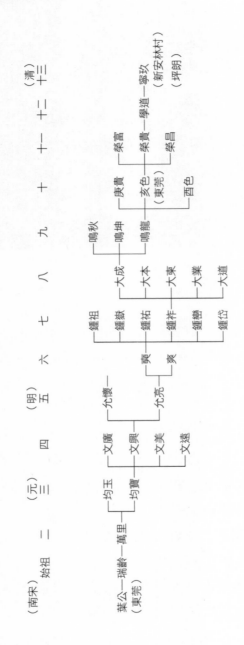

262

據坪朗鍾氏所傳族譜記載，坪朗鍾氏大始祖葉公是南宋人，為潁川鍾氏第一〇二世，居於長樂縣清化都北廂圖第二甲，子孫世代居於長樂縣。至第十世祖亥色公時（約明末）移往東莞，其後三世（清康熙年間），遷至新安縣林村，定居於坪朗。鍾氏其他分支到達林村的經過大致與此相同，目前，各村鍾氏都有自己的宗祠，祠內也有不少內容類似的對聯。〔坪朗村鍾氏、寨凹村鍾氏、田寮下鍾氏各祠堂的平面圖見圖 36、37、38（鍾屋村宗祠"鍾師德堂"因成了幼稚園，故未能調查）〕

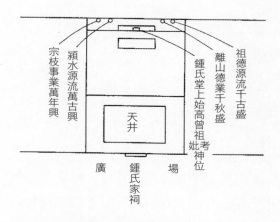

祖德源流千古盛　離山德業千秋盛　鍾氏堂上始高曾祖妣考神位

宗枝事業萬年興　潁水源流萬古興

天井

廣　　　鍾氏家祠　　　場

圖 36　坪朗村鍾氏宗祠平面圖

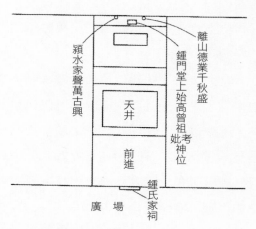

離山德業千秋盛　鍾門堂上始高曾祖妣考神位

潁水家聲萬古興

天井

前進

鍾氏家祠

廣　場

圖 37　寨凹村鍾氏宗祠平面圖

263

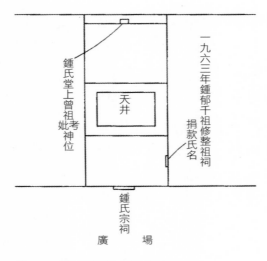

圖 38　田寮下鍾氏宗祠平面圖

天井

鍾氏堂上曾祖考妣神位

一九六三年鍾郁千祖修整祖祠捐款氏名

鍾氏宗祠

廣　　　場

　　以上是成為林村約主流的三個客家系宗族定居林村經過的
概況。

　　還有一個被《駱克報告》稱作本地人村落的圍頭村張氏。據
張競華民國十六年（1927）刊印的《圍頭鄉張氏家譜》記載，南
宋時圍頭村張氏始祖張峴，離開福州福清縣，由官途經海豐遷往
東莞，居於圍沙柵口，明初九世祖彥珍時，從東莞篁村坑尾移居
新安縣涌頭。再經五代，十五世祖裔初於萬曆年間進入圍頭村。
（圍頭村張氏世系表見表 29）

　　由於張氏元初到東莞，明初已達新安縣涌頭，所以，張氏就
被當作了廣東本地人。如果確如族譜所稱，張氏是萬曆時進入圍
頭村現住地的，那麼他們就是僅次於坑下莆林氏的早期移民。然
而，康熙二十七年（1688）刊印的《新安縣志》中並無圍頭村之
名，因此，我們懷疑張氏仍與其他村落一樣，是康熙中葉以後才
遷入該地的宗族集團。圍頭村中也不存在張氏清河堂宗祠的獨立
建築。

表29　圍頭村張氏世系表

第二篇　複姓村落聯合體的外神祭祀

```
（南宋）一　二　三　四　（元初）五　六　七　（明）八　（明初）九　十　十一　十二　十三　十四　（明末）十五　（清初）十六　十七　（清中期）十八　十九　二十

峴┬朝俊─淑─元迪─翼文
 ├國俊─顆─懋迪─光濟─逛衡─孺子
 └廷俊─────惠迪

                              昌武─務簡─彥珍┬恭弼（新安）
                                          └良弼─瀾觀─慈山─晚聚─石塘┬
                                                                   └石湖─［喬初］─愛平─起燦─啟元─興岐─際旭（圍頭）
```

265

還有些宗族，如塘面村鍾氏、塘面村張氏（以上為本地人）、大菴村張氏、梧桐寨古氏、白牛石梁氏、水窩沈氏、新塘溫氏、蓮澳李氏、蓮澳鄭氏、蔴布尾梁氏、龍丫排溫氏（以上為客家人）等，雖然未見其族譜，但從他們都擁有宗祠這一點來說，也已顯示了宗族的整體性質。在林村約二十三個村落中，沒有宗祠的只有南華莆、林村新村、圍頭村等屈指可數的幾個。因此，從整體上看，各單姓村落都是由各自的以宗祠為中心的強固的宗族組織形成的，在這個基礎上，出現了林村約這樣大型的客家系宗族聯合體。（各宗祠的平面圖見圖 39、40、41、42、43、44）

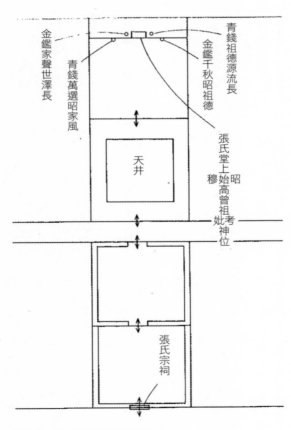

圖 39　大菴村張氏宗祠平面圖

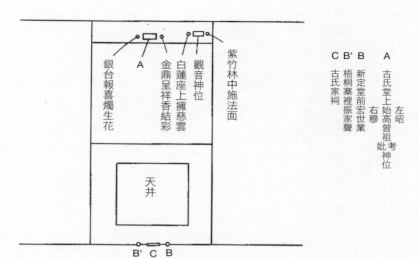

CB'B　A

古氏堂上始高曾祖考妣神位　左昭

新定堂前宏世業　右穆

梧桐寨裡振家聲

古氏家祠

銀台報喜燭生花

金鼎呈祥香結彩　A

白蓮座上擁慈雲

觀音神位

紫竹林中施法面

B'　C　B

天井

圖40　梧桐寨村古氏家祠平面圖

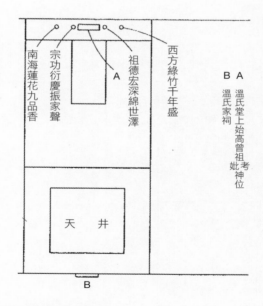

B　A

溫氏堂上始高曾祖考妣神位

溫氏家祠

南海蓮花九品香

宗功衍慶振家聲　A

祖德宏深綿世澤

西方綠竹千年盛

天　井

B

圖41　新塘村溫氏家祠平面圖

267

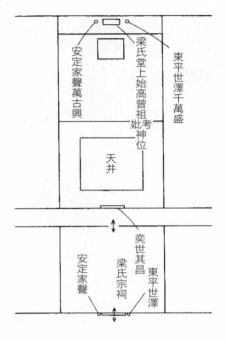

圖 42　白牛石村梁氏宗祠平面圖

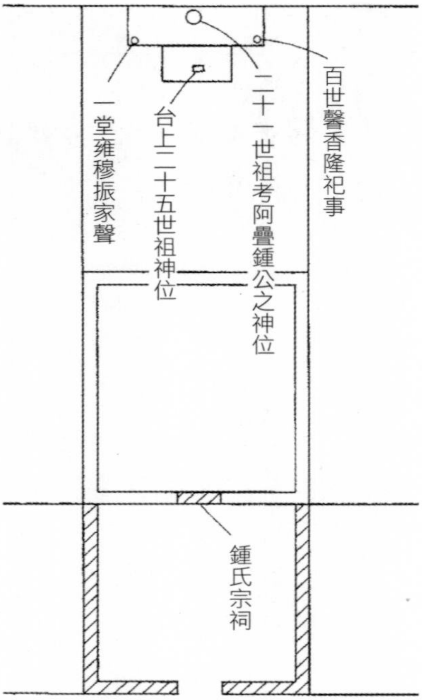

圖 43　塘上村鍾氏宗祠平面圖

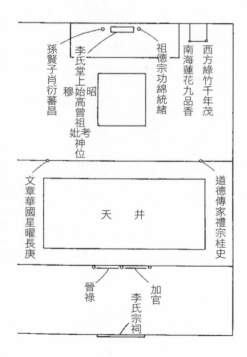

圖 44　蓮澳村李氏宗祠平面圖

照片 77　蓮澳村李氏宗祠照牆

概而言之，可以作這樣的推斷：清初康熙年間，各宗族都到達了各村，並以各宗祠為中心，開始了定居生活。從那時起，各族、各村因同出於客家系而互相聯繫，加上在林村河流域進行水田耕作，需要協商合作解決水利問題，因此，自身就趨向於形成村落聯合。同時，為了和掌握著林村溪谷耕地支配權的地主龍躍頭鄧氏相對抗，也有必要實行共同防禦。此外，也許是乾隆末年至嘉慶年間，當該地推行保甲法時，在十戶一牌、十牌一甲的編制下組成了六甲。據林村鄉保存下來的紀錄，每甲都有一百戶，人口在四百至五百人之間。據推算，第一甲一千人，第二甲五百一十人，第三甲三百八十五人，第四甲五百一十人，第五甲四百零五人，第六甲四百九十五人。其中第一甲因為包括的區域最廣（有大菴山、坪朗、龍丫排、小菴山、田寮下、新塘、蓮澳、高田礤、泉水井九處。第二至第六甲只包括三至四處），故人口二倍於他甲，除此之外，其他各甲大體都在五百人左右。這個六甲組織起到了一個有效功能，就是使地理位置接近的村落聯合起來，現已在此基礎上組成了“六和堂”，用公產維持著天后廟的各種事務。

　　天后廟藏有一口乾隆三十六年（1771）洪鐘，鐘銘記錄了該廟創建的概況。廟宇共五開間，天后宮居中，兩側是文武殿和義祠，同時附設林村約公所。（林村天后廟平面圖見圖 45）

　　天后廟配置約公所和義祠的佈局，與平源天后廟相同。另外，設立文武殿也和元朗大樹下天后廟相同，都反映了客家系信仰關帝以及這一集團的科舉意向。廟內還奉祀對創建天后廟有功的鄧占一和鄧妻龍氏的神位。據當地人說，乾隆年間正當建廟之時，因資金困難，工程停頓，鄧氏夫婦於旅途中見此窘境，即捐獻巨資，終使完工。可惜鄧氏夫婦來歷不明。該廟創建於乾隆朝，這一點也與鐘銘所記相符：

風調雨順。沐恩弟子林村鄉□□□□虔修洪鐘一口，重百五十斤，敬在天后宮永遠供奉。時乾隆三十六年，辛卯歲季秋吉旦立。同盛爐造。國泰民安。

除了這口洪鐘外，廟內的古物只有道光十五年（1835，乙未年）的照牆對聯。現存建築雖為清代以來所建，但卻經過1967年的重修。

另外，1981年5月，在附近的空地上新建了林村鄉公所，天后廟內的舊林村鄉約所則被撤除，改為警署。

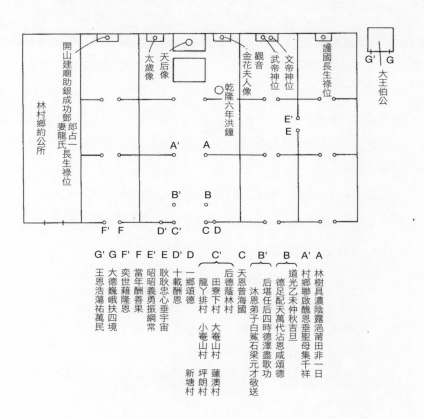

圖45　林村天后廟平面圖

照片 78　林村建醮天后廟花牌

作為林村鄉的土地神，是天后受到奉祀之前的"林村姑婆"。這位女神的神像目前已看不到了，只有在十年一次的太平清醮時，才會把寫著該神神名的幃幕奉迎至神棚之內。大約在乾隆以前（或明代前），林氏、鍾氏、陳氏等客家系新移民，把從大埔天后廟分祀的天后抬舉到主神的位置，使其獲得這塊土地的土地神的地位。據信這位林村天后是大埔天后之妹，故被稱為"林村妹"。

第一節　天后廟建醮祭祀組織

林村約每十年舉行一次以放馬莆天后廟為中心的建醮祭祀。下面對其祭祀組織作一概述。

天后廟祭祀是由二十三個村落（連支村共二十五個）聯合舉行的太平清醮活動。其時，作為太平清醮的祭祀組織，在"鄉事委員會"之下成立"建醮委員會"。委員會由二十三個村落的代表組成，負責籌措建醮資金和安排勞動力。各村的代表在代表本村的同時，還代表各村的宗族。1981 年度建醮祭祀中，各村的戶數、人數及代表者姓名見表 30。

總計為七百六十二戶、六千三百八十一人，而十年前（1972年）總人數為五千三百五十三人，十年內增加了一千多人。但是，二十五村中，有十三個村代表連任，這說明，林村鄉的社會結構始終處於有力宗族的長老支配之下。

在祭祀禮儀中代表居民的緣首，一共選出九名，他們全是少年人，是農曆正月（建醮開始前十個月）通過神前占卜的形式推選出來的。試比較 1981 年度和 1972 年度兩份緣首名單：

	1981 年	1972 年
頭名	梁馬維（麻布尾村）	陳貴良（社山村）
二	林少強（坑下莆村）	陳戊興（社山村）
三	梁馬生（麻布尾村）	林天衛（坑下莆村）
四	林立民（坑下莆村）	鍾惠興（鍾屋村）
五	林奕坤（坑下莆村）	鍾照華（鍾屋村）
六	陳偉忠（社山村）	陳馬才（社山村）
七	陳偉球（社山村）	鍾志強（鍾屋村）
八	陳新明（社山村）	邱遠送（新屋仔）
九	陳少華（社山忖）	邱石強（新屋仔）

可見，1981 年時緣首以坑下莆、社山二村為主，而十年前的緣首則來自社山、坑下莆、鍾屋村、新屋仔等靠近天后廟、住在林村鄉中部的村落宗族。

研究表明，林村約祭祀組織建立之前，在二十三個村子之間並沒有上下等級之分，當有必要排列先後順序時，也是以全村平等為前提，取決於神前占卜的結果。但是，正如緣首比例所顯

表30 林村建醮村落戶口表

序列	村名	戶數（戶）	口數（人）	村代表
1	新屋仔（客家）	14	146	邱貴 *
2	大芒輋（客家）	23	214	黃華 *
3	南華莆（客家）	18	147	林僑忠
4	田寮下（客家）	64	496	鍾偉強
5	新村（本地）	19	143	陳英祥 *
6	白牛石上村（客家）	16	156	梁穗
	白牛石下村（客家）	15	155	梁官仁
7	塘面村（本地）	32	291	張美穗 *
8	大菴山（客家）	34	315	鍾奕隆 *
9	水窩（客家）	24	227	沈天才
10	社山（客家）	48	412	陳國禎 *
11	大菴（客家）	51	464	張兆來
12	鐘屋村（本地）	49	297	鍾國榮
13	麻布尾（客家）	13	113	梁世玉 *
14	放馬莆（本地）	8	61	麥樹棠
15	龍丫排（客家）	23	183	溫送秦
16	新塘（客家）	13	99	溫祥
17	蓮澳　李屋（客家）	31	264	李和順 *
	鄭屋（客家）	26	227	鄭觀發
18	梧桐寨（客家）	40	321	邱國華
19	圍頭村（本地）	46	372	張榮發 *
20	坑下莆（客家）	66	551	林和安 *
21	坪朗（客家）	39	415	鍾奕明 *
22	小菴山（客家）	8	59	溫石松
23	寨乪（客家）	42	353	鍾石養 *
	合計	762	6481	

示的那樣，坑下莆林氏、社山陳氏、鍾屋村鍾氏、新屋仔邱氏等宗族，事實上已成為該組織的核心。應該承認，作為開拓者的林氏、陳氏，以及本地化了的鍾氏、邱氏等，佔據著天后廟附近好位置的宗族所處的優勢地位。

第二節　祭祀日程・場地・祭祀禮儀

祭祀日期和場地，要通過神前占卜等宗教性手續方可決定。這是因襲了共同體式村落聯合的傳統。

首先，卜師根據緣首的生年來推定建醮的日期。如 1981 年度祭祀中，卜師蔡伯勵選定如下吉日：

1. 發奏、上頭表

農曆三月二十四日（陽曆四月二十八日），丙子日丁酉時（下午六時）。庚午生（五十二歲）、丙午生（十六歲、七十六歲）、戊午生（四歲、六十四歲）者，有生年相衝之忌。

2. 上第二表

農曆七月十九日（陽曆八月十八日），戊辰日辛酉時（下午六時）。壬戌生（六十歲）、戊戌生（二十四歲）、丙戌生（三十六歲）者，有生年相衝之忌。

3. 諸棚紮作

農曆八月二十三日（陽曆九月二十日），辛丑日癸巳時（上午十時）。乙未生（二十七歲）、辛未生（五十一歲）、丁未生（十五歲、七十五歲）者，有生年相衝之忌。

4. 開搭醮棚之日

農曆十二日（陽曆十月九日），庚申日庚申時（下午四時）。甲寅生（八歲、六十八歲）、庚寅生（三十二歲）、戊寅生（四十四歲）者，有生年相衝之忌。

5. 齋灶建設之日

農曆十月二十六日（陽曆十一月二十二日），甲辰日壬申時（下午四時）。戊戌生（二十四歲）、甲戌生（四十八歲）、庚戌生（十二歲、七十二歲）者，有生年相衝之忌。

6. 上第三表、取水、淨壇

農曆十一月初二日（陽曆十一月二十七日），己酉日戊辰時（上午七時半）。癸卯生（十九歲、七十九歲）、己卯生（四十三歲）、乙卯生（七歲、六十七歲）者，有生年相衝之忌。

7. 揚幡

同月初二日（陽曆十一月二十七日），己酉日戊辰時（上午八時半）。癸卯生（十九歲、七十九歲）、己卯生（四十三歲）、乙卯生（七歲、六十七歲）者，有生年相衝之忌。

8. 迎神登壇

同月初二日，己酉日辛未時（下午二時）。癸卯生（十九歲、七十九歲）、己卯生（四十三歲）、乙卯生（七歲、六十七歲）者，有生年相衝之忌。

9. 啟壇建醮

同月初二日，己酉日壬申時（下午四時）。癸卯生（十九歲、七十九歲）、己卯生（四十三歲）、乙卯生（七歲、六十七歲）者，有生年相衝之忌。

10. 啟人緣榜

農曆十一月初五日（陽曆十一月三十日），壬子日庚子時（初四日半夜十二時半）。丙午生（十六歲、七十六歲）、壬午生（四十歲）、庚午生（五十二歲）者，有生年相衝之忌。

11. 完醮

初八日連工、超幽、散醮，皆吉。

12. 送神回位

農曆十一月初九日（陽曆十二月四日），丙辰日乙未時（下午二時）。庚戌生（七十二歲）、丙戌生（三十六歲）、壬戌生

（六十歲）者，有生年相衝之忌。

如上選定的日程都是最佳時日，但實際的祭祀過程與此略有差異[1]。

第二次通表後一個月，開始經營場地。農曆八月二十三日開工紮作。首先在天后宮的森林空地上打下神棚、戲棚的椿子。這時，道士團到場舉行簡單的儀式，再經二十天左右，當二棚初具規模時，即可開搭醮棚。其實，醮棚並未架設，因為天后宮可以代用，開搭醮棚的簡單儀式就在天后宮舉行。到了農曆十月二十六日，建造齋食用廚房、灶台，也要為此舉行簡單的儀式。此時，是建醮開始的前五天，場地內各棚均已完工，只剩下迎接道士團和戲班了。（建醮場地和神棚・戲棚配置圖見圖 46、47）

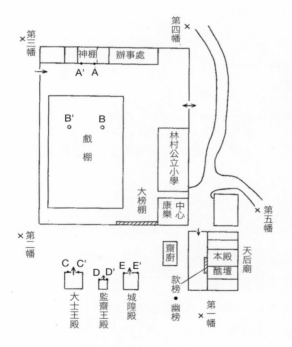

E' E D' D C' C B' B A' A

天載鴻恩叭佛開筵子姓萃精誠畫整衣冠崇祀典
一陽泰渥樂天際會鄉閭齋謹恪虔修醮果祝升平
白雲喜凝祥三清殿上敲法鼓響金鏡宣梵誦經歌唱太平膳梓里
玉梅開應候五色雲中結紫耀銀色薰花踏葉化施甘露遍林村
心田慈惠恩流境外及孤魂
像貌魁梧威鎮壇中稱大王
何以告虔清齋謹悅
惟期照鑒明德馨香
須憑公理照平分
莫恃強權來亂搶

圖 46　林村建醮場地全圖

<hr>

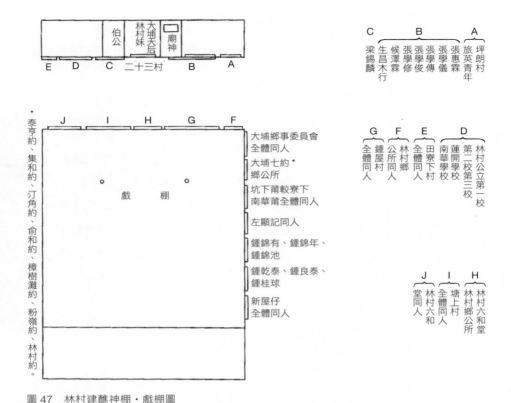

圖47　林村建醮神棚‧戲棚圖

　　戲棚極為龐大，可容納兩千名觀眾，對面是神棚，旁邊是辦事處。

　　戲棚內有"大士王殿"和"城隍殿"。

　　天后廟圍牆外有廚房。招撫孤魂的幡，矗立在森林四隅和天后廟內側，共五處。道士行禮的醮壇，就利用天后廟內的文武二帝宮，在此預先掛上三清圖和十王圖。

　　十王圖第六殿變成王圖，描繪的是著名的"梁山伯與祝英台"故事中的主人公被拉到王前受審的情狀。該圖的大意是，與祝英台訂有婚約的馬俊（一說"馬文才"），控告梁山伯和祝英台犯有通姦罪。與民間傳說完全相反，作品視梁、祝為惡人，對兩人的愛情悲劇不予同情，表達出尊重禮教和封建秩序的思想，最後

278

照片 79　林村建醮神棚

照片 80　林村建醮戲棚

照片 81　林村建醮大士王殿

照片 82　林村建醮城隍殿

照片 83　林村建醮醮壇（三清圖）

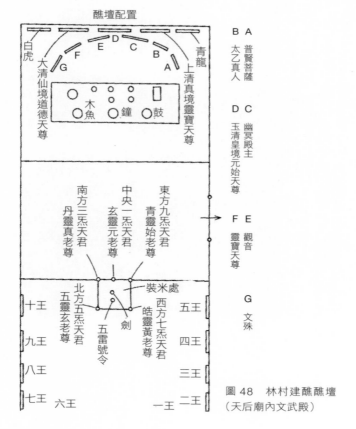

醮壇配置

	B A
	普賢菩薩 太乙真人
	D C
	幽冥殿主 玉清皇境元始天尊
	F E
	靈寶天尊 觀音
	G
	文殊

圖 48　林村建醮醮壇
（天后廟內文武殿）

282

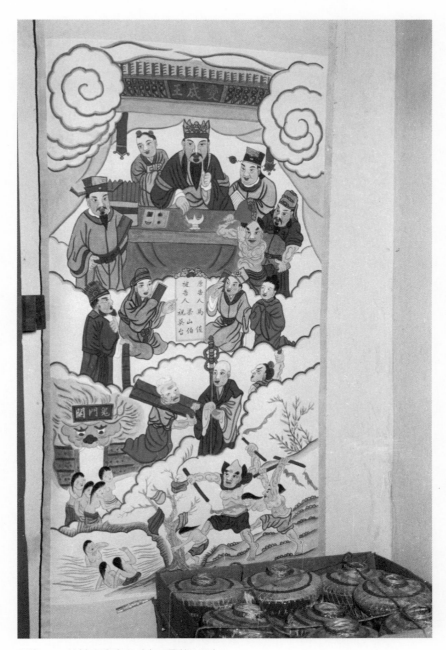

照片 84　林村建醮醮壇（十王圖第六殿）

將兩人定罪。村落建醮祭祀中的國家統制的保守性，在此圖中充分顯現出來。

祭祀禮儀由廣東道士（喃嘸佬）按照舊程序進行。道士團的分工有主科、都講、監齋、奉經、侍香等。以下逐個討論禮儀的目的和寓義。

一、上頭表

在天后廟前，五名道士面向外宣讀記有村落名和緣首名的表文，讀畢，焚表送上天界。

二、第二次通表

農曆七月十九日，仍由五名道士在天后廟前，面向外宣讀表文，表文內容為緣首以下捐款贊助的村民姓名。讀畢，焚表送上天界。

三、建醮前一天的禮儀

"迎神"之後，開始道士團禮儀。先用一天時間連續進行"取水""揚幡""啟壇"等預備階段的禮儀。

（一）取水

當天早晨七時三十分，五名道士陪同九名緣首，離開醮壇去第二幡，同時運去儀桌和水盂（龍水缸）。

行進的佇列按樂隊、儀桌、龍水缸、道士、緣首的順序，到達取水地，放好儀桌、水盂。高功面向儀桌宣讀頌詞，其他四名道士奏樂。點燃香燭後，將當天拂曉取自林村溪谷清流中的一桶水倒入龍水缸。高功用紅紙封印，貼上三張符契。接著，酒茶潑地，焚化"元寶"。在這過程中，四名道士念誦，緣首持香拜禮。"取水"禮結束，重新列隊返回醮壇，龍水缸就安放在三清殿前

照片 85　林村建醮取水（龍水缸意亭）

的主桌之下。本來的形式是取水隊到溪流邊將河水直接倒進龍水缸，但現在這一形式簡化了。龍水是"聖水"，醮事結束後，分"龍水"給村民，具有符水的作用。建醮是對"天地水"三界的奉獻，而龍水就被視為"水界"的象徵。

（二）祝香樹、揚幡

八時三十分，天后廟前牆外排列著各村獻上的香樹和幡竹，由道士對之進行"靈魂附體"之禮。一名高功帶領九名緣首，面向香樹、幡竹念誦，緣首行禮。這一簡略的儀式三十分鐘就結束了。香樹為淨化神棚之物，插入天后棚前香鉢內，五天六夜的醮事期間，長燃不熄。此時，正在進行第一幡到第五幡的"揚幡"（即立幡）儀式。這一儀式由建醮委員會成員分擔。

（三）迎神

上午十時，各村人士將整個林村約的土地神都迎至神棚。根

285

據占卜表，迎神禮安排在農曆十一月初二，但實際上，一部分村子已經提前一天進行了。本來，迎神者應該以道士為先導，但因為土地神太多，只能由各村人士將神像、神位搬入神棚內，排列起來，全體道士進行一個簡單的拜禮。

神棚分為三部分。中央並列林村天后（林村妹）神像和大埔天后神像，這是主棚。戲台的中心線以正對主棚的形式配置。大埔天后像乘神轎前來；林村天后像邊有神傘，從天后廟搬入。（神棚平面圖見圖49）

天后棚的左側奉迎天后廟陪神群，其中以文武二帝、觀音、金花夫人為中心，還包括鄧占一、義祠英雄、財神和廟外土地神等，神位全部一字並列。為眾神所製神衣（紙製）懸掛於神棚左右。天后棚右側分七排並列二十三村各自供奉的"伯公"，即土地神神位。如大菴村水口伯公、大菴村大王伯公、大菴村禾塘伯公、社山村龍壇大王、社山社稷大王伯公、社山土地伯公、社山鹿壇大王伯公、鍾屋村大王爺、鍾屋村土地爺、鍾屋村七聖宮娘

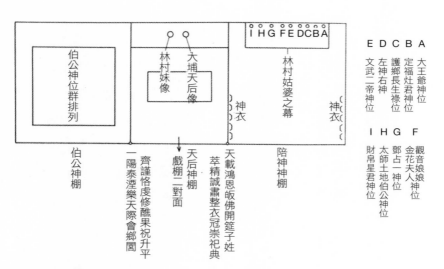

圖49　林村建醮神棚平面圖

286

照片 86　林村建醮天后棚（左為林村天后，右為大埔天后）

娘、鍾屋村上圍本圍土地伯公、放馬莆村閭門土地神位、江夏堂
上黃氏一代祖先、始興堂上麥氏一代祖先、土地公、放馬莆村大
王爺爺、水窩村水口伯公、水窩村護圍伯公、大菴山村水口伯
公、大菴山伯公等等。水口伯公等水脈守護神的存在，說明這一
地區是水田耕作。諸神一旦於神棚內佔據了位置，在祭祀結束前
的五日間，不分晝夜領受包括"看更"（徹夜護守）在內的各種
禮遇[2]。

（四）啟壇

　　下午二時十分，"啟壇"禮開始。天后廟入口處前方空地面
朝外置一大香案，外側有三匹功曹馬，案右高凳上放一水盆，內

2　"看更"由六甲負責進行。各甲以自己的經費輪流派遣看更員至神棚，完成
　　此禮。除了第三天之外，每晚七時至次晨七時也都行"看更"禮。

287

裝滿水，放入香草，擱一塊毛巾，旁邊牆壁上再掛一面鏡子。香案上置有盛了米的方形大斗，上立五雷牌、寶劍和五炁旌。大斗兩側各有一香爐，插著大紅蠟燭。斗前分三排放置九個茶杯、五個水杯、五個飯碗。案下放一隻雞。（啟壇配置圖見圖 50）

　　二時三十分，儀式開始。道士和緣首分立香案左右，面對而列。高功立中央，面朝香案，持笏行朝見玉皇之禮，宣佈建醮目的、村落名稱、緣首姓氏；接著拜天地、燒淨水符三張，將灰放入酒杯，噴灑四方。隨後行"肅衣整冠"禮。先由高功在水盆前洗手，到鏡前整冠正衣，以酒茶各三杯祭奠土地，手持拂子的道士（禮生）帶領每一位道士和緣首重複高功的動作。全部完成後，開始"賜酒"。高功、道士、緣首各飲一杯。所謂"賜酒"

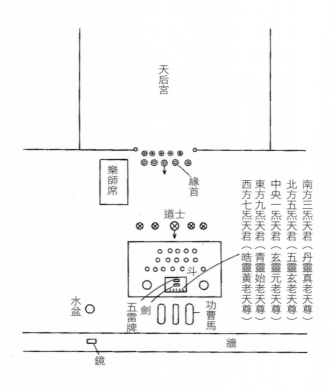

圖 50　林村建醮啟壇配置圖

是神靈下賜之意。

"賜酒"畢，緣首們退至天后廟門，接下來的禮儀由道士團承擔。高功邀請宋劉二將軍、五方五炁君、時炁君、天德君、月德君、解穢官君等官將淨潔場地。其形式是通知官將把解穢真符和元寶一起焚化。接著，持盂、踏罡、寫咒、燒符、噴水。高功取出五雷牌，奏請眾神（上至三清、下至功曹）[3]，降臨場地。在此期間，道士們俯伏。

"奏請"之後就是"通表"。高功宣讀緣首手中的人緣意文，上面寫有二十三個村落六千人的姓名，將這些姓名上達天界。第一、第二次通表已先後將緣首姓名和全體村落代表姓名上告天神，第三次通表為了避免遺漏上天的賜福，則將追加的人名通知了天界。表文列出各村醮信姓名後有如下一段祝詞：

偕與通鄉男婦長幼眾信人等，即日齋沐肅誠，百拜上言，祈天錫福者。

伏以天恩遐暢，朔風透霜路之冬，帝德宏深，元氣運生成之澤。禱籲不違，供荷福星還比戶。銘恩用報，敬抒凡悃達楓宸。欲答洪恩，仰伸凡愫意者。伏惟眾等，寄形宇內，質託塵寰，居卜世鄉，久荷神慈廣被，身安福地，恆叨化育栽培。門歌康泰，三秋明月照風淳。戶慶清平，四季祥雲來俗美。念此時和年盛無非聖力維持，即茲物阜民安，悉是天心人愛。言念眾等謹依上古神規，十年一屆歷歷建醮，依案年規，修崇醮典。於今冬令，同仗祈根，卜向今月初二日，仗延清微道教，來於本境立壇，啟建正一酬恩清醮道場，五晝連宵功德。於內壇蟬開玉扃，依稀玉洞之天，綵結蘭宮，彷彿金繩之界，香花炳煥，絃管鏗鏘。

3　據科儀書《靈寶發奏全科》（香港中文大學東亞研究中心藏）。另參見大淵忍爾《中國人的宗教儀禮》（1982），721-726 頁。屬於同一系統的香港道士發奏科儀書《清微發奏科》也記載了相關內容，但神名較少，或許為簡本之故。

法席端嚴，中天皇主金容現，醮筵潔淨，海外朝元玉相呈。冉冉扶雲蒞止，虔虔望日抒丹。啑真經禮法懺，步虛聲徹玉樓台；進天牘奏方函，向日表通金闕殿。大啟酬恩之典，虔修集福之門，醮敷五晝連宵，表達九重之列闕，設幽滿堂分位之醮筵，謝天地水陽之列聖，瞻雲作禮福迎祥。伏願上天昭格，至聖居歆。俾鄉閭寧謐，黨里熙陶。儒為直上之珍，名題雁塔；財乃人間之寶，橐隱朱提。少際風雲之會，老增鶴算之符。臥犬不驚於守夜，花驄按轡以朝天。人興物阜，國祚家祥。臣與眾等，無任瞻天仰聖，激切屏營之至，再拜謹以意聞。民國辛酉年，今月初二日意。

　　由於這篇意文的人名部分特別長，所以，五名道士將紙卷拉長，每人分擔一部分同時宣讀，即使如此也需三十至四十分鐘。

　　意文讀畢，高功分別向"三清上聖六御高真""天地水陽四府高真""靈寶五師主奏真君"三神，奉上邀請表文。本來表文應由高功宣讀，但現已改為以信函的形式送呈。

　　表奏終了，進香三巡，宣讀呼喚五雷神以下神將功曹的符命書。向集結於壇下的功曹宣讀關文。隨後，行"開光掛紅"禮。抓出繫在香案下的公雞，用劍割雞冠取血，浸於酒碗，與酒混合，向四方潑灑。又打開先已讀完的長卷意文，在醮信人名（限於戶主）上方，用雞頭點一朱點。在鼓樂伴奏下，這一儀式用二十分鐘迅速完成。

　　接著，在表文、關文、紙製的功曹使者和功曹馬上，也點上朱點開光。最後，將表文、關文、意文等文書，與三匹功曹馬及三位功曹使者捆綁在一起，搬到場外焚化。儀式於四時三十分完畢，至此，建醮前一天的禮儀全部結束。

照片 87　林村建醮啟壇一：第三表

照片 88　林村建醮啟壇二：
第三表掛紅

四、建醮第一天的禮儀

（一）三朝三懺

1. 早朝

上午八時三十分，開始第一次"早朝"。設於天后廟門外的張天師壇前，五名道士整隊而列，九名緣首跟隨其後（首席緣首拿著意亭與意文）。高功念誦畢，以鼓樂為先導，道士、緣首以及扛著食物的村民，列隊按以下順序繞巡各幡各棚：①第一幡→②城隍→③大士王殿→④第二幡→⑤第三幡→⑥神棚（天后棚、陪神棚、伯公棚）→⑦第四幡→⑧第五幡→⑨齋廚。每到一處，都念誦拜禮，尤其在五幡處，向幡下的守幡童子祇應神獻上食物與香燭，焚化"元寶"。巡禮結束後，道士、緣首列隊於醮壇三清殿前，道士念"早朝科"，呈上致"昊天金闕宮"的表文，表文不宣讀，裝入封套內奉呈壇座。

接著，向玉清元始天尊敬獻第一香，並奏請道：

> 以今早朝行道，運至初念上香。願此香煙騰空，徑上玉清聖境元始天尊玉機下，臣等皈身皈神，皈命大道。願以是拈香功德，上祝當今皇帝（山呼萬歲萬歲萬萬歲）恭願聖壽鼎乾坤之永，皇國齊山嶽之固。宮掖和平，臣僚叶贊。少私寡慾，俾德貴以道尊，治國愛民，與天長而地久。今故燒香自皈依道尊大聖眾，至真之德。得道之後，保天長存，與道合真。[4]

奏文中祈祝"當今皇帝"長壽和國家安寧的內容，強烈地表現出國家統制的色彩。

4　參見科儀書《三朝科》"早朝"條（香港中文大學東亞研究中心藏）。

第二香獻於上清靈寶天尊，奏文是：

以今早朝行道，運茲二念上香。願此香煙騰空，徑上上清真境靈寶天尊玉機下。臣等皈身皈神，皈命大尊。願以是拈香功德，皈流醮主九玄七祖，遐邇宗親。伏願超登紫府，升陟清都，禍滅九陰，慶流來世，滾滾子孫不絕，俾綿綿祭祀之長存。更冀餘庥，旁流後裔，今故燒香，自皈依經尊大聖眾，至真之德。得道之後，合境平安，與道合真。[5]

奏文祈求超升緣首以下眾醮信的已故族親，同時祈求宗族子孫興旺與祖先祭祀的長存。奏文所要表達的，就是要以宗族社會為前提，要適應宗族社會的這樣一種觀念。

第三香獻於太清道德天尊，奏文如下：

以今早朝行道，運至三念上香，願此香煙騰空，徑上太清仙境道德天尊玉機下，臣等皈身皈神，皈命大道，願以是拈香功德，皈流醮主△△。丹台紀善，玉簡刊名。禍去福來，熙若春台之樂，功成名遂，超然燕處之居。動植沾恩，飛潛遂性。今故燒香，皈依師尊大聖眾，至真之德。得道之後，國家安寧，與道合真。[6]

這裡雖然是為醮主個人祈福，但其前提顯然還是國家與宗族的安寧，立意就是想在皇帝（國家）宗族個人這樣一種等級秩序的格局中，通過向作為道教三寶的道經師祈祝，使道教適應宗族社會。此時，宣佈意文中的緣首名，並送呈一份總結性贊文：

臣等幸假良緣，獲親聖訓，盟心特受，篤志遵行。今當接引人天，

5　同注4。
6　同注4。

必先敷揚正教，焚香效信。稽首諸天，酌水獻花，投誠三界。伏望恩光下照，降如甘露之均調；疫癘潛消，渙若層冰之解釋。次冀百靈護祐，萬福駢臻，甘食美衣，咸足室居之用。安居樂業，相聞雞犬之聲，祿秩光榮，子孫蕃衍。上則明天尊大慈之澤，下則副臣等皈向之誠，謹啟以聞，志心結願。一願天地交合，二願日月長明，三願陰陽順序，四願國土安寧，五願帝皇景祚，六願宰輔書成，七願萬民歡樂，八願五穀豐登，九願幽途離苦，十願大道興隆，十一願醮宮獲福，十二願閭里平安。[7]

即使在這裡，仍然是在祈願"國土安寧""帝皇景祚""宰輔書成"，可見始終體現著國家統制的觀念。

在第一天早朝時，另向"昊天金闕妙信宮"敬奉表文一函：

主科事臣林道玄誠惶誠恐，百拜上書。臣今為奏中華國廣東廣州府新安縣第六都林村鄉，奉道酬恩事。緣首△△偕合眾等，即日虔誠百拜，上於金闕妙宿宮。以今月初二日良辰，仗道來於本境，立壇啟建正一酬恩答聖功課，五晝連宵，設幽三百六十分位。上奉高真，介迎景貺。臣今早朝行道。拜貢表文一方，百拜上奉三清三境三寶高真玉機下。恭望洪慈，允臣所奏，赦臣萬罪。全賴恩光證盟。修奉百拜，謹表以聞。辛酉年十一月初二日，表發。[8]

拜發後，念誦《玉皇寶懺》一部，結束。

2. 午朝

下午一時二十分，由三名道士開始進"午朝"禮。其形式與

7　同注 4。
8　引自朝表文。

294

"早朝"相同。先在三清殿行"午朝"禮，而後回遊諸幡、諸棚，歸壇，念誦"玉皇寶懺"。先向元始天尊上香，午朝奏文如下：

以今午朝行道，運茲初念上香，願此香煙騰空，徑上虛無自然元始天尊玉機下。臣等皈身皈神，皈命大道，願以是拈香功德，皈流醮主△△，上祝當今皇帝（山呼萬歲萬萬歲）恭願南山鼎壽，北斗齊齡。天資有求之年，神介無疆之福。去甚去奢，在泰處以中和；修國修身，修善期於建立。下無盜賊，民獲孝慈。率土普天，咸皈有道。今故燒香，自皈依道尊大聖眾，至真之德，得道之後，保天長存，與道合真。[9]

與"早朝"第一香類似，都是恭祝"皇帝長壽"和宮廷安泰。接著是向靈寶天尊奉上第二香，奏文為：

以今午朝行道，運茲二念上香，願此香煙騰空，徑上玉宸道君靈寶天尊玉機下。臣等皈身皈神，皈命大道，願以是拈香功德，皈流醮主△△。塵凡賤質，螻蟻微軀。處世之怨非蕩滌，積世之過咎蠲除。祀禮四時，凡薦馨於宗廟；禎祥疊至，每流慶於子孫。長幼人員，同沾厚庇，今故燒香，自皈依經尊大聖眾，至真之德。得道之後，合境太平，與道合真。[10]

文中用文言反復表明了"薦馨於宗廟""流慶於子孫"之類以宗族利益為本位的祈願。

第三香敬獻於道德天尊，奏文為：

以今午朝行道，運茲三念上香，願此香煙騰空，徑上五靈玄老道

9　參見注4引科儀書《三朝科》"午朝"條。
10　同注9。

德天尊玉機下。臣等皈身皈神，皈命大道。願以是拈香功德，皈流醮主△△，青篇定祿，金簡增齡。九天真宰垂麻，三境高靈洞照。室居利用，財貨有餘，和其光同其塵，禍消所仗，解其紛挫其銳。永生福人，常添吉慶。今故燒香，自皈依師尊大聖眾，至真之德。得道之後，國家安寧，與道合真。[11]

這是為個人的長壽和財貨的獲得而作的祈求，宣示了"和光同塵"的人生觀，表達了極為世俗的意願。

最後是一份與早朝同樣的總結性贊文，在其結束部分表達了先靈升天、眷屬姻親延齡享福、子孫昌盛的宗族觀念：

次冀先靈祖禰，駕景升天，眷屬姻親，延齡享福，子孫昌盛，災癘潛消。上則明天尊大慈之澤，下則副臣等皈向之誠。謹啟以聞，志心結願。一願一心慕道，二願二景長明，三願三尊開泰，四願四序和平，五願五行順度，六願六律齊並，七願七星朗照，八願八節常榮，九願九州安泰，十願十方興行，十一願醮官獲福，十二願閭里平安。[12]

第一天的"午朝"還向"后土地祇宮"呈送表文一函。

3. 晚朝

下午四時三十分，開始回遊。歸壇後，進行"晚朝"的上奏，奏文大意與前二朝相同。首先是向元始天尊奉上第一香，奏文如下：

以今晚朝行道，運茲初念上香，願此香煙騰空，徑上玉清聖境元

---

11 同注9。
12 同注9。

296

始天尊玉機下。臣等皈身皈神，皈命大道，願以是拈香功德，皈流醮主△△，上祝當今皇帝陛下（山呼萬歲萬萬歲）恭願聖壽無疆，皇國鞏固。居城中土，為天下主。治國以正，若烹網漏之小鮮；用兵必奇，毋得郊生於戎馬。干戈偃息，嶺海升平。今故燒香，自皈依道尊大聖眾，至真（之德）。得道之後，升入無形，與道合真。[13]

奏文與"早朝""午朝"相同，都是在讚頌當今的皇帝。接著是向上清靈寶天尊奉上第二香。奏文是：

以今晚朝行道，運茲二念上香，願此香煙騰空，徑上上清靈寶天尊玉機下。臣等皈身皈神，皈命大道，願以是拈香功德，皈流醮主△△，△堂上祖宗，枝蘿眷屬，蕩積劫之怨尤，解多生之過咎。常清常淨，凝神紫府之庭，無憂無憂，飛鳥青華之館，常存祭祀，禍咸滅於九陰，不絕子孫，慶有餘於來世。今故燒香，自皈依經尊大聖眾，至真之德。得道之後，天下太平，與道合真。[14]

奏文中仍在祈禱緣首以下祠堂祖先，希望消除眷屬罪障，維持長久祭祀，保障子孫的繁榮。這都是在一個標準的宗族框架下表達的願望。

在此之後是向道德天尊奉上第三香。奏文如下：

以今晚朝行道，運茲三念上香，願此香煙騰空，徑上太清仙境道德天尊玉機下。臣等皈身皈神，皈命大道，願以是拈香功德，皈流醮主△△，各神安鎮，玄覽滌除。金玉滿堂，常超然於燕處；貨財足用，永熙若於春台。進而大器之成，升則百官之長，合門眷屬俱保康寧。今故

---

13 參見注4引科儀書《三朝科》"晚朝"條。
14 同注13。

燒香，自皈依師尊大聖眾，至真之德。得道之後，閭里平安，與道合真。[15]

此處是個人性的祈福，所謂"百官之長""合門眷屬俱保康寧"云云，但畢竟也是出於維護宗族的強烈願望。最後又是總結性贊文，其結尾部分如下：

伏望璇穹上聖，碧漢高真。曲憐皈向之誠，消伏未來之禍。永絕躁輕之失，咸安清經之風。善治丹台，拜皇恩而不淺；名刊玉簡，胥月殿以無涯。人用丕欽，天能公予。上則明天尊大慈之澤，下則副臣等皈向之誠。謹啟以聞，志心結願。一願一皇萬歲，二願二氣澄清，三願三光朗照，四願四序和平，五願五行順度，六願六律齊並，七願七星拱照，八願八節安寧，九願九疊皇祐，十願十度災遁，十一願恩光下照，十二願道炁長存。[16]

奏文之後，上呈"昊天通明宮"表文一函，第一天三朝至此全部結束。

（二）分燈

晚九時，三名道士列隊於三清壇前，緣首隨其後。壇上插著兩根大燭、十五根小燭。先由高功恭請九帝，並獻上茶酒，九帝是：虛無自然九天上帝七寶至尊，高上神霄九宸上帝，瑤壇大道十極高真，紫清降福天尊，四府三元大帝，五師四聖真君，日月二宮天子，一十大曜星君，六丁童子三元真人（其他稱為三界萬靈十方聖眾）。隨後，高功上奏，說明行"鳴金戛玉"禮的主旨：

---

15 同注 13。
16 同注 13。

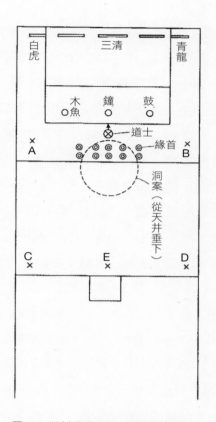

<table>
<tr><td>白虎</td><td colspan="3">三清</td><td>青龍</td></tr>
</table>

木魚 ○　鐘 ○　鼓 ○

⊗ 道士

○ 緣首

洞案（從天井垂下）

A ×　　　B ×

C ×　　E ×　　D ×

圖 51　林村建醮分燈、禁壇配置圖

　　臣聞：華林隱靄，環列中天之中，丹闕森羅，旁通象外之象。矧玉匵挺愛河之筏，而實濟橫岸之舟。廣度迷津，齊登道果。制器有象，能事合陳，輒修大法之供儀，或按真科之妙用。金鐘雅奏，玉磬交鳴。四闕六通，間步虛之繚繞；九和十合，揚大範之淵淪。神風靜默以凝和，浩氣飛騰而薦瑞。鸞鳴鳳舞，虎嘯龍吟，希聲振而三景明，上徹寥陽之帝所，陰韻闡而九音開，下通鬱絕之神鄉。臣等肅啟瑤壇，祈迎真馭，仰祈盼響，俯格精誠，稽首皈依無極大道大聖玄元闡教天尊。[17]

17　同注 13。大淵氏《中國人的宗教》（東京：福武書店，1983）730-731 頁所引文字略有出入。

上奏的內容，就是奏金鐘，敲玉磬，以博取神靈的歡快。

接著，由都講誦讀招撫諸陽神的召陽符命，鳴金鐘（陰聲）二十五響。再由奉經誦讀招撫諸陰神的召陰符命，擊玉磬（陽聲）三十響。之後，都講向把守陰神群之門的神霄擗扉將軍發出陰神集合令，直壇則向把守陽神群之門的神霄玉禁將軍發出陽神集合令。隨後，都講、奉經交替奏響金鐘、玉磬各三十六次，共七十二響。奏罷，都講領取意文，只宣讀緣首姓名；都講再鳴金鐘九響，奉經擊玉磬六響，"金鐘玉磬"禮至此完畢，"十方陽德之靈"與"九地陰冥之宰"全集於這一醮壇。下面開始進行"分燈"儀式。高功再次奏請九帝，獻上茶酒，奏文如下：

> 臣聞：四生冥昧，不離三途，六趣昏蒙，長居幽夜。自積無名之罪垢，莫逢有赦之恩光。是以師寶垂慈，帝真流化。著回耀降光之福，演燃燈懺罪之文。上映諸天，則三宸增輝；下映九地，則萬福來駢。中及七方，通資六趣。神光普被，妙用鮮明。以今奉為酬恩事。醮官△△等，宿啟醮筵。恭依科式，敷列壇場，燃點神燈，開明幽暗。伏乞天光下濟，法澤沛流。放五色之祥光，度重泉之苦爽。十方三界，九夜幽關。盡憑燭照之功，俱遂升遷之願。稽首皈依，加持證果大聖燈光朗照天尊。[18]

此時，秉燭舉燈，高功將寫有"大聖玉清聖境元始天尊"字樣的大燭獻奉元始天尊；都講將寫著"大聖上清真境靈寶天尊"字樣的大燭獻奉靈寶天尊；奉經將寫著"大聖太清仙境道德天尊"的大燭獻奉道德天尊。高功以下舉小燭，表演迴旋、天輪燈、地輪燈等節目。隨後，三名道士取下壇上小燭，傳給等在後面的眾緣首，緣首將小燭插進壇上香爐。此時，高功念唱贊文：

---

18 同注 17 引書，與大淵氏前引書 732 頁引文對校。

道生一，一生二，二生三，三生萬物，普照天地，光明見清。[19]

把"分燈"的過程作為萬物生成之理的象徵來讚美。最後，焚化"元寶"，灑酒祭奠。結束時已是晚十時，奏響金鐘、玉磬，道士、緣首各持燭燈迴旋於壇前，儀式場面聲光交錯，極富演劇性。

"分燈"禮畢，休息片刻。十時三十分，舉行與"分燈"同屬一組的"禁壇"儀式。

（三）禁壇

"禁壇"是結界醮壇、嚴防邪鬼侵入、淨化壇內的一種儀式，由高功一人進行，高功率緣首面壇而立。

壇上有一插著五氖幡的斗，壇前天井上懸掛著一個洞案（在畫著八卦圖的方形布蓋的每條邊上，各貼七張名符，共二十八張，即二十八宿名符）。壇下繫一公雞。

高功首先奏請以下三十位神：

虛無自然九天上帝，高上神霄六宸大帝，瓊壇大道十極高真，九宮八卦大神，五靈五氖梵氣天君，玉虛生神九天上帝，大羅法界諸天上帝，周天日月星斗群真，靈寶五師真君，五十五代天師虛真人，太極仙翁葛真人，雷霆太素許真人，玄範碧落五雷帝君，僉書雷省華真人，祖師混元駱真人，清微法主魏祖元君，太素大夫侍宸王林二真人，紫清瓊館白真人，雷部尚書薩真人，上清觀得道紫霞崔真人，古今傳教歷代宗師，天官大帝天界高真，地官大帝地獄咸靈，水官大帝水國真仙，雷霆府院官將吏兵，邑主城隍正直之神，解穢仙官滅穢大神，監壇雷師護衛

---

19 同注 17 引書。另見大淵氏前引書 733 頁。

照片 89　林村建醮禁壇一：五氘幡

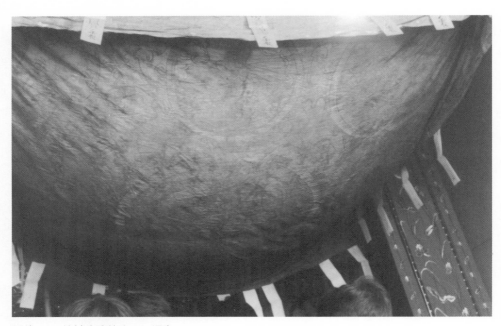

照片 90　林村建醮禁壇二：洞案

精兵，醮壇開筵真宰一切咸靈，虛空過往糾察天真。[20]

接著踏罡步，念咒文：

壇存八卦，內藏璇璣，二十八宿，分佈四圍，上開天門，下閉地
戶，五炁騰騰，凶穢消滅，真皇敕令。[21]

念畢，對三清壇噴水，用劍寫三“咒”字，繼續念道：

謹請五方五土五神五炁，繞壇三層，建壇三匝，吾今於此，奉行
道法。諸官將壇前駐紮。信香奉獻，聞吾今召，速降玄壇，聽吾號令。
道祖一氣，分上乾並下坤。吾祛雷部將，三界盡澄清，厄天為父，厄地
為母，年為功曹，月為主部，雷公電母，在吾左右，風伯雨師，在吾前
後。六甲周將，押在中央。吾奉先天道祖，真皇律令。

道香一炷，十方盡清，法鼓三通，萬神咸聽。元始一炁，萬神雷
司，焚香關召九鳳破穢宋將軍，加持法水，助令解穢，盡令清淨，唵吽
吽，眾真稽首，邪魔皈正，敢有不順，化作微塵。[22]

而後，取意文，宣讀緣首姓名，再持令牌、漱盂，呼喚都天轄落
王元帥、五顯靈官馬元帥、神霄趙公元帥、玉封道果康元帥、地
司都督殷元帥五將。此時，抓雞割冠取血，滴入酒碗，向四方潑
灑。儀式進入四方結界階段。

高功站在壇前，面向東方，命令青龍於東方結界。咒語是：

20　引自科儀書《淨壇科》（香港中文大學東亞研究中心藏）。另見大淵氏前引
　　書，727頁，文字略有不同。
21　同注20引書，另見大淵氏前引書，728頁。
22　同注20引書，另見大淵氏前引書，728頁，有脫字。

吾今結界，至於東，分甲乙，應青龍，歲星秉木德，破穢召靈童。氤氳九炁遍長空，旌旗排隊仗，光射扶桑宮，斗罡禹步立震位。寅卯鬼路不相通，東方九炁天君，急急如律令。[23]

念畢，高功從斗中拔出青靈始老九炁天尊之幡，架在肩上，右手持劍，劍尖貫符，至東隅將之焚化。

以下，高功變換著方向和幡旗，分別對南、西、北、中四方發咒，動作相同。向南方的咒語如下：

吾今結界，至於南，（分）丙丁，應火（精）。熒□間芒角深，龍鳳處殺氣酆都山。霞光烈焰赤炁旺。罡門禹步立，邪魔心膽寒。六丁仗劍，駕火龍守鎮。不離午未間。南方三炁天君，急急如律令。[24]

念畢，把南方三炁天君（丹靈真老天尊）的幡搬至指定地點，焚化名符。

向西方的咒語如下：

吾今結界，至於西，（分）（庚辛），（應）白虎。太白凌清溪。騰光耀紫微。亭亭瑞彩，皎皎光輝，白帝常擁護，殺氣貫虹霓。傾瀉天河洗兵甲，駐蹕庚申不動移。西方七炁天君，急急如律令。[25]

念畢，把西方七炁天君（皓靈黃老天尊）的幡搬至指定地點，焚化名符。

向北方的咒語如下：

---

23 同注 20 引書，另見大淵氏前引書，729 頁。
24 同注 20 引書，另見大淵氏前引書，729 頁，文字有異同。
25 同注 20 引書。

吾今結界，至於北。（分壬癸，）應玄武。位龜蛇伏。妙哉符五炁。佩符殺鬼篆，黑氣騰騰，威光畫畫。三台生我來，斗罡並七宿。樹起懸天皂纛旗，萬怪千邪皆拱伏。北方五炁天君，急急如律命。[26]

念畢，把北方五炁天君（五靈玄老天尊）的幡搬至指定地點，焚化名符。

向中央的咒語如下：

吾今結界，至於中。（分戊己，應黃將。）噀法水，淨四方。高功符戊己，妖精入地藏，黃頭大將，扶衛我旁。中山有神咒，一誦天地昌。厭穢畫清無障礙。千千兵馬扶壇場。中央一炁天君，急急如律令。[27]

念畢，把中央一炁天君（玄靈元老天尊）的幡搬至指定地點，焚化名符。

當以上命令全部宣佈完畢，高功手持寶劍，足踏八卦罡步，念唱最後的咒語，以"封鬼門"：

吾今插劍在壇前，鬼魅聞知心膽驚。眾聖垂恩祈福祐，積善之家慶有餘。敕劍下壇前運開，斗牛角落，斬妖魔精，一枝掛月，角將來鎮，醮壇龍泉下，此處將來封鬼門，神劍一下，萬神皆諾。天赦皇皇，地赦正方，禹步所至，萬穢潛藏，急急如律令。[28]

晚十一時，建醮第一天的禮儀結束。

---

26 同注 20 引書，另見大淵氏前引書，729 頁。
27 同注 20 引書。
28 同注 20 引書，大淵氏前引書無此段文字。

五、建醮第二天的禮儀

這一天除進行三朝三懺外，入夜後還要舉行超度小鬼的"小幽"禮。

（一）三朝三懺

1. 早朝

上午八時三十分，巡迴開始，歸壇後作禮懺，並向"北極伏魔宮"送呈奏文。

2. 午朝

下午一時二十分，出發巡迴，歸壇後行禮懺，向"南方火德宮"送呈表文。

3. 晚朝

下午三時二十分，巡迴開始，歸壇後行禮懺，向"中天星主宮"送呈表文。

另外，從下午六時四十分起，再進行一小時禮懺。

（二）小幽

晚八時四十五分，舉行超度小鬼的"祭小幽"。儀式由三名道士和樂師擔當。道士不穿道服，穿黑線平服，緣首跟隨其後。醮壇（天后廟文武二帝宮）外空地建一外壇，置一儀桌，對面有"兩判官"和"賣雜貨"木偶（夫婦二人），其間堆起土，插上香。儀桌上擺滿食物和香燭，桌後侍坐四位樂師。

道士入座後開始念誦，片刻後，在儀桌前的土堆中插上小燭，接著，道士兩手持香舞動。隨後，黑衣道士（都講官）捧著"兩判官"木偶，搬到樂師席，與樂師席上的平服道士進行模仿死者與判官的對話。對話結束，將木偶放回原來的位置。

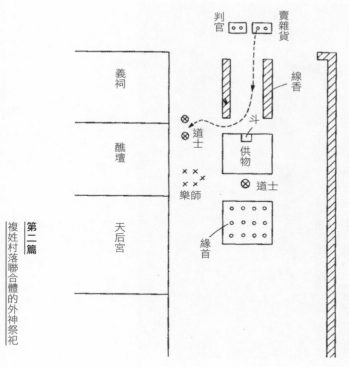

賣雜貨

判官

線香

斗

道士

供物

道士

樂師

緣首

圖 52　林村建醮小幽
配置圖

照片 91　林村建醮小幽一

照片 92　林村建醮小幽二（左為判官，右為賣雜貨夫婦）

接著，黑衣道士捧著"賣雜貨"木偶夫婦來到樂師席，與平服道士進行問答，內容是關於這對夫婦因手頭拮据而逃遁的故事。對話完畢，木偶被放回原位。此時，儀桌前道士將桌上的線香、米飯等一起投向土堆，最後焚化"兩判官"和"賣雜貨"二組木偶。

"小幽"相對於建醮第五天舉行的"大幽"——為鎮撫襲擾全境的、英靈威力強大的幽魂而舉行的禮儀——是安慰與己較親近的孤魂小鬼的一個儀式。由於扮演死者的道士和作為對手接待他的道士之間的問答極富幽默感，所以很像目連戲中無常使者的演出，可以說這是一種藝術化的禮儀。

照片 93　林村建醮小幽三（道士問答）

六、建醮第三天的禮儀

這一天除三朝三懺外，從凌晨至上午，要行"啟榜"禮，晚上要行迎接玉皇的"迎聖"禮。這一天是建醮正日，將進行最重要的禮儀。

（一）啟榜

這天一開始就進入了祭祀的高潮——發掛"人緣榜""款榜"和"幽榜"。

農曆十月初四，也就是接近建醮第二天午夜時分的十一時二十分，向天界宣告全體村落居民姓名的"啟人緣榜"儀式開始。戲棚內側長牆前設一儀桌，在一個啟壇時用的相同的水盆內，放一面鏡子。五名道士抱著巨大的榜文卷（榜文寬二米、長三十米），帶領緣首，來到儀桌前。首席緣首和第二緣首肩上斜繫著紅色條帶侍立於此。

五道士、二緣首在禮生的引導下，在水盆裡洗手，對鏡肅衣整冠。

然後，道士面向儀桌念誦，在鼓樂聲中，將紅紙黑字的榜文放在儀桌上，五名道士在末尾用毛筆簽上自己的姓名。

署名後，道士與首席緣首並排奉持捲著的榜文。

幾名建醮委員在道士團對面，接過榜文，同時將它水平舉過頭頂，以這樣的姿勢走向戲棚背後的榜棚。在那裡，從榜末開始粘貼，逐漸將全部榜文都貼在棚上。貼畢，把儀桌搬到榜文末尾處前，五名道士從後念起，高功則從頭念起，並在人名上點朱。其他道士也在各自負責的區段給人名點朱。午夜十二時三十分，儀式結束。

近三十米長的榜棚上，貼著紅紙墨書的村落全部居民六千人的名字。如此上呈天界，局面堪稱壯觀。天后廟前壁還貼有通告建醮祭祀內容的"款榜"和示諭幽魂的"幽榜"。以下即為這份

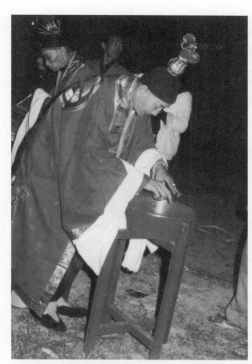

照片 94　林村建醮啟榜一：
肅衣整冠

照片 95　林村建醮啟榜二：
大榜署名

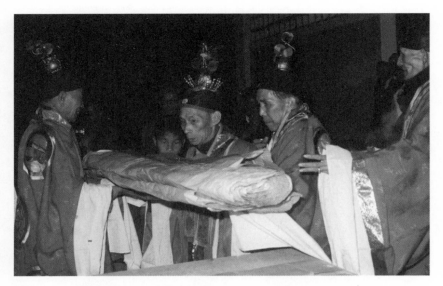

照片 96　林村建醮啟榜三：大榜奉持

照片 97　林村建醮啟榜四：啟榜掛紅

"人緣榜"（又稱"大榜"）的原文：

　　誥封一品龍虎仙山張大真人，門下拜授太上三五都功修真職篆神霄玉府清微演教仙官，管理雷霆三界便宜，正一奉行主科事，臣某承誥。

　　照據廣東省廣州府寶安縣第六都林村鄉，吉向居住。奉道酬恩，保境太平清醮，錫福迎祥。（緣首、醮信人名略）

　　偕合通鄉眾信人等，即日虔誠百拜，上干。伏以，享安於已安之後，實叨玄昊之洪恩，報德於既德之餘，敬設酬恩之清醮，謹抒丹悃，冒瀆宸躬意者。伏惟，眾等宇宙群材，塵埃末品，並生並育，熙焉，盛世烝民。既庶既番，樂矣，華夏赤子。聯居敦仁興讓之鄉，共治商賈農工之業。每竊光陰虛過，深慚化育未酬，於是合鄉雲集，就於先年吉日，虔備凡儀，仗道具疏，恭詣爐前，焚香祝曰："告許太平清醮五日，金豬雄雞，龍衣花紅，千張寶燭，結為合鄉平安祈願。"自從拜許藉賴匡扶，既投螻蟻之衷，益被康寧之福。今則初心不負。時維葭月，序屬仲冬。爰同長稚，酬謝神祇，思明德可以潛通，秉精虔豈無孚感。雲開閶闔，風清黃道擁鑾來，日近浮黎，氣溢函關扶輦下。洋洋降格，穆穆同歆。諏吉日以迎祥，仗金門之羽士。涓定今月初二日良辰，仗道五員，來於本境立壇。啟建正一酬恩太平清醮功德法事。五晝連宵，設幽男女孤魂滿堂分位。上奉高真，恭迎景貺，永迓禎祥。壇開桂殿，依稀玉洞之天，綵結蘭宮，彷彿金繩之界。香花炳煥，絃管鏗鏘。法席端嚴，中天星主金容現。醮筵潔淨，海外朝元寶相呈。唪真經禮法懺，步虛聲徹玉樓台，進尺牘奏方函，向日誠通金闕殿。大啟酬恩，聿懷多福。天鑒誠衷，來沾天貺。玉歷請銷於原（願）許，金篇乞注填還。永息無妄之虞，常納攸同之福。伏願藉威靈之震疊，降福祿之連綿。蟲斯衍慶，鶴算延齡。士獲採芹掇桂之榮，農有千倉萬箱之樂。工執藝以成名，商阜財而通貨。三槐五桂以飄香，九穗兩歧而薦瑞。黃童白叟皆安，綠鬢朱顏俱泰。千祥茂集，百福駢臻。少懷老安，共樂升平。合鄉清吉，人物平安。咸登熙皞之天，悉荷帡幪之庇矣。眾等無任下情，百拜之至，護榜以聞。壇外掛曉諭。歲次辛酉年十一月初五日榜文。奉經事臣簡明道（坐存心），都講事臣張鎮靈（坐善心），正一奉行主科事臣林真玄（坐忠心），監齋事臣林道源（坐良心），侍香事臣梁示安（坐仁心）。祖師金闕昭凝妙道元君，富貴同登在榜中。

　　榜文內容略同於意文，但文辭不同。比意文翔實，修辭更為講究。五位道士的署名頗具威嚴，寓意"忠善良仁存"，誇示權威與道德的姿態非常強烈。

　　另外，在天后廟前壁張貼宣示建醮祭祀內容的"款榜"，原文如下：

五晝功名登玉版

正一酬恩太平清醮福款榜

謹以靈寶金科所建功德，晝開列於後。

啟建取水

醮筵啟建事初敷，領眾燃香出漫湖。求取五良潭內水，飛行九鳳淨中符。（取水）

今通四值傳文牘，誠迓千乘會帝都。仍仗雷司安法禁，奮揚威武御壇圖。（啟壇）

初日之早

嚴淨華壇肅啟殷，式伸開啟眾神臨。雲府香薦六時貢，漢外揚幡五色新。（揚幡）

表啟玄堂深問道，經陳玉舃細和吟。朝天十部金文懺，逐日依時禮志心。（早朝）

初日之午

露飲風高烈氣清，曦暉輪影碧天停。龍涎乍靄黃金闕，眾笏嚴齊白玉京。（午朝）

上奏絳宮惟借地，翹勤丹室特攄情。辭朝午會歸來晚，帶得天香滿

袖新。（午朝續）

初日之晚

霄衣整晝問青帷，領得瓊文一劄歸。振玉鳴金調正氣，禁壇集將逞雄威。（晚朝、分燈、禁壇）

龍吟虎嘯風雲會，鳳舞鸞翔星月輝。入覲通真朝事竟，雲簾珠箔唱垂依。（禁壇續）

二日之早

雲山疊疊色蒼蒼，簇擁駕班鷺序行。環佩和鳴聲振晝，黍珠會啟韻琳琅。（早朝）

華壇深淨歸真境，大道精微徹上方。執笏朝元猶懺事，三竿紅日照霓裳。（早朝續）

二日之午

殿閣樓頭嘲瑞鳳，朝門搖動紫金鐘。珠簾高捲瞻三極，情愫虔呈表五通。（午朝）

聖帝龍飛金殿上，臣鄰鵠立玉墀中。恭呈又表朝班退，承得天恩雨露濃。（午朝續）

二日之晚

鐘聲隱隱報黃昏，點點星辰碧漢清。唱和陽春誦白雲，慰安陰魅懸青磷。（晚朝小幽）

逐壇執笏呈遐彩，對越殷勤薦蕊芬。適意君臣添喜色，金蓮歸第衣中吟。（晚朝續）

三日之早

夜事方開來解衣，鼓聲又報早朝時。贊神章奏寒林殿，喜起書呈仙境巍。（早朝）

遠望扶桑紅日近，近瞻岩岫紫雲移。晨參執簡言科滿，垂下簾鈎退玉墀。（早朝續）

三日之午

空送沉壇向午添，熏風吹送玉樓前。披衣端捧酬恩表，展卷猶談道

德篇。（午朝）

再奏表書聞四界，通傳令旨集群仙。克成善果根深植，老少清安樂
自然。（掛榜）

三日之晚

漸移鳥影入潭淵，星斗光輝在九天。三足獸爐通信息，雙飛鳧鳥捷
雲端。（晚朝）

賚持謝過文調出，庶使從令願款鷗。是夕小施幽爽畢，滿林牙笏解
班聯。（小幽）

四日之早

三百黃金鎖鑰開，天光雲影鳳儀來。摳衣正殿依隨入，排闥陽門候
唱催。（早朝）

翹望雷音崇拜舞，恭投文表為禳災。撝攄民欲垂天澤，喜見人間萬
福培。（早朝續）

四日之午

堂開金玉肅朝班，白晝行堂謁社壇。知外攸司關內事，恭呈行禳表
中緘。（午朝）

彤雲飄紗龍車轉，熒□風光繞部還。仍禮徽文尊帝號，九天雨露遍
球環。（午朝續）

四日之晚

黃道排雲葉暢舒，銀橋高架接天衢。衣冠肅整迎青輅，貢品精虔迓
聖車。（晚朝）

願賜停軒歆醮典，復求保境詠章書。君臣宴罷辭朝轉，攜得香煙滿
袖餘。（迎聖）

五日之早

是日紅霞啟霧煙，正齋清醮再敷筵。玉皇大懺當壇禮，延壽心章即
早言。（早朝）

北斗七星三四點，南山萬壽十千年。鴻圖翼翼宏多社，各戶平安福
祿綿。（禮斗）

五日之午

午中繁冗事由多，天赦宜須解網羅。放鳥上林參碧漢，活魚歸海躍銀波。（午朝、頒赦、放生）

回壇用展朝修禮，炷篆仍行獻供科。十極諸真同慶會，雕雕隱現入鸞和。（續頒赦、續放生）

五日之晚

是晚朝儀事事端，心詞呈謝意專專。九天上聖瓊輪轉，四府群真玉輅旋。（晚朝、送聖）

普施夜台超幽類，酬恩明水答仙宮。祈禳報德迎天澤，五晝連宵功德完。（大幽）

右榜通知。歲次辛酉十一月初五日榜文，正一奉行主科事臣張鎮靈承詣。發仰壇前張掛曉諭。

三界紀善功德司官，滿朝科範燦瓊篇。[29]

同側牆上張貼告諭幽魂的 "幽榜"，全文如下：

六道回生皆賑濟

廣種福田為超幽賑濟事。伏以，天開地闢，慨三王五帝之茫茫。古往今來，嗟六道四生之寂寂。死死生生又死鬼，人人鬼鬼鬼為人。這等輪迴，誰人免得。然而天皇氏一萬八千歲，不知著處。廣成子三千六百載，今在何方。共工觸倒不周山，力窮勢朽。后羿射落扶桑日，矢盡弓亡。女媧煉石補青天，精衛銜泥填東海。許多枉死，無限傷心。杏壇七十二賢，賢賢希望。雲台二十八將，將將封侯。生寄死歸，寒來暑往。壽八百之彭祖，惜也淪亡。天四八之顏回，慟乎天喪。鍾呂哭開蓬島路，夷齊餓死首陽山。秦王築萬里長城，關不住西疇鉅鹿。吳帝置千

---

29 "款榜"中雖記有建醮儀禮的日程，但與實際過程略有出入。譯者按：本書日文版 "款榜"全文為注釋，為便於閱讀，在此特移作正文。

尋鐵鏈，攔不盡東下長江。人情若春雨秋霜，世事如桑田滄海。浮沈有定，榮枯何期。李陵空上望鄉台，魂銷汝漢。屈原投下汨羅水，身葬江湖。烘火焚赤壁之磯，白雲擁藍關之道。青蓮自撈明月，淮陰垂釣斜陽。風瀟瀟兮易水寒，壯士不返。沙漠漠兮胡天遠，紅粉何知。然而花有重開，奈何水流不復。黃巢殺人八百萬，自命難逃。蘇武天節十九年，終身爰在。石火電光能幾度，披星戴月受奔波。富饒尚戀貨財廣，白叟猶貪酒色多。暮死朝生那有惜，三魂七魄豈無依。渺渺茫茫，牆上更無千歲草。空空寂寂，山中那有萬年墳。年年紫燕尋春，歲歲烏猿啼月。一夢既歸，千年難返。無貴無賤，無老無功，同為朽骨。自東自西，自南自北，盡屬孤魂。他鄉流落之千千，誰無父母。荒塚沉埋之萬萬，孰是兒女孫。屈陷人而怨氣未消，死非命而冤魂不滅。或登山涉水，或虎咬蛇傷。骨暴荒郊，屍埋曠野。久寒凍餒，常抱憂愁。今逢勝會，實荷良緣。廣設清淨之法筵，大啟無邊之甘露。但開攝召，可速齊來。渴飲飢餐，免口腹拮据之苦。冬寒夏熱，無手足彷徨之悲。來參東極慈尊，瞻禮虛皇實相。親來受食，早往超升。頓悟前非，雙手撥開生死路。洗除夙咎，同聲齊唱太平歌。身離苦海，永歸極樂之鄉。步踏歡天，長在逍遙之境。恩沾施主，萬福攸同。須至榜者。

右仰由子知悉。歲次辛酉年十一月初二日榜。正一奉行主科事臣張鎮靈承誥，大聖常施飽滿天尊。五音十類盡超升。[30]

通過以上形式，向孤魂群廣而告之，希望它們集結到場地上接受衣食的饋贈。

"人緣榜""款榜""幽榜"的發佈至此完成。

（二）三朝三懺

早、午、晚三朝，依次向"太清太極宮""長生大帝宮""承

---

30 譯者按：本書日文版"幽榜"全文為注釋，為便於閱讀，在此特移作正文。

天效法宮"送呈表文一函。

下午八時至八時三十分，在三清殿行"禮懺"。

當日的三朝三懺至此結束。

（三）迎聖

晚上十一時，進行奉迎玉皇的"迎聖"禮。這個儀式極為重要，它與凌晨的啟人緣榜一起，強烈顯示了貫穿於建醮禮儀的拜天思想，在整個建醮禮儀體系中佔著最高的地位。

神棚和戲棚之間設有"迓聖樓"，三清神位像、城隍像、水盤等。（配置見圖53）

與位於戲棚後端的大士王像並列，城隍像被安置在一個獨立的棚中，衣服華貴，像一位白面貴公子，因此也有人說是"玉皇"

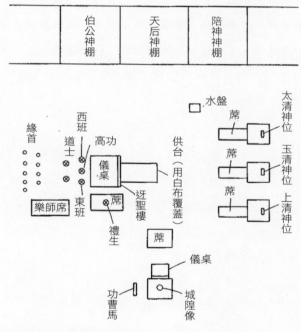

圖53　林村建醮迎聖配置圖

319

的形象，但從對聯來看，顯然無疑是“城隍”三清神位位於三清壇，旁置一把椅子，作鎮守高台狀。水盤是道士洗手的用具；本來還有整肅衣冠的“鏡子”，後被省略。城隍像旁有一匹功曹馬。

五名道士列隊來到迓聖樓前，緣首隨其後。一位黑衣禮生站在一旁。高功首先促請九帝，邀請文如下：

臣聞，天地為爐，默運陶熔之化；山川尊位，殊熏動靜之芳。乾象昭垂，坤儀博厚。山澤通氣，濛濛碧漢之間；星月交輝，皎皎澄霄之上。大矣，陰陽之迭運，間然穹壤之相通；雲蒸帝居，凜凜九重之虎禁。基分仙闕，央央萬里之龍旗。悉皆芳屋扈聖之神，總是紫府朝元之侶。職司后土，位宰名山。或居雲台霧閣之中，或處陰府泉局之內。五湖四海，三島十洲，鯨揚波而噴雲雷扶桑之館，蜃噓氣而成樓觀仙子之居。鼉鼓咚咚，龍車隱隱。或嬉遊於汗漫，或出處於煙波。赤縣神州，皇家祀典。惠民福國，各廟食於一方；伐惡除兇，務按行於三界。或掌社稷太平之運，或司雷霆號令之權。匝地周天，分司列職。是夜，澄清六合，和洽兩間，燈燭燦煌。移下一天之星斗，篆香蓊薈，高飄萬里之雲煙。虛徐倚瑤玉之音，恍惚若寶珠之界，伏願華裾織翠，側玲劍佩之玕璁，蒩屋生輝，拱俟幢幡而降鑒。願悉停驂而駐蹕，鑒茲酌水而獻花。[31]

九帝光臨之後，再由禮生邀請西班眾神和東班眾神（西班眾神包括無上玄老十方大聖諸君丈人、洞淵上相伏魔崆峒太乙應感天尊等六十八位神仙[32]；東班眾神包括昊天上帝、玉虛上帝、無上天尊、無上消災解厄應感天尊、儒教孔明賢哲等六十一位神

---

31 引自科儀書《迎聖科》（香港中文大學東亞研究中心藏）；另與大淵氏前引書736頁對校。

32 西班諸神神名詳見前引科儀書，又見大淵氏前引書736-737頁，略有差異。

仙[33]）。接著，禮生率領緣首平伏於城隍像前，宣讀意文：

龍翔鳳翥，眾真下降於瑤壇，駕行鷺序，列聖咸通於所治，閭闔開舒於黃道，鑾輿將下於丹霄，群仙翼轅，眾真侍從，雙鳳雲中扶輦下，六龍天上駕車來。[34]

此時禮生率緣首平伏於城隍像前，奉讀意文。又取表文，呈奏如下：

天無氛穢，地無妖塵，明為洞淨，大量玄元，常清常淨。

大聖能通三界天尊，一炷清香是晚焚，天京三界總遙聞，味通氣合如相應。絳節霓旌下五雲，不可思議功德。

臣聞：妙道希夷，憑香火以潛通，彷彿精諒，有求而必應。恭炷真香，百拜奏請天界直符寶利華光使者年值功曹，地界真符關山羅剎使者月值功曹，水界直符飄浪猛烈使者日值功曹，陽界直符飛空疾捷使者時值功曹。三界符吏，四值功曹，天府傳遞錢馬功曹，三天門下傳奏功曹，當境里域守土等神，各部參隨，合天眾星。恭望神威，降臨香位，以今晚朝行道，虔備凡儀，恭迎聖駕臨軒。

伏想：仙凡遙隔，不能面奏，煩為功曹，齎持表文，早達金門，恭迎龍車，下赴醮筵，格歆萍供，庶使凡誠上達聖帝垂歆。再祈鄉坊寧謐，人物平安，六畜蕃生，四時樂利，百拜上言。[35]

"表文"裝入函套，不必宣讀。內容為"迎駕總表"：

33　東班諸神神名詳見前引科儀書，又見大淵氏前引書 737 頁，略有差異。

34　引自科儀書《迎聖科》（香港中文大學東亞研究中心藏），另見大淵氏前引書 738 頁，文字略同。

35　同注 34 引書，大淵氏前引書無。

奉行主科事臣△△，介迎景貺，臣今正醮晚朝，迎鑾接駕，行道拜
貢，表文一方函，百拜上奏三清上聖六御高真玉機下，恭望天慈，允臣
所奏，赦臣萬罪。全賴恩光，證盟修奉，百拜謹表。△△年△月△日，
表奏。

表文與功曹馬一起焚化。禮生向功曹行禮，吟唱咒語：

功曹符吏去匆匆，頃刻騰雲變化中，傳遞表文星火去，只迎聖駕下
壇中，擺轉馬頭飛雲騰。[36]

念畢，三清玉皇等上位神也就來臨了。

此時，禮生重返迓聖樓，請高功登上金階。高功在迓聖樓前
行"揚塵舞踏"之禮，亦即三拜九叩首的拜禮，隨後，口誦解穢
之咒：

伏以：金闕九重天，望六龍而下御，銅壺一滴水，仗九鳳以除氛。
焚香上請，靈寶淨八方，大力威神，解穢官君將吏，即今下赴盂中，助
令解穢，肅令清淨，玄教中有解穢真言。[37]

其他道士也在邊上唱和，禮生念解穢真言。高功用盂符淨化各
席，又命眾官將肅清黃道：

天廣清清，地廣宣宣，諸將聞吾召請，分身疾速現形，汝等迎鑾接
駕大神，諸司官將，疾速到壇。[38]

---

36 同注 34 引書，大淵氏前引書無。
37 同注 34 引書，大淵氏前引書 738 頁。
38 同注 34 引書，大淵氏前引書 739 頁。

高功又讀"黃道榜"，命眾神列隊於黃道旁迎接聖駕，榜文為：

三天金闕下，恭奉道旨，謹按玄科，以今立幕（範）舒法，法天象地，迎真格聖，請福延生。今則帝軺下臨，理宜榜諭，百神各嚴畫者。伏以：金光耀紫薇，洞照開明於三境，丹霞羅碧落，分輝普遍於十方。百獸鼓舞而天清地寧，四靈翊衛而陰消陽長。高擁蜀都之玉烏，俯迎函谷之青牛，神仙下十二樓台，鸞鳴鳳舞，羽客列三千朱履，鸑序駕行。旗影動龍蛇之閃閃，樂音奏環佩之珊珊。佇伺感通，仰祈靈盼。[39]

讀畢，焚化黃道榜文。於是，三清玉皇以下大神，就從眾神並列恭迎的黃道上穿過法橋到達迓聖樓，鎮坐各殿，道士、緣首也跟隨其後進殿參拜。

禮生二人（黑衣、持塵）引高功至水盤處洗手、肅衣，端立太清宮天階前。在侍立一旁的禮生口令下，高功行三跪九叩禮：

（上班曰：）進位，跪。（下班曰：）叩首。（上班曰：）叩首。（下班曰：）三叩首。（上班曰：）興。（下班曰：）拜跪。（上班曰：）叩首。（下班曰：）叩首。（上班曰：）六叩首。（下班曰：）興。（上班曰：）拜跪。（下班曰：）叩首。（上班曰：）叩首。（下班曰：）九叩首。[40]

接著緣首進香，有以下念詞：

香至玉清宮，遍玉清聖境，結成華蓋，供養大羅元始天尊。
龍燈鳳燭，光上映於星纏。鴨篆歊爐，香直騰於天界。瞻真境，擎

---

39 大淵氏前引書，784頁。
40 大淵氏前引書，738頁，與上引書對校。

照片 98　林村建醮迎聖一：肅衣整冠

照片 99　林村建醮迎聖二：三清座

拳而下拜。[41]

上香畢，面殿，與禮生同退，執禮。

東班攜禮生二人，洗手肅衣，至上清宮天階，行三跪九叩禮，上香。念詞如下：

香至上清宮，遍上清真境，結成華蓋，供養玉宸大道君。

望闕再拜正上帝，臨汝之期，請聖一心，盡臣子事君之禮，望仙境，再三而俟命。[42]

接著，西班在禮生二人引導下面對太清宮，洗手肅衣，至天階，行三跪九叩禮，上香。念詞如下：

香至太清宮，遍太清仙境，結成華蓋，供養五靈玄老君。[43]

緣首此時也向三清和玉皇上香。結束後，即獻"六供"之禮。六種供物供於迓聖樓，由高功聲明六貢奉獻的緣由：

三拈心香，進上九重。御駕將臨，醮主虔備香燈花果之儀，敬詣龍樓前，依儀呈進。[44]

以下，對六種供物逐一獻詞。第一是"香"，唱詞如下：

仰瞻聖駕幸天衢，拜捧龍涎焫寶猊。一縷碧雲通紫闕，十分清氣溢

---

41 同注 34 引書，大淵氏前引書無。
42 同注 34 引書，大淵氏前引書無。
43 同注 34 引書，大淵氏前引書無。
44 同注 34 引書，大淵氏前引書無。

彤墀。花凝渺渺香風遠，簾捲氤氳玉漏遲。午夜月明天似洗，攜回滿袖退朝時。[45]

第二是“燈”，唱詞如下：

金門待漏覲長楊，寶炬高燒列數行。雙闕繁華天不夜，九重如晝月交光。風輕弄影搖紅焰，花競生春吐蠟香。遙睹玉階天咫尺，彤雲燁燁捧君王。[46]

第三是“花”，唱詞如下：

萬紫千紅競眾芳，嬌嬈顏色鬥新妝。牡丹芍藥開紅蕊，茉莉芙蓉吐瑞香。石竹凌霄金鳳舞，海棠含笑玉簪長。香風滿殿春如錦，佳氣匆匆繞玉皇。[47]

第四是“果”，唱詞如下：

名園妙果產奇珍，獨數仙桃迥異塵。談客楊梅紅錯落，讓兄梨棗紫深沈。笑妃丹荔千秋錦，懷績枇杷滿樹金。上元燈夜開春宴，猶有傳柑與小君。[48]

第五是“湯”，唱詞如下：

上苑春傳百州先，仁風應放紫芽纖。煎分寶鼎金丹火，泉汲清江白

---

45 同注 34 引書，大淵氏前引書，740 頁，文字略有異同。
46 同注 34 引書，與大淵氏前引書異。
47 同注 34 引書，與大淵氏前引書異。
48 同注 34 引書，大淵氏前引書，740 頁，文字略有異同。

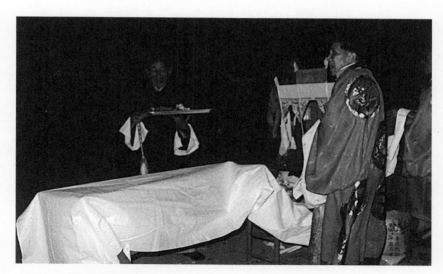

照片 100　林村建醮迎聖三：法橋散花

玉蟾。素乳沸來湯潑雪，香風展破月磨鐮。秉風飛去朝丹陛，直到蓬萊
絕頂尖。[49]

第六是“漿”，唱詞如下：

香飄馥鬱水濃濃，麥麵陶成造化工。甕應有天長醉夜，杖頭無日不
春風。杯中竹葉流丹腑，一朵桃花上面容。近侍傳宣來紫氣，天顏有喜
賜皇封。[50]

“六供”禮畢，開始“散花”。挨著迓聖樓並列幾張桌子，
上蒙白布，作仙橋狀。移城隍像於橋邊，道士隔橋對坐，參拜城
隍。兩名禮生，立於城隍旁，將托盤中的花拋撒出去。

49　同注 34 引書，大淵氏前引書，740 頁，文字多有異同。
50　同注 34 引書，大淵氏前引書，740 頁，文字略有異同。

同時唱道：

參橫斗轉，遙瞻碧落之崇高；地闢天開，遐想玉京之杳遠。金鑰啟而森嚴虎豹，旌旗轉而影動龍蛇。翠華將下於瑤京，綠輦暫離於天闕，伏請黃道使者，謁帝仙鄉，糾察吏兵，精排隊仗。飛仙奏樂，靈童唱班。泛三界之真仙，俟九光之臨幸。臣等深慚冒瀆，實負競惶。拜首天街，依儀引導。總朝上帝，鋪仙橋迎御駕；香散九微，花開六出。龍吟鳳舞，迎天仗下瑤京。寶劍珠幢，太極臨凡宇。仰蒙降格，大賜恩光。道眾虔誠，散仙花迎御駕。天賦賦賦百花奇，榮枯枯枯逐四時。想飛仙與真人，呈獻結丹心，向日傾葵，簇成花卉最清奇，與金盆爭豔麗。願此夕完成道果，庶醮官獲福無邊。臣等今將花散獻無上道諸聖賢。香風馥鬱遍瓊筵，尊宴罷，福綿綿，廣垂道法無邊。[51]

散花畢，道士跪拜城隍。午夜十二時，“迎聖”禮全部完成。

“迎聖”禮又稱“正醮”，其形式——奉迎九帝、三跪九叩、獻六供等——與台灣道教的正醮科儀，以及長洲墟太平清醮中海陸豐道士的正醮（尤其是晚朝）正相對應。正醮即意味著建醮禮儀中“最正式的禮儀”，事實上正如以上所說，是指禮儀的形式集精緻之大成這一點而言。尤其是廣東道士主持的儀式，比台灣、長洲的儀式具有更強的儒教色彩，如班科神名中有“儒教孔明先哲”，行禮過程中重用禮生，三跪九叩時用號令，行禮前洗手、肅衣整冠等，在形式上幾與儒禮相近。可以認為，這是道教禮儀為適應宗族社會的需要而變形的結果。

七、建醮第四天的禮儀

這一天除三朝三懺外，還要行“禮斗”儀式。

---

51 同注 34 引書，大淵氏前引書無。

（一）三朝三懺

早朝，上午八時三十分開始，巡迴歸壇後，向"大微玉清宮"奉呈表文一函。九時三十分結束。

午朝，中午十二時三十分開始，巡迴歸壇後，向"太清仙境宮"奉呈表文一函。下午一時三十分結束。

晚朝，下午三時三十分開始，巡迴歸壇後，向"星主紫微宮"送呈表文一函。四時三十分結束。

（二）禮斗

入夜，行"禮斗"儀式。開始前，醮壇內懸吊三十四個星辰燈，供桌上用米堆成南斗北辰、福祿壽（鶴龜鹿）之形，配置七星燈、六星燈。

晚九時三十分，五名道士率緣首立於醮壇。高功秉燭，緣首行三跪九叩禮。

先由高功念破穢咒，燒符敕水，旋即上香唱贊，三叩首，敦請虛無自然至真三寶、周御國王天尊、聖德巨光天后、勾陳天皇

照片 101　林村建醮禮斗

上帝、星主紫微大帝、七玄北斗星君、三台華蓋星君、擎羊陀羅使者、左輔右弼星君、大奎天罡星君、當生本命星君、元辰祿馬星君、消災解厄星君、內垣一切眾聖、周天無量群真、本府城隍社令、住居土地灶神等紫微垣諸聖降臨。眾神一到，即獻上香、燈、花、水、果五供，並宣佈意文中緣首姓名，行陳奏之禮：

情悃已露，聰聽必聞。是當迎請之時，須望匍匐之拜。伏望暫離紫閣、少牽塵寰。駐威光而鑒照，容禮誦以宣行。靈章才詠，十方三界以遙聞；聖號始揚，萬宿千星而雲集。假心香心燈心水之供，盡飯身飯神飯命之誠。恭祈無極元皇，先天至聖，俯納精微，特垂慈惠。宥罪業於已往，黑簿削冤報之名。錫福祿壽於將來，青冊填延生之字。元辰常守，本命永扶。目前滅禍患之憂，日後添禎祥之樂。善芽漸長，妙行勉修。早獲九還七返之書，遠悟長生久視之道。目睹雲霄，心期感應。臣無任瞻星禮斗，望闕祈恩之至。恭望大道，俯賜證明。[52]

此時，向周御國王天尊、圓明道母天尊、勾陳上宮天皇上帝、中元北極紫微大帝施禮，隨後又向北斗九皇行禮。九皇是：北斗第一陽明貪狼大道星君、北斗第二陰精巨門大道星君、北斗第三真人祿存大道星君、北斗第四玄冥文曲大道星君、北斗第五丹元廉貞大道星君、北斗第六北極武曲大道星君、北斗第七天關破軍大道星君、北斗第八洞明左輔大道星君、北斗第九陰光右弼大道星君。禮畢，再向“本命星君”行禮，祈求益壽延年。祈願贊詞如下：

伏以：中天大聖號，北極靈章，誦之則可以禦患捍災，禮之則可以延年集福。於是香篆雲雯，燭凝瑞靄。謹遵太乙之垂音，丕闡天師之

---

52 同注 34 引書，大淵氏前引書，742 頁。

示教。五臘三元而懺罪，庚申甲子以祈恩。今則河清月淡，玉斗九皇之復叩，參移罡轉，金輪七聖之重瞻。心冥天闕，身伏塵埃。禮四十九回本命星君之睿號，消百千萬種故違誤犯之愆尤。法力潛通，乞真光之早覯，玄恩覆庇，懇身命之常安。恭祈紫府群真，瑤天聖眾，俯納愚虔之悃，特垂洞燭之慈。證明微虔，再伸朝禮。[53]

以下再向各年的本命星辰施禮，北斗七星所配各生年星君是：

1. 中元北斗解厄延生陽明貪狼本命星君（子生人）
2. 中天北斗解厄延生陰精巨門本命星君（亥丑生人）
3. 中天北斗解厄延生真人祿存本命星君（寅戌生人）
4. 中天北斗解厄延生玄冥文曲本命星君（卯酉生人）
5. 中天北斗解厄延生丹元廉貞本命星君（巳未生人）
6. 中天北斗解厄延生北極武曲本命星君（申辰生人）
7. 中天北斗解厄延生天關破軍本命星君（午生人）

禮罷，道士到七星燈壇前，再度跪坐懺悔，稱：

綺妄諂讒兼兩舌，悖亂訛訛恣凌人。今叩大聖解前愆，惟願神光垂照卑。殺盜邪淫污行免，慈憐正直合天心。聖境清明無穢濁，是為真靜自然身。四歡百靈常護我，澄心息念禮元君。注想慈容如滿月，隨機應感願心成。[54]

緣首也到七星壇前行三跪九叩禮。"天斗"禮至此完成。

休息片刻後，"地斗"禮開始。首先進香拜禮，讚頌"斗母元君"之德，拜畢，道士念誦讚詞：

---

53 同注 34 引書，大淵氏前引書，744 頁。
54 同注 34 引書，大淵氏前引書，745 頁，文略同。

一炁梵天，三光聖母。駕遊日月二宮前，救賜雷霆大法王。威光赫奕，妙相元融，接引眾生，超離諸苦。大悲大願，大聖大慈。北陰乾元聖母，日月燈明慶華紫光聖德天后，救苦護生摩利支天母。有大神力，我今皈命，願護我身。無人能見，無人能知，無人能捉，無人能縛，無人能害，無人能欺誑，無人能債財物。無人能責罰，亦不冤家能得其便。若有人受持此經法者，應作誓願。難中扶信某某。盜賊難中，護信士某某。行路難中，護信某某。於失道曠野難中，護信某某。水火難中，護信某某。刀兵軍陣難中，護信某某。鬼神難中，護信某某。於疾疫饑饉難中，護信某某。一切冤家惡人難中，護信某某。一切處，一切時，願常護我。弟子某某娑縛賀。

恭願大聖大慈，超生死，事不干之地，至靈至聖，了鬼神，窺不破之機。惟願神通加覆護，三災八難永消除。惟願神通加覆護，刀兵難永消除。惟願神通加覆護，九幽罪業永消除，惟願神通加覆護，驅狼祈禱救皇民。臣不懼愚蒙。冒干聖造，宣揚梵呪，精微蘊奧之未通。注想尊容，陰顯圓明之莫測。恭望聖慈，赦臣狂瞽。伏願降流真炁圓融，覆獲於微軀，奕現神通赫赫，光明於法界。庶使百邪推落，萬孽消除。凡有下陳，悉如上願。[55]

贊詞列舉了現世中發生的各種災難，意思是請求北斗七星保祐村民，但這裡所列舉的盜賊、失道曠野、水火、刀兵、鬼神、疾疫飢餓、冤家惡人等，又都是個人（例如士商）一旦脫離宗族就容易發生的災禍。這是以宗族社會為前提的災難範圍和種類。

接著，獻上果實、棗湯、茶、香茗、香膠、酒等供品，並宣讀致玉音大梵宮的表文：

奉行主科事臣林真玄，叩首俯拜上言，臣不避風力，僭於斗極。臣

---

55 同注 34 引書，大淵氏前引書，745 頁。

今奏為中華民國廣東省廣州府寶安縣第六都林村鄉，吉向居住，奉道祈安禮斗，集福迎祥。緣首某某⋯⋯偕與合鄉人等，投誠，以今月初二日，拜奏天庭，翌日啟壇，修建正一祈安禮斗道場。五晝連宵功德。上奉高真，介迎景貺。臣領詞虔切，依教奉行。以今朝真行道，酌水獻花。禮四十九回之虔號，消百千萬種之災殃。為此謹具表文一方，伏地奏聞者。臣誠惶誠恐，稽首頓首，俯伏上奏斗母聖德巨光天后，摩利支天大聖圓明斗母元君玉闕下，恭望天慈，允臣表奏。伏乞恩光下濟，法澤滂流，敕吉宿以臨垣，命凶星而退舍。特為某某等信幹旋星運，度脫凶厄，而健而強，俾昌俾熾。行藏迪吉，歲序咸和。如蒙允俞，實荷恩庥。臣干冒崇嚴，下情無任之至。誠惶誠恐，稽首頓首，百拜謹表。中華民國歲次丁酉年十一月初四日表。[56]

　　讀罷焚化。其間，樂師奏起粵劇"賀壽送子"的音樂，依託表文，祈求世代繁榮、子孫繁昌，宗族的價值觀念在這裡相當強烈地表現出來。在焚化和奏樂的過程中，道士念唱贊文，恭送北斗諸星返回天界。晚十一時三十分，"禮斗"結束。

八、建醮第五天的禮儀

　　第五天是最後一天。向三清、玉皇、北斗等迎自天界的上位神的拜禮，到第四天已全部完成，現在剩下的是鎮撫陽界、冥界諸靈和幽魂的一些附加性禮儀，如與三朝三懺交叉進行的"頒赦""放生""祭大幽"等禮。

（一）三朝三懺

　　早朝，上午八時三十分開始，向"東南二極宮"奏呈表文一函。

---

56 據大淵氏前引書，750頁。

午朝，下午一時開始，向"后土降闕宮"奏呈表文一函。

晚朝，下午四時三十分開始，向"寶華圓滿宮"奏呈表文一函。

（二）頒赦（走文書）

下午二時，"頒赦"開始。這是為寬赦村民而乞求北極紫微大帝的一種禮儀。其步驟是，1. 向天庭派遣赦官，接受天帝所頒赦書；2. 高功接到赦書後，即對村民宣讀，讀畢再命赦官將赦書奉呈天帝。前一部分稱為"走文書"（也稱"走赦書"），後一部分是接收並宣讀從天界回來的赦官所頒赦書，亦即"頒赦"。赦書內容如下：

北極紫微曲赦延生度厄寶章

奉行主科事臣林真玄，叩首俯拜上言：今據廣東省寶安縣第六都林村鄉，吉向居住，奉道酬恩保境，太平清醮錫福迎祥事，……緣首△△等、……醮信邱……

偕與通鄉長幼眾信人等，投誠，以今月初二日拜奏天庭，翌日啟壇，修建正一酬恩太平清醮。五晝連宵功德。列筵放幽滿堂分位。上奉高真，介迎景貺。本司領詞，除已具奏天闕真因依科修奉外，當司領詞虔切。事屬濟人，理難卻絕。切照下界生民處居人世，不敬天地，芸瀆神明。裸露三光，拋散五穀。大斗小秤，益己害人。不孝不忠，阿風罵雨。殺生害命，口是心非。常行詔曲，雖則益明。莫測動測，皆屬簿書。以致三官赦軍太乙移文，即付真司，例行糾察。為此再行啟奏帝闕，請頒北極紫微曲赦延生度厄寶章，令行告者。

大赦章。告下三官九府，五帝四司，北極南辰，雷霆憲府。□□里社天府，瘟司歲分主神合屬去處，咸使聞知。上欽太上慈恩惠赦。某等，凤生今世，故作俱為，三業六根。貪嗔妒忌，已結課未結課，未結證已結證，已受考，已發覺，一切大小罪犯，咸赦除之。咨爾眾等，各

照片 102　林村建醮頒赦一：走文書

照片 103　林村建醮頒
赦二：拜誦文書

宜洗心滌慮。此生寧賴，外更生。保命修身，下壽俾倚於上壽，到日，
主者施行一如紫微長生大帝。

　　辛酉年今月初七日赦章告下。

　　三天扶教大法天師　北極紫微長生大帝。

　　高功讀罷赦書，將赦書鋪平，抓雞割冠，滴血於酒碗，在赦
書列舉的醮信戶主姓名上點朱（所謂"開光掛紅"）。在此期間，
奏樂不息。道士跪坐於醮壇外儀桌前，獻酒拜禮。禮畢，赦書與
功曹馬一起，焚化升空，下午三時五十分，儀式結束。

（三）放生

　　下午四時二十五分，晚朝開始之前先行"放生"禮，第一幡
下設一儀桌，上有關著小鳥的鳥籠、香燭、酒、水和供物等。高
功率五名道士和緣首在儀桌前列隊，高功行淨禮後，懇乞諸神降
臨。接著，取意文，宣讀緣首姓名，陳述放生旨意：鳥獸因前世

照片 104　林村建醮放生

惡業而成今世醜形，今遭捕獲值得憐憫，醮主出資贖回，令其聆聽經偈，放歸林淵云云。念畢，高功將鳥籠轉交雜工，雜工打開鳥籠，放鳥歸山。

下午四時三十分，這個極短的簡單儀式結束。"放生"結束後，道士、緣首去進行最後一次晚朝，向各幡行"謝幡"禮。"放生""晚朝""謝幡"三項禮儀實為一組。下午五時，全套禮儀結束。至此，屬於內壇的建醮禮儀全部完成。後面剩下的就是外壇的"大幽"禮了。

（四）大幽

晚上八時三十分開始"大幽"。戲棚背後的大士王殿前，設立外壇。（配置圖見圖 54）

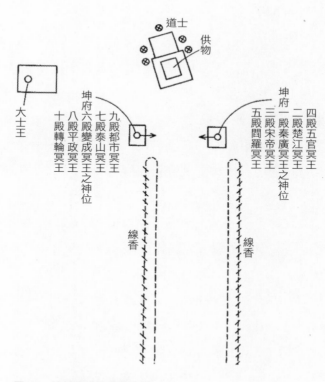

圖 54　林村建醮大幽配置圖

照片 105　林村建醮大幽一：外壇

儀桌上堆滿供物，主桌香燭林立，道士在副桌邊，高功一人，副手四人，共計五人。

儀桌前相對安放兩個小桌，桌上各有香爐，分別插著紅紙，上書第一殿至第五殿的冥王神位、第六殿至第十殿的冥王神位。小桌前的空地上，有兩列線香和蠟燭，以及三千六百枚幽衣紙錢。

晚二十五分，兩名道士來到三清壇前開始誦經，誦經很快結束，道士走過神棚，歸壇，念誦如下儀文：

蓋聞紅輪西沒，幽暗初昏，滿天星斗，舒光大地，銀燈發焰。鳥猿畜類歸巢穴，沿途人馬奔家鄉。七星悲切譙樓鼓，響叮咚，禁門高鎖閉，柴戶密深關。正是人藏鬼出之時，此乃超幽度魂之際。良夜奉道，啟建。緣首某某人等命我道眾，今在壇某處，高設儀台，依科修奉普施清涼法食一壇。求度各姓門中先祖內外宗親，並及有靈無祀苦爽窮魂。承仗良因，早登仙界。壇內先須啟白。[57]

　　本來，這類超幽是為了超度無祀的孤魂，但在這段念白中，卻是以"各姓門中先祖內外宗親"為對象。這一點也強烈地表現出了存在於這類祭祀活動中的宗族價值觀念。

　　內壇拜禮結束後，三名道士轉到戲棚背後的外壇。路上拜玉皇像，端坐外壇儀桌旁。先"解穢"，隨後懇請諸神降臨。接著獻上香燭花果茶酒，宣讀意文的緣首之名。平伏、奏樂，表奏如下：

　　伏聞，太上好生，恩覃窮昊，至仁濟物，澤被幽冥。錦區推及物之仁，長夜降漏泉之澤。凡處沈淪之趣，悉頒濟度之科。昔無上天君，演法於香林苑內；玄中教主，傳經於寶月池邊。遊酆都羅山，堅牢地獄，頗見窮魂受苦，滯魄羅殃。被陰官之拷掠，受痛苦之難言。於是說盟真之科典，宣寶籙之靈符。濟無礙之慈航，度有情之苦爽。福沾幽顯，功被殊途。普承太上之恩，永脫沈淪之苦。以今奉為修建太平清醮事，緣首某某人等，投誠今月初二日，修建正一酬恩太平清醮功德，五晝連宵，超幽設筵三百六十分位。上奉高真，介迎景貺。於內外發道意，普施夜貢一筵。祭度下界五音十類六道四生有靈無祀男女孤魂，超沖道岸。伏望，追攝官吏體太上好生之德，導善吏兵弘度人無量之功。部衛前來，領沾功德。免妨開度，全仗宸恩。普降祥光，照開冥路，接引魂爽，疾速來臨。仰憑三寶慈尊，廣施惠力，散灑甘露，變化法食，周遍法界，鬼神咸資解脫。法眾虔誠，破地獄酆都神咒，謹為宣揚。[58]

57　參見科儀書《普施科》（香港中文大學東亞研究中心藏）。大淵氏前引書，752頁，文字略異。

58　同注 57 引書，大淵氏前引書，756頁，文字多有異同。

以下按東、南、西、北、東北、東南、西北、西南、中央九個方位，念唱 "破地獄" 之咒。結束後召請各界各類孤魂幽鬼。召請辭極長，首先概括全體，並召請無祀的孤魂：

　　志心二召請，古今亡歿，惡黨強徒、亂臣逆子、良將勇兵、文人才子、儒學高流、圓頂僧尼、方袍釋子、星冠羽士、雲水道流、琴棋書畫、卜算針醫、談星揣骨、術士巫師、奉公胥吏、散客路歧、士農工商、巧匠良工、耕夫樵子、逆旅商徒、溪頭釣叟、江上漁人、煙花妓女、風月兒郎、墮胎落孕、產難血腥，一切五音十類有主無主男女孤魂，山川竹木精靈鬼神等眾。此夜今時，來赴道場，受茲甘露法食。[59]

　　所述中，包括了各階層的無祀孤魂。
　　其次，召請死於非命和夭折的孤魂：

　　志心三召請，盡虛空境內，曠野郊中。囹圄桎梏、久滯獄中。兵戈傷殺、擄戮他鄉。落井投河、自殘自縊。雷轟樹壓、水溺火焚。牛傷馬踏、虎咬蛇傷。盲聾跛啞、瘴疫瘟癀。欠財負命、債主冤家。鰥夫寡婦、幼子孤兒。有形無影、有主無依。山精水怪、土石橋樑、倚草附木。一切精靈，參隨聖駕，部從鬼神。呼名不及、看望之中，四生六道、男女孤魂滯魄鬼神等眾，此夜今時，來赴道場，受茲甘露法食。[60]

　　再次，召請墮入六道的孤魂：

　　志心普召請，十方無極世界，一切天仙道、地獄道、人倫道、魔靈道、餓鬼道、畜生道，諸類孤魂、劫亡苦爽。汝等夙生今世，負命負

59　同注 57 引書，與大淵氏前引書 757-758 頁對校，文字略異。
60　同注 57 引書，大淵氏前引書，758 頁，文字相同。

340

義、負恩負財、冤債囚徒、一切鬼神等眾，悉承道力，來赴道場，受茲食和冤，承功超化。[61]

以下按六道分別召請，根據社會階層的不同，孤魂種類雖然有很大區別，但對其悲慘命運都表示同情，獻上香花。同時諭請眾魂遵守九戒。行散花禮，禮畢，再念弔辭，令幽魂沐浴，贈與幽衣，結印咒，把桌上的米撒向四方，以示施食。午夜十二時，念誦結束。

照片 106　林村建醮大幽二：瑜伽焰口

61　同注 57 引書，大淵氏前引書，758 頁，文字略同。

接著開始"燒大士王"。九個人扛著固定在木棍上的大士王像,在場內巡遊,然後將大士王像放在靠近兩排土堆的位置,其目的是為了統盡四方幽鬼。

土堆中插著的大量小燭早已點著,土堆之間撒滿紙錢。十二時十分,用火將大士像及地上紙錢一起點著。此時,道士面向大士王像念誦。十二時三十分,儀式完畢。至此,第五天的活動結束,整個建醮禮儀全部完成。

照片 107　林村建醮大幽三:燒大士王

九、建醮後第一天的禮儀

這一天的活動是"送神"和"拉鴨扒船"。

（一）送神

上午九時三十分，神棚前集中了城隍像以及各廟神（關帝、文昌帝、觀音娘娘、土地神、大王、金花夫人、龍氏夫人、望海神等）的榜文、超幽使者、紙馬等，又從天后棚中請出神衣，匯聚一堂。

一名道士向神像、神衣行拜禮。鄉民們送來各自的金豬，為天后像獻供，隨後撤禮、退下。接著分配天后壇的蔬果貢品，意為感謝神恩，分享果饌。上午十時二十分，焚燒神像、神衣，原由緣首所持的意文也投入火中。至此，將光臨醮場的眾神群鬼全部送往天界。

照片 108　林村建醮送神一

（二）拉鴨扒船

下午一時，"拉鴨扒船"開始。這是為使建醮功能圓滿，去除鄉民各戶的穢氣，頒佈護符的活動。建醮的目的是"禳災祈福"，本來的形式是道士團和緣首團拿著鴨和紙船到各戶巡遊，各戶拔去鴨毛，將鴨毛和其他不潔物一起投入紙船，道士噴灑浸泡柚葉的水，洗淨各家。但實際上已經大大簡略，一名道士和若干名緣首一起，也不拿鴨子，巡遊各戶時只帶著紙錢、紙馬。

各戶把事先準備好的鴨毛和不潔物（米、炭之類）裝在一個碗裡等著，待道士、緣首一到，就把碗倒給紙船。道士們向宅屋裡的祖先神位施禮，然後退出。全鄉二十三個村子原來都要巡遊，但現在只去四個本地人的村落（新村、塘上村、鍾屋村、放馬莆）。到最後一站的放馬莆村外，把紙船、不潔物和紙馬一起焚燒，活動就告結束，此時是下午三時三十分。之所以僅僅巡遊本地人村落而不涉及客家村落，也許說明建醮祭祀的實權集中在所謂本地人手中的緣故。把不潔物放入船中送出境外，雖然是與

照片 109　林村建醮拉鴨扒船

福建系儀禮"王船"（參見前述長洲遣船活動）同一來源的習俗，
但在廣東系村落祭祀中，卻被簡略化和象徵化了。

十、建醮後第二天的禮儀

上午，建醮委員會攝影紀念，下午舉行本地眾神的"送神
回位"。

下午一時三十分，大埔天后像移至神轎，和神轎一起由大型
貨車運至大埔天后廟，還御。

下午一時四十分，林村天后像在居民列隊護送下還御天后
本殿。

下午一時四十五分，各村伯公群開始還御，伯公神位入籠，
裝車，或挑或徒步返回各村原位。距離最遠的是大芒輋村、麻布
尾村以及水窩村，三村的伯公神位群裝入兩籠中，一人肩挑，送

照片 110　林村建醮送神二：
麻布尾村伯公

照片 111　林村建醮送神三：水窩村伯公

到麻布尾村口。村口有醒獅隊迎接，從那裡組隊巡遊各伯公祠。

　　伯公祠大多在石頭和大樹下的洞穴，為使神位回位，要在那裡奉獻獅子舞。

　　在水窩村，進入沈氏宗祠行拜禮後解散。其他各村情況略同。在早先的時候，大埔天后、林村妹、伯公送神都在前一天（建醮第一天）進行，當天中午，隨著天界送神、廟神送神一起進行本地各神的送神活動。後來，由於下午進行“拉鴨扒船”（或分龍水）的儀式，所以就發生了改變。

第三節　祭祀演劇

　　與道士團的建醮禮儀大致平行，從建醮前一天晚上到建醮第五天晚上，戲棚中五天六夜連續演出粵劇。

　　戲棚可容納三千人，規模巨大，建設經費據說超過四萬元。

戲票的分配原則，凡本鄉居民按各戶人口，與捐款額無關。比例如下：一至二人戶，一票；三至四人戶，二票；五至七人戶，三票；八至十人戶，四票；十一至十五人戶，五票；十六至二十人戶，六票；二十一人以上戶，七票。平均兩人半一票。鄉內總人口六千人，僅給居民即需約二千四百票。所以大戲棚相當必要。對鄉民來說，與捐款額完全脫離地公平分配戲票這一點，是一種標準的共同體式的操作。

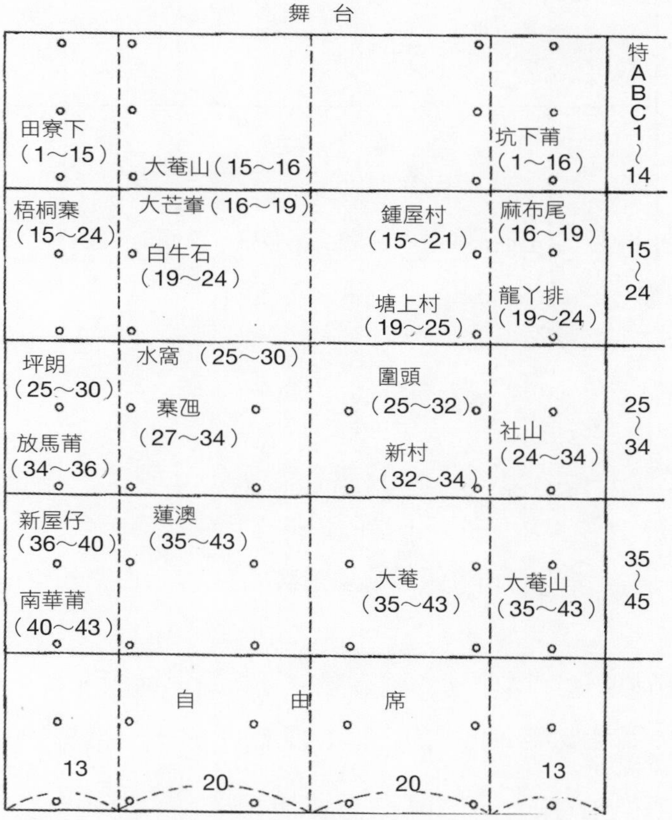

舞　台

				特 A B C 1～14
田寮下（1～15）	大菴山（15～16）		坑下莆（1～16）	
梧桐寨（15～24）	大芒峯（16～19）　白牛石（19～24）	鍾屋村（15～21）　塘上村（19～25）	麻布尾（16～19）　龍丫排（19～24）	15～24
坪朗（25～30）　放馬莆（34～36）	水窩（25～30）　寨凹（27～34）	圍頭（25～32）　新村（32～34）	社山（24～34）	25～34
新屋仔（36～40）　南華莆（40～43）	蓮澳（35～43）	大菴（35～43）	大菴山（35～43）	35～45
	自　由　席			
13	20	20	13	

圖55　林村建醮戲棚內坐席配置圖一（前期）

347

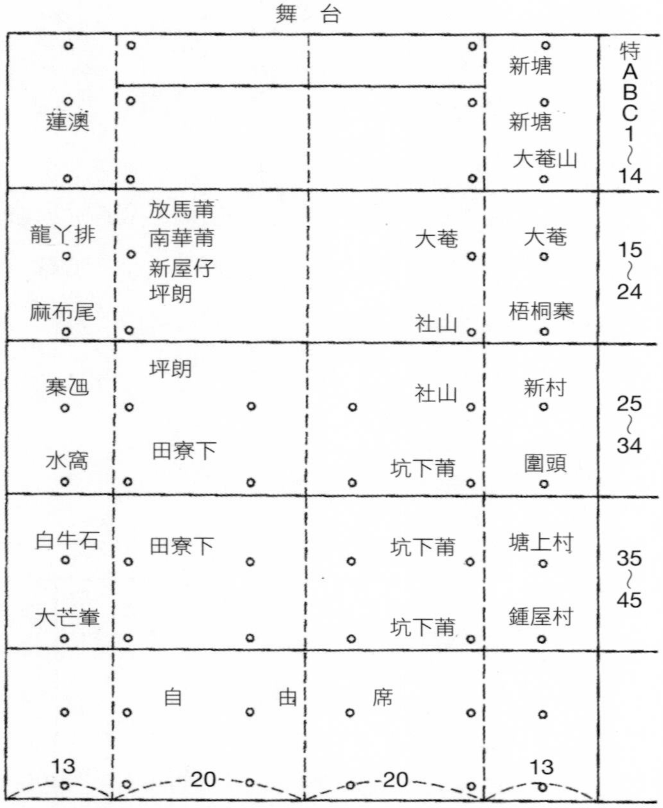

舞　台

				特 A B C 1 ~ 14
蓮澳			新塘 新塘 大菴山	
龍丫排 麻布尾	放馬莆 南華莆 新屋仔 坪朗	大菴 社山	大菴 梧桐寨	15 ~ 24
寨凹 水窩	坪朗 田寮下	社山 坑下莆	新村 圍頭	25 ~ 34
白牛石 大芒輋	田寮下	坑下莆 坑下莆	塘上村 鍾屋村	35 ~ 45
	自　由	席		
13	-20-	-20-	13	

圖 56　林村建醮戲棚內坐席配置圖二（後期）

　　戲棚中最好的位置有一百個榮譽席、一百個上等席和三百個中等席，是為大額捐款戶準備的招待席[62]。

　　1981 年度，聘請了當時名氣最響的雛鳳鳴劇團演出，劇碼見表 31。

　　如前所述，該劇團的劇碼屬於近代市場演劇，其主要劇碼（標有 * 號者）無不表現出近代心理劇的特色。林村約的建醮演

62　1979 年，與上等席相對應的捐款額為一百五十元，中等席為一百元。

表31　1981年林村鄉建醮粵劇劇碼表

日期（農曆）	日場	夜場
十一月初二		《七彩六國大封相》《九天玄女》*
十一月初三	《寶劍重揮萬丈紅》	《牡丹亭驚夢》*
十一月初四	《賀壽大送子》《跨鳳乘龍》*	《帝女花》*
十一月初五	《魚腸劍》	《英烈劍中劍》*
十一月初六	《鳳閣恩仇未了情》	《柳毅傳書》*
十一月初七	《花街節婦》	《再世紅梅記》*

劇，本來並不具備這種新派傾向，而是以傳統的舊戲為主，但是，為了使可容三千名觀眾的大戲棚滿座，於是就選擇了這個在林村約內外（尤其是在鄰近的大埔新墟）擁有龐大觀眾基礎的劇團。然而，除標有 * 號者外，這個劇團仍配演若干古典劇碼，保留了鄉村特有的上演保守性劇碼的傾向。

第四節　小結

以下，對林村約這一村落聯合體中的祭祀組織的特色略作概括。

首先，關於組織的構成。林村溪谷水利共同體，是由二十三個村落（單姓宗族村落）直接結合而成的。促使其結合的媒介，是共同管理林村河水利的需要，這些村落具有共同的客家族群系統的背景，也有助於實現這一結合。二十三村中，現在已有五村三姓（鍾屋村鍾氏、放馬莆黃氏、新村鍾氏、塘面村張氏和鍾氏、圍頭村張氏）被稱為本地人，但他們原先也是客家人，就整體而言，在族群系統這點上有共同性。南華莆林氏（坑下莆林氏

349

的分支）和蓮澳李氏、鄭氏等從林村溪谷分離出去的村落，之所以會加入這個組織，也是因為同屬客家系集團的緣故。

　　各個村落都是由明末清初自北方遷居本地的客家宗族開發建立的，因此，記錄在"大榜"（"人緣榜"）上的建醮祭祀組織的正式成員，均限於各村土著宗族和族人。近年的流寓者全部作為僑民處理。其中居住十年以上者才允許將姓名附記於大榜中各村名尾末，而十年以下者，則不能上"大榜"（和外部捐款者一樣，另榜貼出）。從這個意義上講，祭祀組織是一個把成員資格限定於"開拓宗族"族人的封閉式組織。

　　這個封閉式組織一方面奉祀放馬莆天后廟為共同體的宗教中心，另一方面，又結成"林村約"，作為保證該地區共同體章程得以貫徹的權力機構，並設"約公所"於天后廟內。同時，為了在財政上幫助維持天后廟祭祀和經營林村約，又始終掌握住被稱為"六和堂"的公產。這筆公產是在早先各宗族為了維持本宗祠祭祀開支而積累的祖產基礎上逐步集中起來的。這說明，上述祭祀組織形式上雖然是由村代表組成的村落聯合體，但其實質卻是宗族聯合。

　　我們可以從"約"的共同體式制約機制、"約"的保甲機制和天后廟祭祀團體的宗教式管理機制三個方面，考察祭祀組織的主要功能。

　　第一，關於共同體式的制約機制。近年來，各村都進行了水道和橋樑的建設，其費用雖然都由各村自己負擔，但它們卻是在整個"約"的總體安排下進行的。另外，在建醮期間，實施一周內禁捕鳥獸的"封山"規則，這也是以"約"對山林的強制管轄為背景的。隨著環境的現代化，管理山林和水利的重要性雖比以前降低，但對於"約"來說，這方面的統制並沒變，仍舊維持著。

　　第二，"約"的保甲性機制至今猶在。林村約是以清代建於本地的保甲組織"十甲"中的六甲為基礎發展而來的（"六和堂"

之名即出於此），因此具有清代的傳統。近年來"約公所"這一村代表會議，仍然擔負著本地區一些小事情的審判和調停職能。

第三，由目前的二十三個村落構成的天后廟共同祭祀體制，並不是在清初天后廟創建之始就立刻形成的。事實上，各村落作為客家系宗族、各自獨立地奉祀關帝、觀音等客家系諸神。在"約"形成的同時，它們逐漸與自稱為本地人的鍾屋村集團協調起來，並與本地人的天后（神靈）崇拜合流。例如，現在作為建醮祭祀中心之一的社山陳氏，在其族譜中，先記關帝祭祀演劇祝文，後記天后"轉火"祝文。也就是說，最初是將關帝作為主神，後來再改換為天后，這一跡象很明顯。其他村落的情況也與此相同。現在，林村天后廟中，看不到其他天后廟通常每年都要舉行的那種神誕祭祀，至少看不到二十三村的共同奉祀。只是在十年一度的建醮祭祀中，二十三村的聯合才在表面上顯現出來。由此可見，由二十三個村落參加的天后祭祀組織，是以關係到林村全境治安的建醮祭祀為媒介而形成的，在時間上要大大晚於天后廟的創建時期，想必是在清代中期之前。順便指出，在《社山陳氏族譜》中，記有現已不用的舊時對聯，下面是一副神壇聯：

荷十載鴻庥，皈佛開筵，集子姓之精誠，從覺路而拜瑤階，都是同沾吉兆。

近三陽泰運，樂□際會，合鄉閭之清潔，祝皇圖而安社席，無非共祝升平。

所謂"集子姓之精誠"云云，強烈表現出作為宗族聯合體的主體意識，但沒有涉及天后；通過"佛"和"覺路"這類名詞，也體現出客家系對觀音的信仰。

後有一副天后座對聯：

351

一曲笙歌成世界，合鄉難會感恩光。

　　這副對子雖然高懸於堂中，但它比掛於客廳、廚房、十王殿、大士殿、鼓樂棚、監齋王棚等處的字數要少，規格要低。這說明，祭祀組織並非一開始就是以天后信仰為核心而形成的，它的宗教基礎是對關帝、觀音、社神等客家系諸神的綜合祭祀。也就是說，"約"的組織先成立，天后信仰以後才與之相結合。

　　實際的祭祀安排也必須依靠村約的組織，就如資金籌措由居於六甲組織之上的"六和堂"公產為主體，祭祀事務尤其像"看更"等保安事務亦由六甲擔當那樣。即使沒有建起"花炮會""金豬會""演劇會"等特別的祭祀組織，僅憑"約公所常務委員會"之下由各村代表組成的"太平清醮小組"，也可圓滿地履行組織功能。

　　正因為對"約"的依賴性如此頑固，所以整個祭祀活動就帶上了濃厚的保守色彩。如前所述，祭祀禮儀在形式上貫穿著權威主義的拜天思想，它向上天呈報的各村各宗成員的姓名都是以宗族秩序排列的，主持儀式的道士，每逢重要的禮儀事先都要由禮生引導行盥洗、肅衣、整冠禮，這是儒教化的形式。即使在出自佛禮的十王圖中也是如此，梁山伯、祝英台這兩位悲劇人物因"通姦罪"遭馬俊（與祝英台有婚約者）起訴，變成王處罰梁、祝，表現了與讚美戀愛自由的民間傳說全然不同的官方的、保守的思想，可以說，其立意是維護宗族秩序。

　　演劇演出同樣鼓吹傳統的、保守性的忠孝節義思想。比如《社山陳氏族譜》中記有一副舊時的對聯（據說此地以前一直盛行傀儡戲，即木頭公仔戲）：

　　號曰八仙班，聽其時樂中絃彈，猶是古人雅調。
　　敢云幾人戲，觀這裡手舞足蹈，亦屬唐世遺風。

可見"古人雅調"和"唐世遺風",是他們的理想。同譜,還有一副演劇對聯:

明知其假樣裝模,離合悲歡,看來,都解開生面。
試認他真情流露,節廉忠孝,對此,誰能不點頭?

這副對聯顯然是把"節廉忠孝"劇作為演劇的前提。還有對觀眾的看戲態度提出要求的對聯:

眼孔放開,看不真,莫嘈,試問前頭高見者。
腳跟立定,站得住,便罷,須留餘地後人來。

希望紛雜的觀眾人人謙讓,這裡也體現了對傳統道德的重視。

1982 年建醮活動中,戲棚內已不見上述對聯,代之以本來應該掛在醮壇內的對聯,同時,演出劇碼也更傾向於近代風格。即便如此,我們還應注意早先時候那種在保守的演劇觀指導下的演出活動。

其次,關於祭祀組織內部各宗族之間的關係,現在的優勢顯然在以鍾屋村鍾氏為首的本地人集團(鍾屋村鍾氏、林村新村鍾氏、塘面村張氏、放馬莆黃氏、圍頭村張氏)一邊。當然,如前所述,所謂"本地人",本來也是客家人,可以說是本地化了的客家人,其之所以能實現"本地化",則是因為財富的膨脹、受政界頭面人物的庇護、不斷出現地區領袖的緣故。林村約的建醮組織,由於依賴"約",就使得"約"的首領,即本地化集團,在祭祀組織內部也獲得了事實上的優勢。結果,只要"約"的統治力強固,這些本地化的宗族集團也就能穩定地控制祭祀組織。

綜上所述，林村約村落聯合祭祀組織，兼有自清代以來"約"所具備的水利共同體式的制約機制和保甲機制，其內部有效地貫徹著強宗控制原則，在祭祀禮儀和祭祀演劇上，則顯示出保守的特點。總之，它代表了一種典型的、標準的村落宗族聯合類型。

第三章　碗窰馬氏等與關帝・樊仙神誕祭祀

序節　碗窰馬氏等與關帝廟・樊仙宮

　　本章研究的，是一個“約”規模較小的宗族村落聯合祭祀。

　　沿著大埔新墟西北部山間水路，自上流而下散佈著打鐵岈、燕岩、元墩下、老劉屋、上下碗窰、荔枝山、陶子見等小村落，它們形成了一個小型的村落聯合體。這些村落都屬於客家系，包含了單姓宗族村落，整個聯合體稱為“俞和約”，是大埔七約之一。

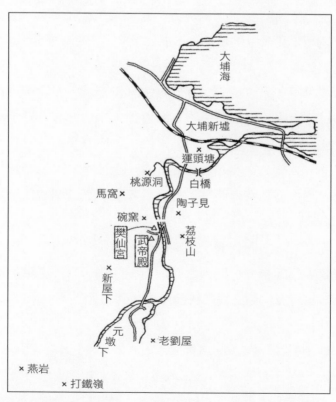

圖 57　碗窰鄉村落圖

據 1960 年《香港地名志》記載，該村落群人口為一千六百零五人，分上、下流域兩部分。上流域多為客家系單姓村落，下流域是本地人與客家人混居的雜姓村落群，開發較晚。1898 年《駱克報告》列舉的該地區村落，只有上流域諸村；1911 年香港政府進行人口統計，也只涉及上流域。可見直到清末之前，人口都集中在以碗窰為中心的中上流域，其數目與現在的人口數大致相等（1911 年為五百三十三人，1960 年為六百二十五人）。在上流域，清末時甚至比現在擁有更多的人口，這是因為碗窰地區是一個窰業地帶，擁有許多製造當地特產——磁器的磁窰。近年來，由於靠近大埔新墟的下流域地區經濟實力上升，本地人與原有的客家人混居，導致人口膨脹，下流域就開始了獨立的發展。然而，這個俞和約本來就是以碗窰為主的客家窰業村落群，"俞和約"之"俞"說不定即為碗窰之"窰"、陶子見之"陶"的雅稱。（"窰""陶" 廣東音都是 yiu 下平聲，"俞"的廣東音為 yu 下平聲，發音類似。）

如前所說，上流域的村落群，由燕岩李氏、元墩下黃氏等單姓同族村落組成，碗窰居民中亦由馬氏一族佔多數。以下事實可以證明這一點。

在上、下碗窰之間的山谷裡，有一座被稱為"武帝殿"的關帝廟和一座被稱為"樊仙宮"的山廟，它們是這個地區守護神的社廟。兩個廟都存有碑文。關帝廟要更古些。（其平面圖見圖 58）

該廟為一座門面兩間、進深兩間半的小廟，中央的忠義堂祀有小型的赤顏關帝像。廟內左側配有福德祠，門外院牆上嵌有清道光九年（1829）福德祠重修碑一塊，碑文如下：

蓋聞，建國必建城隍，立鄉宜立土地。此祠宇之設，不等寺觀之虛，庇祐之方，更覿佛老之誕，其典不亦巨且重哉。

我碗陶鄉之有福德祠，不知創於何氏，始於何人，自我由樂來安，

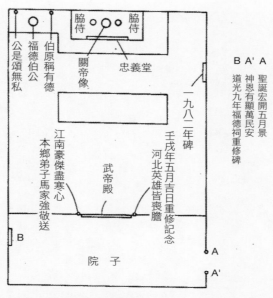

圖 58　碗窯鄉武帝殿平面圖

廟貌既見巍煥。越今年湮代遠，牆垣如頹。飲露餐風，神明時懷怨恫；披星曬月，天地亦惜荒涼。惟朝香晚燈，供奉千秋勿替，而雨漂霜搞，情懷片刻難安。是以我輩目擊心傷，合懷鼎力，爰捐資以庇材，共解囊以重建。前之敗垣者，今已竹苞松茂。昔之荒頹者，茲則鳥革翬飛。將見大顯威靈，廣施恩惠。祐我陶場，無苦窳之器；蔭我里巷，有康阜之人。庶河浜成聚之日，共見於今。茲將捐題芳名，用刊諸石，永垂不朽矣。

　　碑文表明，該福德祠作為碗陶鄉的社祠，創建於道光九年（1829）之前（可能是乾隆年間），而當地的居民則是由長樂縣遷移來的客家人。碑文請求神靈"祐我陶場，無苦窳之器；蔭我里巷，有康阜之人"，這一點反映了窯業部落的特點，"河浜成聚"一句，說明該廟沿河而建。碑文最後列舉了幫助重修福德祠的捐款者名單，其中，捐三千文者：馬姓一名；

357

照片 112　碗窰鄉武帝殿一

照片 113　碗窰鄉武帝殿二：
關帝像

照片 114　碗窰鄉武帝殿三：福德像

　　二千文者：趙姓一名；

　　二千七百文者：黃姓一名；

　　一千六百文者：馬姓一名；

　　一千五百文者：馬姓四名，船號、陳姓、商號、謝姓各一名；

　　一千二百文者：馬姓二名，黃姓一名；

　　一千文者：馬姓一名；

　　九百文者：馬姓一名；

　　八百文者：馬姓一名；

　　七百文者：沈姓一名；

　　六百文者：廖姓一名；

　　五百文者：馬姓四名，宋、危、謝、杜姓各一名；

　　四百文者：馬、張、黃姓各一名。（下略）

在總數一百五十七名的捐款人中，高額捐款者多出於馬氏，其為碗窯鄉的支配宗族，碗窯鄉因此成為一個以馬姓為中心的複數宗族聯合體。反映關帝廟近年重修情況的 1982 年的碑文，也同樣表明馬氏、黃氏依然是主要的捐款者。

樊仙宮比關帝廟規模要大，內部裝飾也考究。比起關帝廟，樊仙宮更顯得具有全鄉社神的性質。雖然樊仙實體不明，但人們還是將其作為本地特產窯業之神來祭祀。作為廟神的樊仙像，係一金箔小像，黑髯溫顏，平服而坐。此神與窯業的關係，可見於 1976 年的對聯：

> 器作河邊千古群欽無苦窟，
> 復通陶正萬家咸仰有專司。

這說明，窯業聚落坐落在河邊；古代的"陶正"是為朝廷所公認的窯業專家。至於樊仙本身，就如 1976 年的另一句對聯："仙傳梅隴，澤沛椀陶"所示，樊仙本是客家人故鄉梅縣（今廣東省梅

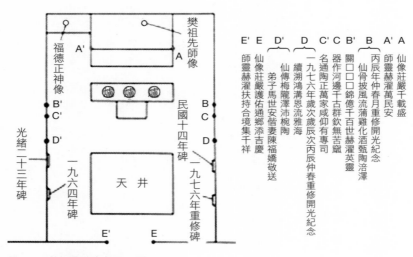

圖 59　碗窯鄉樊仙宮平面圖

照片 115　碗窰鄉樊仙宮一

照片 116　碗窰鄉樊仙
宮二：樊仙像

州市）的仙人。即便如此，樊仙究竟何時成為碗窰鄉的主神，還不是很清楚。前面提到，據道光九年（1829）重修碑推斷，武帝殿內並祀的福德祠建於乾隆時期，對此，可以推斷武帝殿及樊仙宮很可能建於咸豐、同治年間。樊仙宮內最古的碑為光緒二十三年（1897）所立。碑文簡短，只有一行：

　　光緒廿三年歲次丁酉重修樊仙官、關帝宮、福德祠。並塑關帝、福德二位神像偉容。

由此可知，樊仙宮、關帝殿和福德祠三處為同時重修。當時，福德祠並不像現在這樣配享關帝殿，而是一個獨立的祠宇，但作為祭祀組織，三廟顯然是合為一體，共同經營的。光緒年的重修碑上開列的捐款者是：

　　首理人：馬姓；

　　捐銀二十元者：馬姓一名；

　　十五元者：池姓一名；

　　十元者：廖姓二名，馬姓、彭姓、商號各一名；

　　五元者：馬姓、商號各三名；

　　四元者：馬姓二名、商號一名；

　　三元者：馬姓二名，黃、胡姓各一名，商號三名；（以下略）

　　代理重修人：馬姓二名，陳、黃姓各一名。

　　人數比道光碑所列的少，只有七十五名，但以馬、黃、陳、劉、李、何氏等上流域各村實力宗族為核心這一點並沒有變。商號有所增加，可能是來到大埔新墟的商人。

　　民國十四年（1925）又重修一次，當時的捐款人是：

　　捐銀五十元者：馬姓三名；

　　三十元者：饒姓一名；

　　十六元者：邱、吳、張姓各一名；

十元者：馬姓一名；

十五元者：馬、陳姓各一名，商號十一名；

四元者：黃姓一名；

三元者：馬、陳、丘、何、鄧、黎姓各一名，商號一名；

首理人：馬姓二名；

協理人：馬、黃姓各一名。

捐款者共計百名，其中商號比光緒碑所記為多，但以馬姓為中心的宗族構成依舊。商號數量的增加，說明隨著窰業的衰退，來到大埔新墟的商人增加了。近年來，雖然在經濟上對大埔新墟的依賴程度更強，不過，散居於山間的小聚落宗族並未失去其聯合體的性質，繼續維持著關帝殿、樊仙宮、福德祠三廟的祭祀。

第一節 關帝·樊仙神誕祭祀組織

演戲的資金雖然來自居民的捐款，但它的基礎，卻是舊村落共同體的捐款組織“份”。1984 年祭祀活動時，有以下紀錄：

> 恭祝樊仙關帝寶誕演劇金豬會芳名開列：凌達茂四份、馬家強二份、馬丁福二份、張慶棠二份、蘇柳彥二份、馬偉二份、葉明二份、池煌生一份、趙金水一份……（下略）

從廟祝看，“份”的數額很小，也許已經作為捐款額固定下來了，其意義是在祭祀組織內部表達與神的關係。實際上，在“份”的組織以外，很大程度上還依靠被稱為“樂助”的私人捐款。有一張捐款名單這樣記載著：

> 恭祝樊仙關帝寶誕樂助演劇芳名：半山洲鳳凰山同人樂助港幣三千元，何客生先生樂助港幣二千大元，馬四於堂同人樂助港幣二千大元，池達

茂樂助港幣二千元、碗窰學校樂助港幣一千九百四十四元，黃源華樂助港幣五百元，馬家強樂助港幣五百元⋯⋯

由於這種"樂助"能籌集二萬元以上，所以實際演出費用可從這筆捐款中提取。捐款者多為鄉內有實力者，如馬氏四於堂同人及馬家強等人，馬氏一族的比重始終很高。碗窰學校的捐款來自學校基金，它也是馬氏、黃氏族產的一部分。

第二節　祭祀日程・場地・祭祀禮儀

每年農曆五月十二日至十六日，在碗窰樊仙宮連續舉行四天五夜的祭祀和演劇活動（其中五月十三日為關帝誕，五月十六日為樊仙誕）。照理說，關帝誕辰祭祀和樊仙誕辰祭祀，是各自獨立的祭祀活動，應該分別進行，但出於財政和組織方面的考慮，兩個祭祀活動是合併進行的。（戲棚圖見圖60）

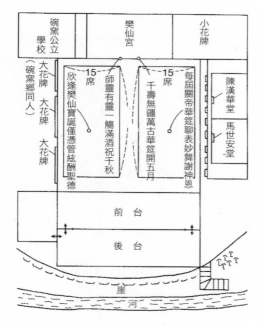

圖60　碗窰鄉關帝・樊仙誕戲棚圖

戲棚裡的對聯是兩種並列，主句（後句）卻是關帝：

欣逢樊仙寶誕僅憑管絃酬聖德，每屆關帝華筵聊表妙舞謝神恩

　　祭祀日程也以關帝神誕日（五月十三日）為中心進行安排。雖然祭祀場地主要設在樊仙宮，但祭祀程序是關帝在前，樊仙在後。

　　戲棚是一個只有三百個坐席的小型劇場，位於樊仙宮對面。左側有三個大花牌，右側有九個小花牌。

　　三個大花牌分別由碗窰鄉同人、馬世安紀念體育總會、榮益利廠奉獻，上面都寫著"碗窰鄉恭祝樊仙寶誕關帝寶誕"。馬氏體育會成員共十四名，其中馬姓七名，池姓一名，劉、潘、陳、曾、黎姓各一名。從這裡也可看出以馬氏為中心的村落聯合與宗族聯合的實況。

　　白天的祭祀禮儀，由主持者（"恭祝樊仙關帝寶誕演劇金豬會"

照片 117　碗窰鄉戲棚一

照片 118　碗窰鄉戲棚二：近景

照片 119　碗窰鄉戲棚三：花牌

值理）向兩神神壇禮拜和獻供，此外不再舉行其他特別的儀式。1982 年由於連日暴雨，無法放花炮和舞獅，只好在戲棚內日夜演戲。祭祀形態很單純，可能這就是山村祭祀活動的一般狀況。

1984 年的祭祀情況不明。

總而言之，過去的窯業現已在該地區衰退，從事窯業的人口減少了，對祭祀的支持能力也比往年降低。由於原先複數村落在漫長的溪谷邊互相之間相隔很遠，其聚落形態是鬆散的和散居性的，所以難以組織起集中的祭祀活動。現在，之所以還能每年繼續進行二神神誕祭祀，也是因為以馬氏為中心的宗族，依靠公產和宗族組織，致力於維護傳統的緣故。

第三節　祭祀演劇

由於在整個祭祀活動中祭祀儀式非常簡單，故而演戲就成為最重要的部分了。每年都請一個中型粵劇班。客家系演戲日程一般是三天四夜，因為這裡將關帝和樊仙兩神誕辰合而為一，所以就增加為四天五夜。（1982 年＂彩龍鳳劇團＂的劇碼見表 32）

表32　1982年碗窯鄉關帝・樊仙誕粵劇劇碼表

日期（農曆）	日場	夜場
五月十二日		《仙姬賀壽大送子》《蓋世雙雄霸楚城》*
五月十三日	《仙姬賀壽大送子》《喜相逢》*	《金鳳銀龍迎新歲》*
五月十四日	《衣錦榮歸》	《司馬相如》*
五月十五日	《金釵引鳳凰》	《胡不歸來好玉郎》*
五月十六日	《仙姬賀壽大送子》《旗開得勝凱旋還》*	《刁蠻元帥莽將軍》

（標 * 者由主要演員任主角）

劇碼保留了粵劇中的傳統名劇，劇情都很質樸。演出前還預告主要演員在其出演的劇碼中所扮的角色。這說明，村民已熟知劇情，而他們所關心的是主要演員的演技和風姿。另外，通常的神誕祭祀正日只有一天，而現在因為是二神並列，故正日就成為五月十三日和十六日兩天。在這兩天下午，上台的都是主要演員，並分別演出"賀壽送子"。主要演員日場出現兩次，這在一般的祭祀演出中是沒有的，由於演戲也是祭祀的一部分，因此可以說這一現象是特殊祭祀條件下產生的一種變形。

1984年神誕祭祀演出聘請的仍是彩龍鳳劇團。主要演員和劇碼都有若干變動。（劇碼表見表33）

表33　1984年碗窯鄉關帝‧樊仙誕粵劇劇碼表

日期（農曆）	日場	夜場
五月十二日		《賀壽大送子》（全稱《仙姬賀壽大送子》）《王寶釧》
五月十三日	《賀壽大送子》《鳳閣恩仇未了情》	《龍鳳爭掛帥》
五月十四日	《十載菱花夢》	《桃花湖畔鳳求凰》
五月十五日	《紅粉佳人》	《寶劍重揮萬丈紅》
五月十六日	《賀壽大送子》《燕歸人未歸》	《紅了櫻桃碎了心》

雖然保留老觀眾所喜愛的舊劇的方針沒有變，但整個劇碼更傾向於才子佳人戲，這可說是具有某種近代意義的變化。

第四節　小結

根據上述內容，我們對碗窯鄉村落聯合祭祀組織作為宗族聯合所具有的特徵，作一總結。

一言以蔽之，以客家系地主宗族馬氏為中心的福德祠——關帝廟祭祀組織建立於基層，以這個古老的客家系祭祀組織為內核、範圍比它更大的、新的祭祀團體——樊仙宮祭祀組織——建立於周圍表層，這就是所謂多層構造，也就是馬氏—關帝廟祭祀組織—樊仙宮祭祀組織三層構造。這一點，我們可以通過研究道光以來直至近年的關帝廟、福德祠、樊仙宮各次重修捐款者範圍來推定。在福德祠和關帝廟的重修過程中，捐款者只是以馬氏為中心的碗窯鄉各村落中範圍狹小的客家系宗族，而在樊仙宮重修中，捐款者就不僅是馬氏以下各宗族，還擴大至全體俞和約，甚至包括了整個大埔墟貿易圈，即大埔七約。由此可知，清代道光至光緒年間，關帝廟、福德祠祭祀組織與樊仙宮祭祀組織是獨立組建、獨立經營的。前者是牢固地依賴於客家族群系統的狹隘的傳統性宗族村落聯合組織，歷史悠久，依憑著馬氏的公產，體現了馬氏對組織的約束力；相反，後者雖同為客家系祭祀組織，但作為窯業之神，已超出了本地客家組織勢力的框架，是一個能夠包攝範圍廣泛的窯業人員和周邊村落的一種新的祭祀組織。雖然兩者都處在馬氏的影響力之下，但程度不相同。在關帝廟、福德祠的舊組織中，這種影響力較大，而在樊仙宮新組織中則相對弱一些。換言之，山區的村落宗族聯合祭祀組織，由於牢固的族群系統和共同的利害關係，易於形成一種穩固的單姓宗族支配形式，但隨著生產組織的擴大，它就有可能發展成為包攝更廣範圍周邊村落宗族的新的大型祭祀組織。我們從上面這個實例中可以得出以上結論。現在的碗窯鄉祭祀組織的形式，是在樊仙宮祭祀組織形式的基礎上吸收關帝廟祭祀組織的形式而發展起來的，馬氏一族的支配力雖然通過關帝廟祭祀組織頑強地保存了下來，但將來一定會隨著樊仙宮祭祀組織中新成員的不斷增加（尤其是大埔墟和七約），相應衰落下去。本實例是一個典型，說明了基於單姓宗族的小規模村落聯合演劇組織的原始形態和向其擴大變形形態的轉變。

第三章補論　複姓村落的祭祀組織 —— 蓮花地·牛徑建醮儀式

　　本章已從 "約" 的角度敘述了有關小規模的村落聯合，在這裡，筆者將要補充說明的，不是單姓村落聯合體，而是複數宗族在獨立的單一村落內通過聯合聚居形成的 "複姓單村" 祭祀組織。

　　在第二篇第二章林村約的二十三村中能夠找到幾個複姓單村的案例。

　　例如，蓮澳是由三十一戶李姓、二十六戶鄭姓組成的聯合體。兩姓分開居住，李姓形成李屋村，鄭姓形成鄭屋村。房屋同列，並排朝東。從中心開始，鄭氏在北，李氏在南。兩村相接的中間部分並列建有各自的宗祠。雖然可以看到李屋村和鄭屋村兩個聯合體，但作為實體，蓮澳村這一個村落是由兩個姓氏形成的近乎 "複姓單村" 的村落。

　　塘面（上）村也是由二十三戶張姓、七戶鍾姓、八戶陳姓構成的 "複姓單村"。張氏宗祠和鍾氏宗祠完全分立。張氏已經實現了本土化，鍾氏還恪守著客家人的特色。

　　梧桐寨村同樣是由十三戶邱姓、十六戶古姓、十一戶沈姓組成的 "複姓單村"。在宗祠方面，現在只有古氏的還保存著。

　　以上說明，複姓單村的案例並不匱乏，由於無論哪一個都是五十戶左右的小村落，就很少會擁有獨立的祭祀組織。

　　不過，複姓單村形成獨立祭祀集團的並非全然沒有。比如位於新界、錦田平原東端、八鄉之一部的蓮花地、合山圍就是這樣的案例。

　　根據 1960 年《香港地名志》的統計，當地有以馮姓為主的本地人四百二十人，但實際上，該村的居民結構是郭姓四十戶三百人、馮姓二十戶約一百三十人，合計為四百三十人。村內有郭氏、馮氏兩個宗祠。村子的中央位置保留有祭祀諸神的神廳。

照片 120　蓮澳村李氏宗祠和鄭氏宗祠

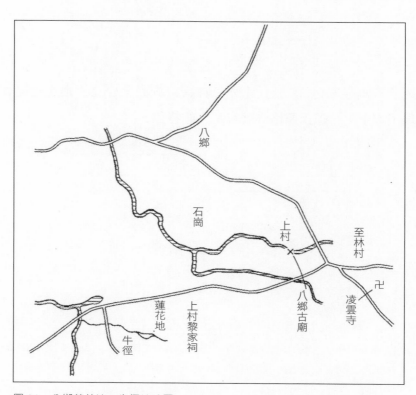

圖 61　八鄉蓮花地・牛徑地址圖

郭、馮兩姓中，馮姓是少數派，其宗祠緊鄰中央神廳建造；郭姓是多數派，其宗祠建在村口。可以看出，馮姓一方從定居沿革層面來看，比較古老。《香港地名志》之所以將馮姓作為這個村子的代表性宗族而郭姓無法撼動其地位，或許正因為重視馮姓實力的緣故。另外，神廳內的神位以觀音菩薩為中心，左右各立五神，共配有十尊神像。

　　這個村子每五年舉行一次太平清醮活動。作為祭祀組織，該村又增加了鄰村牛徑李氏四十戶，規模達至一百戶、一千人左右，在一個狹窄的範圍內實現了整合。兩村是一個共用一條小水道的水利共同體，因此也有人建議把兩個村子合併為一個村子[1]。

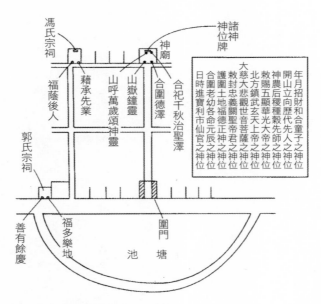

圖 62　蓮花地神廳・宗祠地址圖

1　在 1960 年版《香港地名志》中，關於牛徑村有以下記載："據 1957 版 25000：1 政府正式地圖，該村與相鄰的水盞田誤記為蓮花地。"由此看來，蓮花地、牛徑、水盞田三村為一個整體的看法是相當有力的。不過，水盞田屬張姓客家村，難以進入蓮花地—牛徑的建醮祭祀組織。

照片 121　蓮花地馮氏宗祠

照片 122　蓮花地郭氏宗祠

最近一次（1982 年）的建醮活動，由於錯過了參觀的機會，無法報道詳情，但 1976 年舉行的建醮 "大榜" 保留在大英圖書館 Baker Collection 檔案中，所以可從中窺探該祭祀組織之一斑 [2]。

據榜文記載，緣首團分成兩個。一個由鄭、郭、李、馮四姓組成，是居住在以牛徑為中心的牛徑西岸的集團；另一個由郭、馮、鄭、鄧四姓組成，是居住在以蓮花地為中心的水流東岸的集團。整體的排列順序，如林村約建醮大榜上各村人名的排列形式一樣，並不按姓井然排列。雖然作為多數派的郭姓能有比較理想的集中記載，但其他如馮、李、鄭姓等，只能二至三戶匯為一組，作零散的記載。這也許就是因為這類複姓單村接近於各姓混居的緣故。如果按姓整理排名的話，可以如下所示：

郭姓：四十八戶、四百四十一人

李姓：四十六戶、二百八十三人

馮姓：二十二戶、一百四十一人

鄭姓：十一戶、九十三人

鄧姓：四戶、四十人

謝姓：三戶、二十四人

陳姓：一戶、二人

曾姓：一戶、三人

蔡姓：一戶、七人

張姓：二戶、七人

王姓：一戶、五人

許姓：一戶、二人

龐姓：一戶、十人

黃姓：一戶、一人

2　大英圖書館的該項資料得自 H. C. Nelson 先生的寄贈，筆者利用了香港中文大學所藏縮微膠捲。

蕭姓：一戶、一人

不明：三戶、二十三人（無法判斷）[3]

合計：一百四十七戶、一千零八十三人

　　據此可知，由於郭、李、馮三姓無論是戶數還是人數，都大約佔了百分之八十，所以這些大姓的勢力雖然在人數上理應佔據壓倒性優勢，但排名的方式，仍是混合記錄的形式，接近於各姓對等的雜姓村落。如果在狹小的區域，這些宗族以緊鄰雜居的形式聚居的話，大姓、小姓的差距就會縮小，所謂大姓支配的性質就會漸趨弱化。這樣，我們就可以從同化力增強的角度來觀察複姓單村祭祀組織的特徵[4]。

3　除郭李馮鄭鄧謝六姓外，都是一戶至二戶，由於全集中在榜尾，所以可以視之為僑民。

4　複姓單村組織對於成員的族群系統具有同化的傾向。比如蓮花地現在稱為 "本地人"，1960 年《香港地名志》也把蓮花地、牛徑一概記為 "本地人"。如蓮花地：本地人（馮姓），四百二十人；牛徑：本地人（李姓），三百二十人。然而在 1989 年的《駱克報告》中，蓮花地則被記為："客家人，350 人。"這是僅從人口數來看不含牛徑的蓮花地的情況，所以明顯都是客家人。據此可知，蓮花地本來是客家人的聚居地，但在 1920 年代以來逐漸實現了本地化。在複姓單村中，由於各姓都在將本身族群系統的固執性加以舒緩，所以就易於與周圍（本地人）進行同化。

結章　廣東型向江南型發展的方向

　　綜覽以上三章，即可對序論中提出的有關共同體式村落聯合祭祀組織中的宗族地位問題，作出總結。

　　序論中，筆者曾以祭祀圈的廣狹、構成宗族村落數目的多少為標準，對共同體式村落聯合祭祀組織設想了以下三個類型：

　　（一）由少數宗族村落構成的共同體式村落聯合體，再經複數聯合，形成的重層複合性村落宗族聯合祭祀組織。

　　（二）由眾多宗族村落進行直接的橫向聯合後，形成的廣域村落宗族聯合祭祀組織。

　　（三）由少數宗族村落直接聯合成的狹域村落宗族聯合祭祀組織。

　　研究表明，這三種類型似乎具有以下傾向：

　　（一）幾個基礎性的宗族村落聯合體——"約"——聯結成的重層複合性宗族村落聯合體，其祭祀組織，一開始都是在居於領導地位的強宗大族的控制下形成的。這種控制力量，通過各個"約"，間接地到達最底層的宗族村落中。由於並不是由各宗族、各村落的代表直接形成組織，而是以"約"為媒介，間接而鬆散地結合在一起，所以，各約的獨立性容易被承認，同時也容易產生經濟負擔與組織責任的不均衡。尤其是當各"約"間的分化導致形成地域間的等級差別後，祭祀組織的關節點，反而從宗族、村落之類固定的強制性單位，轉向自由加入的"花炮會""金豬會"等私人性質的單位。這樣一來，雖然沒有涉及商人，但其實際形態已經接近以墟市為媒介的市場地村落聯合體。因為各宗族村落是間接結合而成的，各自都只具備相對有限的控制力，由此出發，祭祀組織容易擴大，即使族群系統不同的人也能在一定程度上被接納，因此，核心宗族的控制力就容易被削弱。這些可說是類型（一）的祭祀組織的一般傾向。所以這類組織中的祭祀禮儀和祭祀演劇，儘管還沒有墟市祭祀那樣自由，但已經體現了相當程度的伸縮性。

（二）眾多的宗族村落直接結合成的大型村落聯合體（約）的祭祀組織，由於是各宗族村落的村代表（宗族代表）直接構成的，所以其控制力比類型（一）的間接結合要強得多；加之它在族群系統上也有同一性的要求，從而使祭祀組織難以擴大。這一祭祀組織是作為與"約"這個共同體式的保甲組織一體化的東西建立和經營的，祭祀財政也往往由"約"設立的公產來維持。組織內各宗族雖然在原則上是平等的，但實際上，財盛人眾的強宗大族更容易在公產的設立、保甲中人丁的負擔等方面確立自己的優越地位。因此，在祭祀禮儀和祭祀演劇等方面，出於維持宗族統治的觀點，表現出明顯的保守傾向。

（三）由少數宗族村落組成"約"（相當於狹域村落聯合體）的祭祀組織，核心家族的控制力表現得最強，公產也由強宗大族單獨設置和經營，居民則通過"份"組織起來。正因為村落聯合只有在同一族群系統的範圍內才能成立，所以祭祀圈也就難以擴大。同時，祭祀禮儀和祭祀演劇，比類型（二）更容易在宗族統治的範圍內維持保守性格。

以上三個類型順序，可以說明，隨著祭祀圈和祭祀組織的縮小，作為核心的強宗的控制力將強化，祭祀禮儀與祭祀演劇形態的保守性亦將增強。但是，在村落聯合體，以及在複數宗族同居一村的複姓單村中，由於容易出現複姓間的雜居通婚，由特定的單姓實行支配的形態，往往被弱化。不過，即使在這種場合，作為地緣組織的村落權力，還是體現為宗族聯合，其職能就是盡量將祭祀活動控制在保守體制之內。正因為如此，在類型（二）和類型（三）中，可以看到祭祀禮儀和祭祀演劇維持著保守性這一特點。

總之，本篇的結論是，在共同體式宗族村落聯合的祭祀組織和統一在"約"範圍內的組織中，宗族的控制力特別強大；在農村這一層次，一個明顯的傾向就是，祭祀禮儀與祭祀演劇受到保守的宗族統治的制約。

然而，由於作為這一結論基礎的村落聯合具有強烈的廣東地方特色，因此，就有必要在與全國一般水準，尤其是與江浙先進地區進行比較後，對問題作出重新評價。根據這一觀點，我們注意到，在廣東諸實例中，村落聯合的構成基礎固然是共同體式的組織，但導致它們聯合起來的因素，還是保甲以及對外防禦。例如，平源六約聯合體，在作為其聯合中心的坪崋天后廟內，除設約公所外，還祀有安撫死於對外戰鬥的英靈的"義祠"，另外，林村約二十三村聯合中心放馬莆天后廟也同樣如此，廟內並設約公所和祭祀英靈的"義祠"。這就是說，無論是約的聯合，還是單獨的約，都具有強烈的戰鬥性和防衛性。就是醒獅、麒麟之類的祭祀藝技，也與武術練習結合起來。這一點與該地墟市寺廟中的祭祀組織完全不同。墟市寺廟中不祀義祠，祭祀藝技主要是商人主持的"會景""抬色""飄色""地色"等，作為武術的醒獅、麒麟不過是周圍村落臨時加入的。以鄉村地主宗族的立場而言，墟市並不是重要的防禦據點，它隨時都可捨棄，這裡無須設置培養防衛意識的義祠和鍛煉武藝的組織；而對於宗族體制來說，作為村落聯合的"約"則是最重要的一個防衛據點，故而把地主組織的中樞機構設置於此。這樣，就形成了如下局面：在"約"的守護神之廟中設約公所以負責實施約內共同體規則的同時，並祀象徵著對外防禦機制的義祠。並祀鼓吹練習武術和科舉的文武廟，也是這一現象的反映。由於眾多不同的族群競爭性地並居於一處，集團間的械鬥和抗爭難以絕跡，而且，能對這種對立起到緩和作用的墟市貿易媒介功能也未充分成熟，這就使得廣東地區——這個作為始終孕育著紛爭可能性的多元性鄉村社會——重視以共同防衛為目的的村落聯合，並使它的存在以防衛和保甲為重點。本篇各實例都具有上述廣東特色，所以，地主宗族的控制表現得非常強烈。尤其以類型（二）、（三）最為顯著，即使是類型（一），在基本特徵上也沒有什麼不同。這一體制與前述輕視"墟市組織"的態度構成一個統一體，可以說集中表現出多元化族群雜居，以及貿易經濟只停留在小墟市發展水準這一邊境落後地區中村落聯合的特徵。在這裡，難以形成不以保甲、防衛等為目的，而純粹以生產為目的的小型共同體式村落聯合，這種水準的小聯合體最後都將被"約"吞沒。反過來，超出防衛組織限度的、數量過多的"約""村"的聯合，也不易形成範圍過大的廣域聯合。如果約與約的聯合以墟市貿易為媒介，那麼，像大埔七約這樣的多元化廣域聯合體也能形成，但對於作為實質性的血緣組織的村落聯合來說，平源六約的規模已達極限。按照這一條件，便於維持的最適中的規模，最後只有"約"了，即上述類型（二）。在這個類型中，有條件使核心宗族通過祭祀活動將其控制力得以貫徹。與前述墟市祭祀禮儀和祭祀演劇相比，本篇所說的村落聯合祭祀禮儀與演劇之所以顯示了濃厚的保守性，其根源就在於此。

然而，在先進的江浙地區，村落聯合的生存條件完全不同，並且別有一番特徵。可以設想，在市場貿易已深化至市鎮經濟階段的先進地區，族群之間的不睦與紛爭，都得到緩解和減輕，防衛和保甲的問題，對各村來說已不太重要。因此，村落間的聯合也並不局限於保甲和共同防衛的目的，而更多地是出於共同開發水利、共同利用山林等經濟因素。有了經濟上的共同利益，就能在市鎮經濟發達的條件下，將相距較遠的村落聯結起來，這樣就容易擴大構成村落聯合的村落數和地域範圍，先進地區的村落聯合比起後進地區來，亦由更多的村落單位和宗族單位組成，而且易於形成包括大地區在內的廣域多元村落聯合。如按照上述分類來判斷，這裡的演變趨勢顯然是類型（二）多於類型（三），而類型（一）又多於類型（二）。統計性的推測留待以後進行，這裡只舉一個具體實例：浙江寧波鄞縣的茅山靈應廟[1]。該廟的祭祀組織極為龐大，擁有十堡、七十二社。據《鄞縣通志·輿地志》（民國二十四年刊，1935 年）卯編 "廟社" 條記載，該廟祭祀組織原由跨越鄞縣、奉化縣的七十二村組成，由於它過於龐大，就以鄞縣為主，分割成十堡。

從各村每四十年才輪值一次來看，每堡平均由四個村組成，它是一個擁有四十個村落的大型廣域組織。戶口數無紀錄，估計總要超出一萬人。1976 年 7 月，鄔烈梓在論文〈談談家鄉稻花

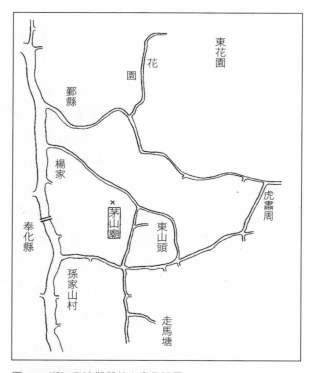

圖 63　浙江寧波鄞縣茅山廟祭祀圈

1　譯者按：本書日文版有表 49〈茅山靈應廟祭祀組織〉，略。

會〉中，介紹了該組織在夏至舉行的"稻花會"，同時也述及了
內部的宗族構成：

> 茅山廟在鄞縣南鄉茅山。茅山廟轄分十堡，地域廣闊，北起計張
> 俞、花園、楊家、東山頭、走馬塘、孫家山、窯頭、沈風水、董家跳、
> 清和橋、東李、虎嘯周（包括孫張康朱洪葉薛陳諸姓，俗稱康朱十八
> 姓）。作者雖非茅山廟界下弟子，然外婆家在走馬塘，童年時常隨母去
> 走馬塘，看到過稻花會多次。……茅山廟在農曆正月初八起演五天，
> 俗叫初八燈頭。稻花會在夏至前後。在天未亮前出殿，也用火籃照明。
> （故家鄉稱，看茅山廟出殿，聖姑廟進殿。）茅山廟菩薩藍袍坐轎先行，
> 後面是白臉鬚白袍面色紅潤的龍王菩薩。隨有兒童扮的護印護令使者，
> 更有鄉民扮的紅黑帽，也有鑼隊、銃隊。[2]

　　由於稻花會、燈頭會屬農祭，所以這個組織與市場的貿易
活動無關，純粹是一種建立在農村共同體利害關係之上的村落聯
合，其規模之大、祭祀圈之廣，絕非上述廣東諸實例可比。不受
保甲觀念的制約，只是根據經濟的或宗教的需要，自由地得以擴
展，這可以說是先進地區村落聯合（宗族聯合）的特色，而且巡
遊的場面也比廣東農村更為壯觀。其中像鄞縣咸祥鎮咸祥廟的祭
祀組織，橫跨六鄉，擁有八堡七千戶，祭祀圈方圓六十四公里[3]。
（祭祀圈見圖 64）
　　關於其祭祀組織，浙江四明《朱氏支譜》中有所記載：

> 咸祥廟分堡八，曰朱廣俊、朱敬、朱家詩、沙冀鄭、朱元祥、王孟

2　鄔烈梓：〈談談家鄉稻花會〉，載《寧波同鄉》，第 96 期（台北，1976 年 7
　　月）。
3　譯者按：本書日文版有表 50〈浙江寧波鄞縣咸祥廟組織〉，略。

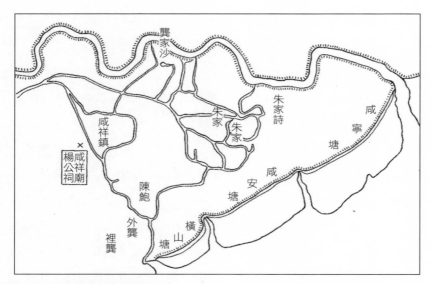

圖 64　浙江寧波府鄞縣咸祥廟祭祀圈

賢、朱陳鮑、蔡觀，莫知所自始。朱氏商房譜有家詩其人。家詩生卒失其年。惟其孫希文，康熙十一年生。家詩以名列堡，當非少年，則分堡在順、康間乎？朱戟崗康熙廿七年作〈廟記〉，亦稱朱廣俊戶云。[4]

　　八堡之名如上所示，但其中朱廣俊堡、朱敬堡、朱家詩堡、朱元祥堡四堡為朱氏一族之堡，王孟賢堡為王氏一族之堡，沙龔鄭堡為沙氏、龔氏、鄭氏三姓聯合，朱陳鮑堡為朱氏、陳氏、鮑氏三姓聯合[5]。蔡觀堡可能是蔡氏的單獨組織。因此，朱王沙龔鄭陳鮑蔡八姓分為六個單姓堡、兩個複姓堡，構成祭祀組織，承辦祭祀活動。在這裡，各堡輪番承擔應負的責任，每年都有所不同；其活動組合如下所記：

4　浙江四明《朱氏支譜》卷十七外編 "社廟" 條。

5　上田信〈地域的履歷──浙江省奉化縣忠義鄉〉（載《社會經濟史學》49-52，1983 年，47 頁）認為 "沙龔鄭" "朱陳鮑" 為複姓堡。

演戲祭神，八堡輪流，周而復始。

其始之年，八月十一日，祭神。呼為開廟門，以中秋迎神也。

次年，夏至前後，消青苗之災。六月一日，供龍以祈雨暘時若。

三年，八月十四日，張布幕，演戲四晝夜。十月一日始，演戲三晝夜，祝誕辰也。十二月二十日，封印。

四年，正月十三日，演戲五晝夜，慶元宵也。二十日，開印。八月，整理紗轎及儀仗。十五、六兩日夜，興神巡行境內，燃燭通宵，神前有坐堂會，夜有六科會。

五年，五月，排祭各祭品，用鑞盆高裝。飾為金花五虎將、鹿鶴獅象等形，鮮豔新巧，鮮美一時。十二夕，先陳於承辦堡祠堂或祖堂，奏以笙歌供眾覽觀，質明，服新服（清時衣冠），人奉一物，環行大道，邐迤上廟，間以龍燈馬燈，鼓樂喧天，謂之迎祭。廟內懸燈百餘種，彩光燦爛。自是後，得間三年。[6]

由此可見，第一輪的八年間有五年祭事，承擔者為八堡中的最初五堡，其他三堡則輪空待機。在第二輪中，上輪第一年承擔之堡輪空休息，上輪待機之堡則值年上位。（如表 34 所示）

根據八年一輪的頻率，進入輪空組的有三堡，因此實際的承擔次數是六十四年五回，即約十一年一回。另外，由於按等級把堡分為三等（朱陳鮑堡、沙龔鄭堡之類），所以對最小的等級來說，差不多每三十三年左右才輪到一次，間隔時間相當長，其組織形態與前述茅山廟四十年左右輪一回大體相似，是一種鬆散龐大的組織。在這一點上，雖然具有與以鎮為核心的市場地演劇接近的要素，但從祭祀和演劇的內容來看，由於把“青苗之災”和“祈雨”列為重要目的，所以很明顯，其實際狀態還是屬於村落共同體的性質。這一組織，似乎是以當地的水利開拓為共同目的

6　浙江四明《朱氏支譜》卷十七外編 “社廟” 條。

表34 浙江寧波鄞縣咸祥廟祭祀值年表

值年次	行事輪番期	第一次輪番期	第二次輪番期	第三次輪番期	第四次輪番期	第五次輪番期	第六次輪番期	第七次輪番期	第八次輪番期
第一年次值年	開廟門	第一堡朱廣俊	第二堡朱敬	第三堡朱家詩	第四堡沙龔鄭	第五堡朱元祥	第六堡王孟賢	第七堡朱陳鮑	第八堡蔡觀
第二年次值年	保青苗祈龍	第二堡朱敬	第三堡朱家詩	第四堡沙龔鄭	第五堡朱元祥	第六堡王孟賢	第七堡朱陳鮑	第八堡蔡觀	第一堡朱廣俊
第三年次值年	中秋演劇誕辰演劇封印	第三堡朱家詩	第四堡沙龔鄭	第五堡朱元祥	第六堡王孟賢	第七堡朱陳鮑	第八堡蔡觀	第一堡朱廣俊	第二堡朱敬
第四年次值年	元宵演劇神與巡行	第四堡沙龔鄭	第五堡朱元祥	第六堡王孟賢	第七堡朱陳鮑	第八堡蔡觀	第一堡朱廣俊	第二堡朱敬	第三堡朱家詩
第五年次值年	排祭	第五堡朱元祥	第六堡王孟賢	第七堡朱陳鮑	第八堡蔡觀	第一堡朱廣俊	第二堡朱敬	第三堡朱家詩	第四堡沙龔鄭
第六年次值年	退休	第六堡王孟賢	第七堡朱陳鮑	第八堡蔡觀	第一堡朱廣俊	第二堡朱敬	第三堡朱家詩	第四堡沙龔鄭	第五堡朱元祥
第七年次值年	退休	第七堡朱陳鮑	第八堡蔡觀	第一堡朱廣俊	第二堡朱敬	第三堡朱家詩	第四堡沙龔鄭	第五堡朱元祥	第六堡王孟賢
第八年次值年	退休	第八堡蔡觀	第一堡朱廣俊	第二堡朱敬	第三堡朱家詩	第四堡沙龔鄭	第五堡朱元祥	第六堡王孟賢	第七堡朱陳鮑

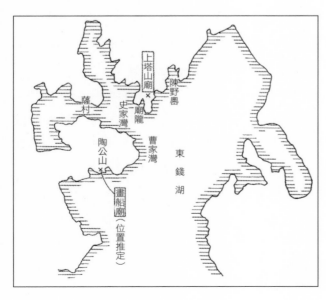

圖65 浙江寧波陶公山諸廟祭祀圈

而形成的，後來逐漸增加了咸祥廟的公產和貯水池[7]。組織的核心是朱家村的朱氏，以該朱氏為中心，經其他姓氏的協力，共同開拓了河川流域，這一過程擴大了組織，終於包容了附近的咸祥鎮咸祥廟。這或許就是歷史的實際狀態。

與先進地區特有的一類市鎮接近的大型共同體性質的宗族聯合祭祀組織，在鄞縣還有一例，即永善鄉陶公山忻家村的畫船殿祭祀組織。

現將《鄞縣通志》中對相關廟社的記載製成表35。

表35　浙江寧波鄞縣陶公山諸廟祭祀組織表

廟名	祀神	地點	建修	報賽	組織	戶口	備考
畫船殿	晉鮑蓋	永善鄉忻家	未詳	舊曆九月十六日，出巡、迎賽。	四堡	缺	忻姓
上塔山廟	宋李夷庚等	永安鄉廟隴山	未詳	每年舊曆九月十一日和十月十五日，演戲敬神。	東西兩堡（陶公山忻家、史家灣、曹家、薛家山、陳野嶴、廟隴）	三千六百戶	忻姓等

兩廟幾乎為同一組織，都是以忻氏為中心的三千六百戶的大型組織。其中關於畫船殿祭祀的詳細情況，可以參考忻逸盧論文〈陶公山忻家"會頭"記〉（"畫船"又作"華船"）：

陶公山市為鄞縣一大鄉鎮，居民有萬餘人，聚居者有忻、王、曹、

7　浙江四明《朱氏支譜》卷十七外編"社廟"條："廟產：始惟田十三畝以贍廟役。自咸安塘開墾，助田二十畝，咸盛塘開墾，又助田二十畝，又咸盛塘塘腳地二十畝，本係鹽舍，日後鹽舍外移其地，須仍還舍戶。計歲八二百鉼，糧課修塘而外，本無所用。自二十二年，紗轎燃燭，由來供給，承辦之堡，僅歸銀四十鉼。逢歲旱，請龍供聖，胥出乎是，致不能積資備修理也。"

許、余等姓氏各族，其中大部分為忻氏族人。

忻族之祖先，據說係從元朝遷自福建南安……忻族之人多為樸實之農人或漁人，經商者較少，為公務員者更不多。蓋文風不盛所致，影響所及，對於菩薩之崇拜，則較台灣之拜拜有過無不及。

忻族所崇拜之菩薩為青山大元帥鮑將軍（其真實事跡已不詳）。據云為一民族英雄，紅臉，俗稱"華船菩薩"，或"紅臉菩薩"，每年由忻族各房輪流供奉（菩薩所住之房屋為一活動房屋，可以拆遷，隨同供奉而遷移），每房規定有五年輪到二次，有十六年輪到一次，亦有三十二年才輪到一次。某房如輪到時，須於每年農曆九月十五、十六兩日演戲迎神。輪出者，則於每年農曆九月初八初九兩日演戲送神。在這送神迎神期間，統稱"會頭"，在這"會頭"期間，每家必須一連數日，大宴親友，耗費實在驚人，即使在外經商之忻家親友，亦多於此時相率返鄉過"會頭"，使當時航行滬甬之定期班輪，亦因此而常客滿，其"會頭"盛況之熱烈，可以想見。[8]

該文敘述了每年九月八日至十六日畫船殿會頭期的盛況，承擔祭祀核心事務的是忻氏一族的各房支。關於忻氏的房支組織，《鄞縣通志・輿地志》"氏族"條有詳載，現將其製表呈現。（見表 36）

表中把陶公山稱為"市"或"鄉鎮"，佔住民大半的忻氏多為農民和漁民，商人較少。地形上則為僻村，與其說是"市鎮"，實質上更接近"鄉"。忻氏族四鄉範圍內有一千七百戶，人口超過一萬人（《鄞縣通志》統計只有七千三百七十人，但未包括女性和十五歲以下幼兒）。據《鄞縣通志》，這個萬餘人的宗族分為老大房、老二房和老三房，分居永善鄉、永嘉鄉和永順鄉，相

---

8 忻逸盧：〈陶公山忻家"會頭"記〉，載《寧波同鄉》，第 63 期（台北，1972 年 8 月）。

表36　浙江寧波鄞縣陶公山忻氏分佈表

鄉名	管轄村落	住民姓氏	戶口	公共機關	廟社	備考
永秦鄉	陶公山、余家臺、王家、大臺底	忻余王及其他	四百二十戶、男女一千八百九十六人	永秦鄉鄉公所	胡公祠、畫船殿	永秦永善永嘉永順四鄉，村民相聯，通稱陶公山，其鄰村里距亦無甚異，以忻氏宗祠為中心，東至曹家山頭零點五里，西至許家零點三里，北至史家灣零點八里。民居自農工商學外多業漁。航業亦有之，各村經濟均尚寬裕，亦有富厚者。
永善鄉	陶公山、老大房、老二房	忻及其他	四百五十一戶、男女一千七百三十六人	永善鄉鄉公所	同上	
永嘉鄉	陶公山、老二房、許家、大小房、余家	忻許余及其他	四百九十八戶、男女二千一百零六人	永嘉鄉鄉公所	同上	
永順鄉	陶公山、老三房	忻及其他	三百三十六戶、男女一千六百三十二人	永順鄉鄉公所	同上	

距不遠，聚居在忻氏宗祠周圍。各房所屬的戶數和股數不同，輪番間隔亦有差別。

　　關於"會頭"的狀況，前引忻氏論文有更詳細的說明：

　　"會頭"至農曆九月十六日發展到最高潮，我們稱之為"正日"。除演戲酬神外，最主要的是迎奉華船菩薩，同時要將華船菩薩出巡各地，以保各地之平安。在出巡的時候，全副執事。有中軍、旗牌官、曹禮（皂隸）、劊子手……，都要穿扮著戲子一樣。以上所有人員，均由輪到各房之子弟分別擔任，部分為小孩。據說凡擔任上項工作者，會得到菩薩的保祐，我因從小體弱多病，母親為希望菩薩保祐我長命百歲，特地囑咐我去充當劊子手，並且派了一位堂兄沿途隨同照料。事雖迷信，而對慈母之愛心，則表露無遺。

在菩薩出巡當日，於天未亮，即要集合。由中軍擔任召集人。我在第一天晚上已經興奮得睡不熟了，所以不會誤卯。中軍在點齊了人馬後，立即出發前往向輪出一房，將華船菩薩恭迎回來。先在坎下祠堂供奉約一小時，以後開始出巡，由先行部隊開鑼喝道，隨從人員前呼後擁，還有放銃手放銃助威。浩浩蕩蕩，不下數百人，而旁觀看熱鬧與拜神者，更是人山人海。菩薩每經過一祠堂，即由該祠堂屬下人員恭迎入祠供奉約一刻鐘，然後依次出巡各個祠堂。不論曹、王、許、余等姓祠堂，甚至鄰鄉史、周、戴姓等祠堂均備牲禮迎送，儀式極為隆重，如此出巡，長達十餘里，從早至晚，興趣不減。[9]

作者在這裡描繪了華（畫）船菩薩神像先後在陶公山忻氏各房宗祠間巡遊的過程；提到了作為本地宗族的忻氏以及曹氏、王氏、許氏、余氏等四姓形成宗族祭祀組織的經過。

關於當時進行的祭祀演劇，忻氏論文也有記載：

筆者為忻族坎下人，輪到坎下"會頭"的那一年，約莫十歲左右，是年適為忻族進主——做家譜（即族譜）。所以大事鋪張，格外熱鬧。彩排從祠堂搭到河埠頭。參加演出平劇的戲班，約有八、九班。有老大鴻壽、宋翔記、老翔記、老聚慶豐、新聚慶豐⋯⋯，各戲班都排列在一起。記得在九月十六日的晚上，各戲班同時演出武打戲《鐵公雞》時，都非常賣力，各別苗頭，簡直在舉行演戲競賽。尤其飾演張嘉祥者，更使出了渾身解數，其中要推宋翔記最為出色。那傢夥竟從六、七張重疊的矮花桌（即現在演平劇用之桌子）上，以倒反的姿態跌了下來，連戲台板都被跌斷，人亦受了傷，可知其賣力之甚了。[10]

9　同注8。

10　同注8。

388

根據引文，擔任演劇的戲班居然請了八到九班，說明忻氏一族擁有的經濟實力確實非同一般。農村共同體性質的宗族村落聯合，在祭祀和演劇的規模上顯示了與市鎮演劇相匹敵的水準，由此亦可見到先進地區的特徵。

以上舉出了三例位於先進地區的、共同體性質的宗族聯合祭祀組織。它們都是戶數上千、人口逾萬、涉及村落眾多的大型組織，由它們舉辦的祭祀場面極為壯觀，其規模完全可以與市場演劇媲美。那麼，它們與本篇所說的廣東後進地區諸實例究竟是什麼關係？

首先，在廣東農村，眾多不同的族群競爭性地雜居一處，因而便產生了治安問題；割據一方的有實力的地主宗族，在圍郭裡建立據點自我封閉起來，並因防衛和維持治安的需要，結成村落聯合或宗族聯合。因此，這些聯合體與保甲組織的“甲”和鄉約組織的“約”的結構密切相聯，很難越出“約”“甲”的框架去發展和擴大。各村落間雖然存在以墟市為媒介的貿易關係，但由於控制墟市的強宗大族不肯移至治安尚有問題的墟市居住，不願在那裡進行大規模投資，所以，墟市本身也無法擴大。在墟市中發展起來的祭祀禮儀和祭祀演劇，作為一種風俗，固然已經融入村落聯合祭祀組織，然而在祭祀組織中，受到來自地主宗族治安意識的保守性制約，故只能墨守傳統形態而無法再前進一步。這就導致了墟市中華麗的市場演劇與村落聯合據點中樸素的農村演劇，一直沒有融合，而始終處於對峙的局面。

與此相反，在江浙先進地區的農村中，因為很少有治安方面的問題，故各地強宗在形成村落聯合時，並不一定要拘泥於治安組織這一框架。只要有關宗族村落間擁有共同的經濟利益，就能跳出治安組織體系，組建無論多大規模都有的聯合體。治安組織一般都以“鄉”為範圍，但上面提到的鄞縣咸祥廟組織就跨越了六鄉。另外，陶公山忻氏畫船廟祭祀組織也包攝了四鄉，還在畫船殿設立了四鄉公所。它們都在與治安組織不相干的情況下擴大了祭祀圈。

另外，因為該地區無治安問題，所以，有實力的地主宗族也往往遷往附近的墟市居住。有的即使不遷居，也不忌諱向墟市投資，從而促使墟市發展成為市鎮，或者強宗的據點發展後，與附近的墟市合併成一個新的大市鎮，甚至由墟市或農村村落宗族聯合據點（大多為鄉村寺廟所在地）直接發展成市鎮。在這種條件下，以農村共同體為基礎形成的村落聯合、宗族聯合也就具備了不斷向市場地轉化的因素[11]。在這裡，市鎮並不是如廣東那樣在被地主權力所拋棄的空白地帶的 "墟"，而往往是作為地主權力據點自身實體而成長起來的。鄞縣大部分市鎮演劇組織都是由村落聯合據點發展起來的。所以，由眾多相鄰村落（"堡"）構成的祭祀組織，在形式上與村落聯合完全相同，只是它的結合動因在於商業利益，從而表現出與單純的農業性村落聯合不同的特色（該地區鎮、鄉差別並不明顯）。於是，在這裡，只要財力允許，市鎮祭祀風俗總是要影響到村落聯合據點的祭祀活動。從演劇史角度來說，先進地區的條件，為從市場地發生、發展起來的祭祀演劇向農村地區傳播提供了極大的方便，歷史上地方演劇最早在江浙先進地區發展擴大，正是基於這一背景。相反，在廣東的條件下，市場演劇要滲透和波及到農村地區，則有很大的阻力。因為在農村的村落聯合據點內，市場中發達起來的演劇受到宗族地主的保安體制的約束，無法得到進一步發展，而且，農村

---

11 民國二十四年（1935）《鄞縣通志‧輿地志》卯編 "廟社" 條記錄了二百多個舉行祭祀演劇的廟社，其中有超過半數（一百二十個）屬於村落聯合演劇；而明確指出以宗族為構成單位的約四十個。未能明示以宗族為單位的演劇，估計也不在少數。筆者將鄞縣地區明示了宗族構成的演劇，按組織類型加以分類，各類內再按演劇季節的順序排列，製成四組表格，以為本章的附錄。

的村落聯合據點本身幾乎不具備向墟市和市場發展的可能性。這樣，就形成了墟市的比較自由的演劇與農村保守演劇對立、並存的局面。當然，近年來情況稍有變化。比如在本篇提到的屬於類型（二）的平源六約、坪輋天后廟祭祀中，坪輋本身由於聚集起潮州商人，而顯露出上升為小墟市的萌芽。我想，隨著這些後進地區治安問題的解決，有可能在這裡逐漸重現江浙先進地區的發展歷程。

第二篇
複姓村落聯合體的外神祭祀

附：浙江寧波鄞縣複姓堡‧單姓堡聯合社廟祭祀
組織表

(1) 單純由複姓堡（由複數宗族構成）組成的祭祀組織，屬於本篇類型（一）

表37　浙江寧波鄞縣複姓堡聯合社廟祭祀組織表

廟名	祀神	地址	建修	報賽	組織	戶口	備考
大皎廟	屠孟堅	大皎鄉、大皎西北	清同治十二年（1874）重建	舊曆正月元旦演戲	二堡：上堡（夏姓、龔姓、徐姓、葉姓、李姓），下堡（楊姓、陳姓、鄭姓）	六百三十戶	大皎鄉三百一十二戶，五月十五演戲。

(2) 複姓堡與單姓堡或與雜姓堡聯合而成的祭祀組織，屬於本篇所說的類型（一）與類型（二）的混合型

表38　浙江寧波鄞縣複姓堡單姓堡聯合社廟祭祀組織表

廟名	祀神	地址	建修	報賽	組織	戶口	備考
葛蓝廟		獲濱鄉、葛蓝南	宋建炎初	舊曆正月初八為神誕期；有戲。今廢。	七堡（裡何村、王家村、戴丁村、董家村、徐港岸村、東西鄭村）	約四百餘戶	第二堡為戴姓、丁姓聯合，第七堡為鄭姓兩派聯合。
白龍王廟	婁安世	回源鄉、小殷嶴西北	清乾隆六十年（1795）建	舊曆正月初八為神誕期，戲演，致敬。	三堡：前堡（殷嶴村）、中堡（小殷嶴村）、後堡（勝嶴村、柳隘村）	缺	後堡為勝姓、柳姓聯合。

廟名	祖神	地址	建修	報賽	組織	戶口	備考
咸祥廟	唐裴肅	咸祥鎮、咸祥西南	明中葉時建	舊曆正月十三日至十八日，舉行燈祭和演戲。	八堡：(咸祥鎮、球南鄉、沃海鄉、臨海鄉、蔡墩鄉)	七千戶	與楊公祠聯合。詳見《四明朱氏支譜》。
管江廟	唐裴肅	管江鄉、管江南	清光緒四年(1878)	舊曆正月十三日至十七日舉行燈祭和演戲。	五堡：三堡(杜姓、吳姓、宋姓、徐姓、范姓、陳姓)、一堡(上陳村)、一堡(坊前村)	五百七十餘戶，一千七百餘人	管江村、上陳村、坊前村，共同管理管江。
白鶴山廟	唐任佝	鶴山鄉、白鶴山麓	唐咸通年間建	舊曆正月二十日相傳為神誕期，舊時演戲三日，今改為演戲一日。	十二堡：子堡(華姓)、寅堡(後洪、丁姓、吳姓)、卯堡(鮑姓)、辰堡(前洪)、巳堡(丁姓、周姓)、午堡(鄭姓)、未堡(施、周、張、楊、潘諸姓)、申堡(前劉、柳屠、後劉)、酉堡(胡姓)、戌堡(虞姓、周姓)、亥堡(董家橫村)	八百五十三戶，約二千五百六十人	九月一日相傳為神誕期，往年演出一日，今已廢。
茅山靈應廟	唐張派仁皓	茅東鄉、茅山元陽	宋政和年間	舊曆正月十三日舉行燈祭演戲。十六堡各堡宗長幹事赴廟、祝賀、聚餐。	舊鄞、奉兩縣，共為社者七十有二。奉化分建新廟後，屬鄞縣者改編為十堡，即今山西、西南、大狄、近東、正南、上南、澤村、東南、正東諸堡。屬奉化者僅霜橋一族。四十年輪值承傳。	缺	六月、賽會一日；演戲一日；各村均獻爵。八月初三日起演戲二日；今皆停。

393

廟名	祀神	地址	建修	報賽	組織	戶口	備考
聖女王廟	東漢孝女曹娥姑	明農鄉、天遷橋北	宋代	舊曆正月初一燈祭、演戲。	十四堡（圓境張村、胡季陳村、裡外漕村、大包橋村、張家村、洪家村、王家漕村、李家村、西王漕村、嚴家村、王家街村、張夏村、吳孫張村、宋家村）	四百十四戶	男女一千五百六十七人。
九里浦廟	宋柳暉	柳壩鄉、九里浦	明崇禎年間建	舊曆三月初八、演戲敬神。	六堡（小漕村、外園王、石路頭施、陸、竺、王、老王家、汪陸徐應陳、陳徐）	百餘戶	舊例九月一日至九日演戲，今只演一日。
懸慈廟	唐孝子張無擇	黨峰鄉、封水之北	宋淳熙五年（1178）移建	舊曆春秋兩季各演戲三日，今已停。	二堡（東西）：五柱（柳、嚴、鮑、葛、孫）、一柱（柳、嚴）、二柱（葛）	一百四十一戶	
白石廟	唐薛仁貴	永樂鄉、白石山麓	明時建	春秋兩季、演戲敬神。	東西二堡（沙家塾、上楊、中陽、下陽、舒港岸、橋頭）	缺	
金崇廟	晉鮑蓋	虹史鄉、虹麓	元至正年間建	舊時八月初六、九、十二巡行、虹麓諸村賽會演戲，今已停。	四堡：東堡（前後五港、姚家衕）、南堡（史家及張王陸姓）、西堡（虹麓）、北堡（海月塘、西徐）	一千八百餘戶	
風棚廟	宋懷大寧	北渡鄉、風棚磯北	宋熙寧年間建	舊曆八月十四日為神誕期，演戲慶祝。	十二堡（朱家直、韓家、北渡、孫陳、龔家、長潘、車何、塔里、寺橋、任葛姜姓、汪下葛）	一千三百餘戶	

廟名	祀神	地址	建修	報賽	組織	戶口	備考
新福廟	明王省	韌元鄉·看經寺	明嘉靖年間建	舊例九月初六有戲，今廢。	九堡（秦家橋、管莊、孫家邊、吳家邊、後周漕、長漕、翁王、蘇家、汪家）	約三百戶	蘇姓、汪姓
上塔山廟	宋李夷庚等	永安鄉·廟山隴	未詳	每年舊曆九月十一日演戲敬神。	東西兩堡（陶公山忻家、史家灣、曹家、薛家山、陳野器、廟隴）	三千六百戶	一萬一千人
力施廟	秦陳勝	力義鄉·孫王	宋時建	每年舊曆九月十六日奉姓祭神。戲已停。	六堡（王家橋、王馬、孫王、正民鄉李家、吳家、穆家）	三百三四十戶	一千二百餘人
蕭王廟	漢蕭何	明農鄉·聖女王朝東	未詳	舊曆九月曾會戲。	五堡（大包橋、汪家門頭、汪楊、七港口夏家、包邵周）	一百九十三戶	男女六百九十四人
懸慈廟	唐張無擇	黃峰鄉·封水之北	宋淳熙五年（1178）	舊例春秋兩季演戲三日，現已停，僅剩祭奠一項。	東西兩堡（柳、嚴、鮑、葛、孫五柱，柳嚴嚴合為一柱、葛姓兼二柱）	一百四十一戶	（前出）
上塔山廟	宋李夷庚	永安鄉·廟山隴	未詳	每年十月十五日演戲敬神。	東西兩堡（陶公山忻家、史家灣、曹家、薛家山、陳野器、廟隴）	三千六百戶	一萬一千人（前出）
上戊子廟	漢劉植	銅盆鄉·李花橋北	清乾隆二十三年（1758）	舊曆十月十六日為神誕期，演戲二日。	四堡（西庫樓家、李花橋屠家、港口周家、施家、蔡家、西張、東橋）	約六百戶	
白石廟	唐薛仁貴	永樂鄉·白石山北麓	明時建	春冬兩季、演戲敬神。	東西兩堡（沙家墊、上陽、中陽、下陽、舒港岸、橋頭）	缺	（前出）

（3）僅由單姓堡聯合而成的，總戶數超過二百戶的祭祀組織，屬於本篇類型（二）

表39 浙江寧波府鄞縣單姓堡聯合社廟祭祀組織表（二百戶以上）

廟名	祀神	地址	建修	報賽	組織	戶口	備考
鄒溪廟	唐裴肅	鄒谷碧莱鄉、黃蛇山南麓	未詳	舊曆正月十三日至十七日，連續演戲五日。	五堡（楊姓、張姓、施姓、傅姓、沙姓）	四百五十八戶	鄒谷碧華鄉為四百五十八戶，五村（鄒溪、谷山、大碧浦、上下華堂）。
寶慶廟	唐裴肅	張溪新白鄉、童家墺	宋淳祐年間建	正月中旬，各堡輪流演戲敬神。	三堡（童姓、夏姓）童堡四柱，俞、夏兩堡各一柱，計六柱	童俞兩堡五百零二戶	夏堡加入童雁鄉。廟下社田百餘畝。
德勝廟	陸通	獅嶺鄉、石嶺	明成化二十二年（1486）建	舊曆正月演戲連續二日（五月間亦如此）。	四堡（嚴姓、夏姓、童姓、王姓）	約三百三十餘戶	獅嶺鄉六村、八百八十九戶。石嶺村、夏家村、五月初旬也有神誕戲。
施君廟		道陳鄉、道陳墺	宋紹熙三年（1192）	正月仍演戲二日。	七堡（陳、蕭、任、何、周）	五百一十四戶	二千餘人。道陳鄉一村、五百零二戶、本廟僅為一個村組成、九月的戲已廢。
寶慶廟	唐裴肅	童雁鄉、上周墺	清乾隆二十二年（1683）建	舊曆正月，演戲二日。	五柱（周、徐、林三姓）	二百七十八戶	童雁鄉只有上周墺和童夏家二村、三百九十四戶、本廟僅為上周墺二村的組織。
下斋堂廟	屠孟堅	小皎鄉、孔家村	清咸豐六年（1856）	舊曆正月，演戲敬神。	孔、童、張、劉、李、陳六姓。惟鄒李張姓已衰落。	二百五十餘戶	小皎鄉四百二十二戶，孔童張二村。本廟僅為孔童張姓的組織（孔姓為中心）。

廟名	祀神	地址	建修	報賽	組織	戶口	備考
羊府廟	羊僕	皎碶鄉、烽火壘	缺	舊曆八月二十五日為神誕期，演戲敬神。	眾姓奉祀。	缺	
永豐廟	晉鮑蓋	五豐鄉、陳家段南	清光緒二十一年（1895）重建	舊曆九月十五日為神誕期。初有演戲，今已廢。	五壘（陳家段、任家橫、江家、鄭家莊、趙家橫）。	約四百二十六戶	

（4）僅由單姓碶鄉合而成的、總戶數在二百戶以下的祭祀組織，屬於本篇所說的類型（三）

表40 浙江寧波鄞縣單姓堡聯合社廟祭祀組織表（二百戶以下）

廟名	祀神	地址	建修	報賽	組織	戶口	備考
拓木廟	唐張仁聰	麥江鄉、下施南	清同治六年（1867）重建	舊時正月十日，演戲敬神，今廢。	四堡（施姓、孫姓、毛姓、王姓）	約一百六十戶	陵江鄉有一百七十五戶、三村（舒周盛村、石觀普堂村、邱港峰村）。
裴君廟	唐裴繡	陳楊鄉、陳家器	清時建	民國十八年（1929）起，正月曾演燈戲，今已停。	三堡（俞姓、陸姓、楊姓）	二百戶	陳楊鄉三村，一百七十二戶。本廟僅為三村以上組織。
檔皇廟	宋慕容廷釗	嘉慶鄉、宋詔橋東首	清道光二十三年（1843）重建	二月二十八日為神誕日。演戲連續四日。	四堡（大小朱家、白鶴橋、徐家）	百數十戶	

廟名	祀神	地址	建修	報賽	組織	戶口	備考
鬼谷廟	鬼谷先生	寶幢鎮、沙堰河頭	缺	舊曆二月間，有戲。	兩堡（沙堰河頭張氏、金氏）	缺	僅剩沙堰河頭村（張姓為主體）。
中畫龍廟	晉鮑蓋	畫龍鄉、戚家球南	清同治年間	舊曆二月間，演戲敬神。	三堡（李、樂、戚三姓）	百餘戶	僅為戚家埭村的組織（戚姓為主體）。
福康廟	晉鮑蓋	皎磧鄉、經堂北	缺	舊曆三月初二日，迎賽、演戲。	二堡（徐姓、吳姓）	約一百五十戶	皎磧鄉為五村，四百九十九戶。本廟僅為二村以上組織。
任君廟	唐任佃	謹慎鄉、靈祐橋西北	清乾隆五十四年（1789）重建	舊曆三月二十一日為神誕期，有戲。	六堡（鄒家、楊家、徐家、繆家、王家橋）	百十餘戶	八月間亦會戲一日。
合溪廟	某口	畫龍鄉、沙地	明	舊曆三月十日為神誕期，演戲敬神。	二堡	四十餘戶	徐、林二姓建、二堡即由此兩姓組成（徐姓為主體）。
山前廟	晉鮑蓋	玉涵鄉、瓶窯	缺	八月二十八日，演戲敬神。	二堡（屠姓、陳姓）	二百三十戶	屠姓八十戶、陳姓一百五十戶，玉涵鄉七村四百三十七戶，本廟亦為二村以上的聯合組織。
婁君廟	宋樓昉	百樑橋鄉、墩頭山西南	明萬曆十三年（1585）	誕期祭神，戲已廢。	三堡（馬、陳、宣三姓）	八十餘戶	百樑橋鄉九村四百四十七戶，本廟僅為一村組織而成。
橫山廟	宋石鳳先	寶幢鎮、橫器	宋時建	舊曆八月七日、八日為神誕期，演戲致敬。	二堡（夏姓、史姓）	缺	有雜姓參加。

以上（一）、（二）兩類，也就是類型（一）或類型（一）、（二）混合型，共二十一例，超過了半數。在所謂先進地區、農村中共同體式宗族村落聯合祭祀戲劇組織內部，半數以上正向市鎮劇型演變，至少已處在向市鎮型過渡的過程中。

·香港文庫

總策劃：鄭德華

執行編輯：梁偉基

·中國的宗族與演劇——華南宗族社會中祭祀組織、儀禮及其演劇的相關構造（上下冊）

責任編輯：楊　昇

書籍設計：吳冠曼

書　　名	中國的宗族與演劇
	——華南宗族社會中祭祀組織、儀禮及其演劇的相關構造（上下冊）
著　　者	（日）田仲一成
譯　　者	錢杭、任余白
出　　版	三聯書店（香港）有限公司
	香港北角英皇道 499 號北角工業大廈 20 樓
	Joint Publishing (H.K.) Co., Ltd.
	20/F., North Point Industrial Building,
	499 King's Road, North Point, Hong Kong
香港發行	香港聯合書刊物流有限公司
	香港新界大埔汀麗路 36 號 3 字樓
印　　刷	美雅印刷製本有限公司
	香港九龍觀塘榮業街 6 號 4 樓 A 室
版　　次	2019 年 6 月香港第一版第一次印刷
規　　格	16 開（170 × 240 mm）共 816 面
國際書號	ISBN 978-962-04-4440-1（套裝）

© 2019 Joint Publishing (H.K.) Co., Ltd.

Published & Printed in Hong Kong

田仲一成（Issei Tanaka）

《中國的宗族與演劇》【1985 年　東京大學出版會（東京，日本）】

Translated from the original Japanese edition

Published 1985 by University of Tokyo Press, Tokyo, Japan